ZHONGXIFANG SHIYUXIADE LINGDAOLILUN

中西方视域下的领导理论

汪来杰 等著

河南大学出版社

·开封·

图书在版编目(CIP)数据

中西方视域下的领导理论/汪来杰等著.—开封:河南大学出版社,2010.8
ISBN 978-7-5649-0145-5

Ⅰ.①中… Ⅱ.①汪… Ⅲ.①领导学、对比研究、中国、西方国家 Ⅳ.①C933

中国版本图书馆 CIP 数据核字(2010)第 044526 号

责任编辑	李 云
责任校对	时 海
封面设计	马 龙

出 版	河南大学出版社			
	地址:河南省开封市明伦街 85 号		邮编:475001	
	电话:0378-2825001(营销部)		网址:www.hupress.com	
排 版	郑州市今日文教印制有限公司			
印 刷	河南郑印印务有限公司			
版 次	2010 年 8 月第 1 版	印 次	2010 年 8 月第 1 次印刷	
开 本	650mm×960mm 1/16	印 张	19.5	
字 数	227 千字	印 数	1—1500 册	
定 价	30.00 元			

(本书如有印装质量问题,请与河南大学出版社营销部联系调换)

目 录

第一章 领导与领导理论 ……………………………… (1)
  第一节 领导基本原理 ………………………………… (1)
    一、领导的本质 …………………………………… (1)
    二、领导活动的基本要素 ………………………… (5)
    三、领导活动的基本关系 ………………………… (6)
    四、领导活动的特性 ……………………………… (7)
    五、领导与管理的关系 …………………………… (10)
    六、新时期领导活动的发展趋势 ………………… (16)
  第二节 中国古代领导思想 …………………………… (21)
    一、重视领导的基础 ……………………………… (21)
    二、重视领导艺术和方法 ………………………… (23)
    三、重视领导者的道德修养 ……………………… (27)
  第三节 西方领导理论 ………………………………… (28)
    一、西方领导理论的发展过程 …………………… (28)
    二、西方最新的领导理论 ………………………… (37)
    三、西方领导理论未来的研究趋向 ……………… (41)

第二章 领导权力与权威 ……………………………… (43)
  第一节 领导权力 ……………………………………… (43)
    一、中西方关于权力的主要学说 ………………… (43)
    二、权力与领导 …………………………………… (45)

三、领导权力的行使 …………………………………（49）
　　四、领导权力的变异与制约 …………………………（53）
　第二节　领导权威 ………………………………………（59）
　　一、领导权威的类型 …………………………………（61）
　　二、领导权威的取得 …………………………………（64）

第三章　领导环境与发展 ………………………………（67）
　第一节　领导环境基本原理 ……………………………（67）
　　一、西方学者关于领导环境问题的讨论 ……………（67）
　　二、生态系统中的领导环境 …………………………（71）
　　三、领导环境的特点 …………………………………（74）
　　四、研究领导环境的意义 ……………………………（76）
　　五、我国领导环境观的转变 …………………………（78）
　第二节　领导环境分析 …………………………………（83）
　　一、领导环境的变量分析 ……………………………（83）
　　二、领导环境与领导活动的耦合 ……………………（87）
　第三节　领导环境的发展与优化 ………………………（90）
　　一、领导环境发展的含义和目标 ……………………（90）
　　二、领导环境的影响力分析 …………………………（91）
　　三、领导环境发展的过程 ……………………………（93）
　　四、领导环境的优化 …………………………………（94）

第四章　领导结构与领导过程 …………………………（99）
　第一节　领导结构 ………………………………………（99）
　　一、领导活动中的正式结构 …………………………（101）
　　二、领导活动中的非正式结构 ………………………（111）
　　三、领导活动中正式结构与非正式结构之间的关系
　　　　………………………………………………………（115）
　第二节　领导过程 ………………………………………（117）

一、领导活动的科学化过程……………………（117）
二、领导活动的艺术化过程……………………（120）

第五章 领导素质与领导心理……………………（126）

第一节 领导素质……………………………………（126）
一、关于领导素质产生的两种理论……………（127）
二、中西方关于领导素质的主要论点…………（133）
三、领导个体素质………………………………（141）
四、领导群体素质结构…………………………（146）

第二节 领导素质测评……………………………（149）
一、中西方领导素质测评的历史回顾…………（150）
二、领导素质测评过程…………………………（152）
三、领导素质测评方法…………………………（156）
四、领导素质测评中的心理干扰及应对………（162）

第三节 领导心理…………………………………（166）
一、领导者的个性倾向性………………………（167）
二、领导者的气质、性格、认知风格与自我调控…（171）
三、领导者的心理调适…………………………（177）

第六章 领导形象与领导魅力……………………（186）

第一节 领导形象的塑造…………………………（186）
一、领导形象的重要性…………………………（187）
二、领导形象的构成要素………………………（188）
三、领导形象的塑造……………………………（193）

第二节 领导魅力…………………………………（196）
一、中西方关于领导魅力的理论解读…………（196）
二、领导魅力的提升与培植……………………（204）

第七章 领导关系与领导角色……………………（208）

第一节 领导关系…………………………………（208）

一、认知领导关系 ……………………………………（208）
　　二、领导关系的类型 …………………………………（211）
第二节　领导角色 ………………………………………（228）
　　一、角色与领导角色 …………………………………（228）
　　二、领导角色知觉与角色性格 ………………………（234）
　　三、知识经济条件下领导者的角色定位 ……………（235）

第八章　领导决策与领导用人 ……………………………（242）
第一节　领导决策 ………………………………………（242）
　　一、领导决策的程序与方法 …………………………（242）
　　二、智囊机构与领导决策 ……………………………（248）
　　三、领导决策的科学化与民主化 ……………………（254）
第二节　领导用人 ………………………………………（257）
　　一、领导用人的理论基础 ……………………………（258）
　　二、领导用人的原则与标准 …………………………（264）
　　三、领导用人的境界 …………………………………（268）
　　四、领导用人的心理误区 ……………………………（270）

第九章　领导文化与领导伦理 ……………………………（276）
第一节　领导文化 ………………………………………（276）
　　一、一般意义上的文化分析 …………………………（276）
　　二、作为特殊领域的领导文化 ………………………（277）
第二节　领导伦理 ………………………………………（283）
　　一、伦理与领导伦理 …………………………………（283）
　　二、我国的领导伦理思想 ……………………………（285）
　　三、西方的领导伦理理论 ……………………………（294）
　　四、领导伦理行为 ……………………………………（297）

参考文献 ………………………………………………（301）
后记 ……………………………………………………（305）

第一章　领导与领导理论

第一节　领导基本原理

一、领导的本质

（一）对领导内涵的界定

领导，作为一种社会中普遍存在并与人类群体活动共生相伴的现象，是一种特殊的社会实践。马克思曾经指出："一切规模较大的直接社会劳动，都或多或少地需要指挥，以协调个人的活动，并执行生产总体的运动——不同于这一总体的独立器官的运动——所产生的各种一般职能。一个单独的提琴手是自己指挥自己，一个乐队就需要一个乐队指挥。"[①]这是马克思主义经典作家对领导活动一般性质的精辟概括，明确地揭示了领导活动在人类社会群体中的特殊地位和作用。它不是直接的社会劳动，而是间接的指挥协调性的劳动；它不是一般社会成员都能胜任的实践活动，而是人群中有权威的出类拔萃的人

[①] 《马克思恩格斯全集》第23卷，人民出版社1974年版，第367页。

物才能胜任的工作；它不是仅着眼于个别和局部的运动，而是更多地着眼于总体的运动；它不是个别职能，而是一般职能。实践告诉我们，任何个体离不开群体，只要有社会群体，就不可能没有组织与领导。

　　领导又是一种复杂的现象，其观察和分析的角度很广，内涵丰富，外延广阔。在汉语中，"领导"一词有多重含义，有时指领导活动、领导过程和领导功能，有时指领导者，有时兼而有之。美国著名领导学家约翰·科特认为，领导一词在日常生活中有着两种截然不同的含义，有时指的是有助于引导和动员人们的行为和思想的过程；另一场合中，它指的是处于正式领导职位的一群人，希望他们起着这个词前一种含义中所指的作用。约翰·纽斯特罗姆和基斯·戴维斯指出，领导是影响和支持其他人为了达到目标而富有热情地工作的过程。在帮助个体或群体确认目标以及激励和协助他们达到一定目标的过程中，领导是一个重要的因素。该定义中的三个主要成分是影响和支持、自愿的努力、实现目标。哈罗德·孔茨和海因茨·韦里克指出，我们把领导定义为影响力，就是一些人们心甘情愿地和满怀热情地为实现群体的目标而努力的艺术或过程。领导者的行动即在于帮助一个群体尽其所能地实现目标。领导者并不是站在群体的后面推动和激励，而是要置身于群体之前，促使群体前进，鼓舞群体为实现组织目标而努力。斯蒂芬·罗宾斯指出，我们把领导定义为一种影响一个群体实现目标的能力。这种影响力的来源可能是正式的，如来源于组织中的管理职位。由于管理职位总与一定的正式权威有关，人们可能会认为领导角色仅仅来自于组织所赋予的职位。但是，仅仅由于组织提供给领导者某些正式权力并不能保证他们实施有效的领导，那些非正式任命的领导，即影响力来自于组织的正式结构之外的领导,他们的影响力与正式影响力同等重要,甚至更为重要。换句话说,一个群体的领导者可以通过正式任命的方式产生,也可以从群体中自发产生出来。

西方管理学家斯道戈迪尔和巴斯在其编辑的《领导学手册》中,在总括各种学派及其观点的基础上,对领导的含义提出了如下11种界定:

领导意味着群体过程的中心;

领导意味着人格及其影响;

领导意味着以德服人的艺术;

领导意味着影响力的运用;

领导意味着一种行动或行为;

领导意味着一种说服的形式;

领导意味着一种权力关系;

领导意味着一种互动中逐渐形成的效果;

领导意味着一种分化而来的角色;

领导意味着结构的创始;

领导意味着一种实现目标的手段。

以上11种界定基本上是从以下四个角度探讨领导这一概念的:

领导者中心说,即领导就是领导者依靠由权力和人格所构成的影响力去指导下属实现符合领导者意图的目标。

互动说,即任何领导活动都是在领导者和被领导者之间的互动过程中共同实现符合他们双方追求的目标。

结构说,即领导是在一定组织结构中展开的一种特殊活动,这一结构要么是由权力、规章所构成的正式结构,要么是由人际关系、生活经验、感情纽带所构成的非正式结构。

目标说,即领导活动的主旨在于实现一个符合群体需要的公共目标。在这种界定中,领导在道德上是中立的。①

综上所述,领导是指引导和影响人们为实现组织和群体目标而作出努力与贡献的过程。可见,领导主要涉及的是人的因素。哈罗德·孔茨和海因茨·韦里克说:当我们分析有关领导方面的知识时,我们将重点集中在人的因素、激励、领导和信息沟通等四个方面。

(二)领导本质的界定

领导的本质就是那种构成领导活动本身并因而区别于其他活动的内在规定性,这就是领导活动独特的内在矛盾。这种内在矛盾首先表现为领导活动自身独特的结构关系,"领导者——群众——目标"的关系,就是领导活动自身特有的结构性关系和矛盾。

这个特殊矛盾规定了领导的本质,也是把领导活动与其他社会活动区别开来的根据,领导活动是那种为了公共目的的共同活动,其本质体现为公共使命的承担。因此,从领导活动的价值取向与精神归宿来说,领导本质上是一种服务,并且是全心全意为集体为人民为社会服务。

(三)西方学者关于领导本质的学说

1. 价值为本说。科文·弗朗西斯在《以价值观为本的领导》中提出,以价值观为本的领导观,认为领导的本质是指领导者与其追随者在共有的价值观基础上形成的新型领导关系。以价值观为本的领导是以领导者个人价值观为原动力进行领导。领导者本人首先要有明确、崇高的价值观,并以此为种子要素和原动力,滋生和发展组织经营和管理的各项要素。

---

① 刘建军编著:《领导学原理——科学与艺术》,复旦大学出版社2007年版,第12～14页。

2. 生态系统说。领导者、被领导者与领导环境之间是一种三边互动的相互依存、相互作用的关系,也就是说领导活动是一个生态系统,领导的本质不再像以往高高在上,只是和被领导者的互动,领导只是作为领导三边活动中的一个基本的组成要素。著名学者彼德·M·圣吉就提出,靠英雄推动组织发展的做法使我们付出的代价是无法估计的,因为上层领导的努力无法代替真正的献身精神和组织中各个层次的学习能力。英雄型领导的神话制造出一种从上层强加下来的戏剧性变化和恶性循环,在组织中降低了领导能力,最终导致新的危机,只有按照"生态学"角度的思维方式和领导方式,把组织看做一个活生生的体系,充分发挥组织中不同层面人们的积极性、主动性和创造性,使人们自然地形成互动和互补关系,才能形成组织的创造性张力,从而促成组织的长期发展。

这种观点是建立在关系互动说的基础之上,但是又高于关系互动说,因为按照这种观点,领导只是作为领导活动中的一个要素,从中我们不难发现领导者神秘的面纱被完全揭开了,以往英雄主义的年代在这里不复存在了。

二、领导活动的基本要素

(一) 领导者

领导者是指担任一定职务,掌握一定的权力,对一定范围的工作负责任的个人或集体。领导者是领导活动的主体,在整个领导活动过程中处于极其重要的地位,是整个领导系统存在和发展的关键。领导者不仅要树立正确的领导理念,而且还要有发动和鼓励下属的能力和技巧,更为重要的是他要把领导目标内化为下属为之奉献的引导力量,使整个组织在一种积极的状态中运转。

(二) 被领导者

被领导者是指在领导活动中执行具体决策方案和实现组织目标的行动者。被领导者可以分为两个层面：一是领导者直接统率的下级部属，即相对被领导者。相对被领导者是领导活动得以推行的中介力量。因为在一个组织中，相对被领导者起着一个承上启下的作用，正是相对被领导者，才使得领导活动能够成为上下一贯的整体，才能保证决策方案从高层贯彻到基层。二是领导者为之服务的广大员工和群众，即绝对被领导者。绝对被领导者是组织目标最终得以完成的决定性力量。绝对被领导者作为广大的员工和群众，是把组织的总目标分解为具体的工作目标的主体，是把决策落实到实践中的最后一道程序的支撑者。因此，他们完成工作目标质量的高低，直接关系到整个组织的总目标能否按时按质的完成。绝对被领导者是任何高层领导者所不容忽视的。

(三) 领导环境

领导作为一种创造性活动，是在具体的社会系统环境中展开的，要充分地发挥领导的主观能动性，就需要准确地把握并适度地利用和改造领导环境。情势理论认为，任何一个优秀的领导者都会把领导方式方法与环境力量的相关性置于重要位置。

(四) 领导手段

领导手段是指领导者适应、利用并改造环境以及调动和激励下属的方式与方法。只有综合运用多种方法，如示范、说服、命令、竞争与合作等，将科学与艺术结合起来，才有利于本系统目标的实现及在更大系统中竞争力的提高。

三、领导活动的基本关系

领导活动的基本关系包括两个方面：一是领导者与被领导

者之间的关系;二是领导者的主观指导与客观环境之间的关系。这是由领导活动自身的特殊性所决定的。

(一)领导者与被领导者之间的关系

领导者和被领导者之间的关系是领导活动中的一个主要关系。现代领导活动的一个主要特点就是制定和执行的相对分工。领导者在战略和决策制定方面处于决定性的地位。领导者的学识、经历、风格、能力、性格和处世态度直接关系到战略的水平和决策的质量。而与此同时,尽管被领导者处于执行计划和决策的从属地位,但是他们执行的自愿程度、积极程度直接关系到整个组织的生存与发展。被领导者在整个活动中发挥着能动的作用,他们可以在某种程度上制约领导者的行为。

(二)领导者的主观指导与客观环境之间的关系

领导者的主观指导与客观环境之间的关系是领导活动的第二个基本关系。所谓环境就是由体制、文化、心理和习俗等因素在组织内部和外部形成的一种客观的、无形的压力。领导者一方面要顺应环境变迁的规律;另一方面也要塑造有利于实现领导效能的环境。这样领导者的主观指导和客观环境之间就形成了一对关系。如果领导者过高估计自己驾驭环境的能力,便容易导致领导行为与环境的冲突,使领导活动不能顺利展开;如果领导者过分受制于环境,那么环境的压力就成为领导者不能主动开拓的借口,领导者便成为环境的牺牲品。

四、领导活动的特性

领导活动不同于其他类型的社会活动,它有其自身的特殊性。主要表现在:

(一) 权威性

从领导活动的成败及其效果来说,权威性是其首要特性。领导实质上是一种影响力,即具有影响和改变他人或组织行为的能力。而这种影响力源于领导的权威性。领导活动的权威性,一方面来自于法定的地位和职权,领导是依据国家法律行使权力来组织和管理社会公共事务的,法律和职权的威严性,决定了这种影响力的外在性和强制性;另一方面来自于领导者自身的品德、智能、能力、资历、经验以及人际关系等因素所产生的威信,这种影响力是领导者在实际领导活动过程中自然形成的,是建立在心悦诚服的基础上的,带有内在性和感召力。在现实生活中,一个有较高权威的领导者,不仅要靠他的职位权力,更重要的是要靠他的优秀品德、渊博知识、超群能力、丰富经验和崇高威望去做好领导工作。

(二) 综合性

从领导活动的内容来看,综合性是其重要特性。领导活动涉及国家政治、经济、文化、科技、教育以及社会生活各个领域,是一种全方位的管理活动,其综合性是不言而喻的。首先,科学技术的迅猛发展,劳动分工的高度分化和高度专业化,使具有主导和统领功能的领导活动的综合程度也越高,其涉及的领域更加宽泛,管理的对象更加广泛。其次,现代社会是一个利益多元化的社会。各种群体的利益表达会给领导造成较大的压力,这就导致领导活动中存在着与各方利益一致的一面,也存在着与之冲突和矛盾的一面。而领导活动的一个重要内容,就是将不同的劳动分工和不同的利益进行综合,在整体性的基础上进行有效地整合和协调。

(三) 战略性

从领导活动在组织体系中的地位和作用来说,战略性是对其的一种特殊的规定性。领导者要有统筹全局的战略意识。首先要有足够的空间跨度。领导者战略决策的信息需要来自多个方面,这就要求领导者不能坐井观天,而应登高望远,不能自我封闭,而应该扩大开放,要开阔眼界,放眼世界,要有足够的空间跨度,才能统率全局。其次,还要有足够的时间跨度。战略意识,从根本上说就是一种超前意识,领导者应把主要的精力放在对未来的探索上,树立牢固的未来意识。面向世界,面向未来,是领导活动战略性的特点。

(四)服务性

从领导活动的价值取向和精神归宿来说,服务性是其重要特性。既然领导活动从本质上来说是一种公共活动,那么领导就是以公共使命的承载作为本原的。公共就是一种聚合,一种对个人私利所不能涵盖之领域的包容。所以,服务是领导的本质所在。马克思的"社会公仆"学说、毛泽东的"当好人民勤务员"思想、邓小平的"领导就是服务"理论等正是这一本质的具体反映。领导者不是权力的永久占有者。领导的服务性并不是一种虚假的设定,而是引发领导者敬畏的法则,更是驾驭领导者行为的信念。在现实生活中,它总是通过法律或规章转化为一整套的行为规范。

(五)变革性

随着社会经济、政治的不断进步和科学技术的飞速发展,领导活动的方式、内容,总是处在不断的变革之中。尤其值得注意的是,在人类进入知识经济时代和网络技术迅猛发展的大背景下,我国领导活动方式正在发生着以下几个方面的变化:即由权力型领导向服务型领导转变,由管制型领导向参与型领导转变,由一般型领导向专业型领导转变,由人治型领导向法治型领导转变,由经验性领导向科学性领导转变。

五、领导与管理的关系

（一）中西方关于领导与管理关系的几种代表性观点

对于领导与管理的关系，也是众说纷纭，莫衷一是。目前主要有以下四种代表性的观点：

1. 领导和管理不分，领导就是管理，管理就是领导，领导者也就是管理者，两种概念交替使用。美国学者乔恩·P.豪威尔和丹·L.科斯特利在合著的《有效领导力》中指出："在现代组织中，领导或管理角色很少分离。有时一个领导者或管理者可能要给追随者'充电'，引起成就、鼓舞、成长和适应，这时这个人无疑是在发挥领导作用；而另一些时候，同样这个人必须参与日常的行政事务，比如制定制度和规章、分配资源、分派任务等，这时一般会认为他是在从事管理工作。……同一个人通常会同时履行这两项行为。因此，在领导与管理行为都是要影响追随者去完成目标的情况下，要将两者分割开来是不现实的。"①

2. 管理是一个更大的范畴，包括四种职责：计划、组织、领导、控制。领导是其中的一个重要组成部分，是管理中的一种职能或功能。美国著名管理学家哈罗德·孔茨、海因茨·韦里克在其合著的《管理学》中指出："管理工作要比领导工作广泛得多"，"领导是管理的一个重要方面"，"有效地进行领导的本领是作为一名有效管理者的必要条件之一"。②

3. 领导是一个更大的范畴，管理是其中的一个职责。因

---

① [美]乔恩·P.豪威尔、丹·L.科斯特利著：《有效领导力》，机械工业出版社2003年版，第9页。

② [美]哈罗德·孔茨、海因茨·韦里克著：《管理学》，经济科学出版社1998年版，第298页。

为领导是一种高度的、综合性的、统率性的实践活动,所以管理是领导中的一个职责。

4. 领导和管理是两个相对独立的范畴,而不是从属于对方的一个组成部分。这是当前最新的观点。领导和管理是两个独立的系统,有自己独立表达的概念、术语和方式,这种观点最先由美国人提出。其代表人物是美国著名的管理学和领导科学权威约翰·科特、华伦·本尼斯等。

（二）领导与管理的关系

1. 领导与管理的区别。管理从字面上来讲,是指管辖和治理,其实质内容是对各种资源进行组织配置,以取得预期的效果。领导从字面上讲,是指率领、指挥、引导,其实质内容是引导和动员人们的行为和思想的过程。领导和管理的区别表现在以下方面：

第一,领导与管理的性质不同。领导是一种特殊的影响力,它是以被领导者的自愿追随和服从为前提的,而管理则明显地具有强制性特征。

就组织中的领导而言,在绝大多数情况下,所谓领导者在没有获得法定职权之前是很难得到组织成员的追随和服从的,因此,被任命或推选为组织成员中的领导人,从而获得决定权,就成为他实施领导的一个极为重要的先决条件。但领导作为一种特殊的影响力,它的实现首先不是靠法定权力去强制人们服从,而是靠思想威信和形象威信,也就是靠领导者正确的思想引导,靠人格魅力的吸引,靠榜样力量的感召,靠沟通艺术的运用等吸引和影响人们追随。

管理则不同,尽管在管理过程中,特别是在现代管理体系的运作中,也强调调动人的积极性、主动性和激发人的创造性,但是,它终归是以"命令——服从"为基本行为模式的。因此,法定权力、规章制度、纪律规则等机制在管理中始终起着决定性的作用。就管理活动的本质来说,作为被管理者并不存在自愿服从的问题,而只能无条件地服从管理者,否则,整个管理活动就无法进行。

第二,领导与管理的对象不同。领导的对象是人,而管理的对象则是人、财、物、时间、信息等要素构成的资源系统。这就是说,管理的要素是一个由多种要素构成的资源系统,而人则是领导的唯一要素。

作为领导者,并不是要求所有的组织成员或社会公众都能够自愿地服从和追随自己,而是根据特定的情势来确定谁应当成为支持者,并努力争取他们,使他们成为自己的领导对象。作为一个领导者不必亲自接触组织中的每一个成员,你可以通过少数几个关键人物来指挥几十人甚至上百人的行动。这些关键人物并非总在管理阶层,他们可能在职工队伍中,如果你想使雇员为你尽力,想获得全组织成员的合作,你的第一任务就是找出这些非正式领袖,这样做,你可节省很多时间和精力。你可以把精力集中到能够帮助你达到目标的关键人物身上。

而管理者则要求组织中的所有成员都必须服从命令、听从指挥、按规章制度等办事。因此,严格说来,被领导者与被管理者并不是一回事。就是说,所谓被领导者并非是组织中或社会上的所有成员或公众,而是其绝大多数或骨干力量。实施领导就是把这些最基本的、决定组织或社会前途和命运的力量凝聚起来,并通过他们影响更多的人,朝着远大的目标前进。

第三,领导与管理的职能不同。管理主要包括四个方面的职能:计划、预算、组织和控制。这些职能的完成,或多或少是借助于科技和权威专家来进行的,也就是说管理它表现为一套看得见的工具和技术。在各种组织环境中,我们以十分相似的手法使用这些管理工具和技术。而领导更多地表现在人的方面，具有鲜明的人文特征。人们常说无情管理有情领导，或者说管理无情领导有情。那么二者相比较，管理更规范、更科学，而且更为普遍，是一门科学。而领导则表现出一定程度的多才多艺和灵活性，以适应不断变化和充满矛盾的需求。

第四，领导与管理的作用不同。总的来说，管理是维持秩序，而领导是带来变革，这是二者的一个最根本区别。美国著名领导学家本尼斯把领导定义为创造并实现梦想，认为领导的重点是放在"做正确的事情上"，即与目标、方向有关，而管理的重点则放在"把事情做正确上"，即管理是执行决策，正确地做事。打个比方，领导犹如确保把梯子架在可靠的墙上，而管理则保证攀登的梯子最安全、最有效率。①

美国南加州大学教授兼领导学学者，曾任辛辛提那大学校长的华伦·本尼斯对领导和管理做出了具体区别：(1)管理者寻求稳定；领导者探讨革新。(2)管理者循规蹈矩；领导者独辟新径。(3)管理者维持原状；领导者提高发展。(4)管理者注重企业结构；领导者注重人力资源。(5)管理者依赖控制；领导者激发信任。(6)管理者目光短浅；领导者目光远大。(7)管理者重视原则和方式；领导者重视事情和原因。(8)管理者盯着结果；领导者看到希望。②

2. 领导与管理的联系。领导与管理在组织的实际运作过程中，并不是泾渭分明的。领导是从管理中分化出来的。领导与管理的区别是相对的。领导与管理的联系体现在以下方面：

---

① 朱立言：《行政领导学》，中国人民大学出版社2002年版，第26页。

② [美]华伦·本尼斯：《重塑领导者》，九洲图书出版社1999年版，第7页。

第一,主体的共同性。领导与管理的联系,最明显地表现为行为主体的共同性。尽管现代社会的发展越来越促使领导与管理职能的分开,但是,这种分工并没有也不可能促使领导与管理主体的彻底分离。就绝大多数组织来说,都不可能把领导者与管理者的角色绝对分开。领导活动和管理活动在现实生活中,具有较强的复合性和相容性。一个人在从事管理工作的时候,也在担负领导工作。比如,我国各级政府领导班子,基本上既是领导者也是管理者。这种行为主体的共同性决定了领导与管理实际上是密不可分的。因此,作为行为主体就要善于根据自己在组织中的角色地位,确定在日常工作中,是多一点领导还是多一点管理,以及在什么情景下实施领导或者实施管理。

第二,目标的互动性。在分析领导与管理的区别时,说领导者注重长远,管理者关注眼前,但事实上,任何组织都既需要设计远景目标,又需要确立近期奋斗目标,而且这两者之间总是密切联系、互为补充和相互作用、相互渗透、相互转化的。

一般说来,领导的远景目标可以产生巨大的感召力,它使人们看到前途,产生理想,受到鼓舞;而管理的近期奋斗目标则总与人们的现实需要和利益结合在一起,是既可望也可及的,所以必然对人们产生现实的激励作用。与此同时,尽管领导的远景目标总是从全局和长远出发,令人鼓舞,但这些目标并不能孤立存在,而是必须被分解为管理所确定的阶段性或局部性乃至某些个人的目标和任务。否则,领导的远景目标就成了空洞的、无用的东西。当领导的远景目标被转化为具体的管理目标时,作为一种象征或感召力,这种远景目标对人们仍将继续发挥鼓舞和感召作用。当管理目标总是能够顺利达成时,就会大大增强领导远景目标的感召力。反之,如果管理目标屡屡受挫,就会影响甚至会从根本上动摇领导远景目标的感召力。

第三,职能的互补性。美国领导学家约翰·科特指出,组织要发展,领导与管理"两者缺一不可"。事实上,对一个组织来说,如果只注重管理,而不注重领导,那么这种社会控制行为就是僵化的、没有活力的,组织注定会走向衰亡。必然产生以下情况:(1)非常强调短期行为,注重细枝末节,侧重回避风险,而很少注意到长期性、宏观性和敢冒风险的战略;(2)过分注重专业化,选择合适人员从事各项工作,要求服从规定,而很少注重整体性、联合群众;(3)过分侧重于抑制、控制和预见性,而对扩展、授权和鼓舞强调不够。总而言之,管理过分、领导不力的组织有一种刻板的面貌,不具备创新精神,对于企业来说,就不能处理市场竞争和技术环境中出现的重大变化,衰退是必然的结果。对此,华伦·本尼斯曾说过,就我看来,失败的企业之所以屡战屡败,原因很明显,管理过度而领导不足。反之,如果领导过分而管理不足,组织就会失去应有的规范和秩序,变得软弱涣散,或者使变革和创新变成狂热,向着不理智的方向发展。结果就会出现:(1)强调长期远景目标,而不重视近期计划和预算;(2)产生一个强大群体文化,不分专业,缺乏体系和规则;(3)鼓动那些不愿意运用控制体制和解决问题的原则的人集结在一起,导致状况最终失控,甚至一发不可收拾。①

第四,行为的转化性。领导与管理的相互转化,是经常的、大量的,也是有规律的。一般来说,当组织或事业初创的时候,应当是领导与管理并重。而当组织或事业发展到一定阶段,处

---

① 刘建军编著:《领导学原理——科学与艺术》,复旦大学出版社2007年版,第26页。

于相对平稳发展阶段的时候,管理显得突出重要。当组织中的矛盾日积月累,已经无法在旧有的秩序和体制框架中解决的时候,变革的要求就被提到议事日程上来。这时,提出新的远景目标和富有创见的方略,并引导和激发人们作出某种改变,就成为必须。随之,以领导为主导。

六、新时期领导活动的发展趋势

（一）人本化、自主化趋势

新时期,中西方领导有一个共同的特点,即都强调领导必须坚持以人为本,把尊重人、理解人、关心人,满足人的需求,激发人的工作积极性、主动性和创造性,发挥人的潜能,促进人的全面自由发展,作为实施领导的根本出发点和落脚点,作为评价领导活动得失成败的根本标准。这一特点,几乎超越了历史、政治、经济、文化、社会制度的界限。同这种强调必须坚持以人为本的特点相伴随的就是领导活动的自主化发展趋势,即领导者必须充分发挥被领导者在领导活动中的作用,充分相信和紧紧依靠被领导者来实施有效领导,放手让被领导者自己来领导自己,以实现共同的领导目标和任务。这一趋势,带来了传统领导思想和理念的革命性变革,领导活动发展的其他趋势几乎都是由此衍生而来的。

（二）阳光化、平民化趋势

领导活动不再是领导者个人或某个领导集团内部的事。领导活动必须公开、透明。公开、透明是原则,不公开、不透明是例外。领导活动不光是领导者的事,被领导者人人都应是领导活动的主动参与者,人人都是领导。领导活动也不再是个别有特殊天赋和才能的英雄式人物的事,领导活动的机会散落在各级组织和各类人员中,被领导者也有机会承担起领导者的责任。领导是一份平凡工作,领导者是可以培养和造就的,而不是少数人的专利。领导权力公开、责任分散、机会均等,是这一趋势的主要特征。这一趋势,使得新时期的领导者更加透明、更加亲民、更加务实,少了一点伟人的神秘色彩和英雄个性,多了一点凡人的亲切和平民的风格。由集中领导到分散领导,由暗箱领导到阳光领导,由英雄领导到平民领导,是这一趋势带来的最显著的变革。

(三) 柔性化、隐性化趋势

随着公民民主意识、参政意识的普遍增强和被领导者文化知识水平、能力的普遍提高,领导者仅靠权力、命令、控制、约束、管理等刚性、显性的手段,强迫被领导者干什么、怎么去干,已很难行得通,也很难奏效。取而代之的是靠激励、沟通、协调、引导、认同等柔性、隐性的手段,靠创造良好的氛围和环境,靠非权力性影响力、高超的领导艺术和领导文化,影响和引导被领导者去实现共同的领导目标,进而达到"春风化雨"、"细雨润物"的效果,真正实现由"悔之恨之"、"惧之警之"的领导,变为"亲之誉之"、"不知有之"的领导。领导活动的这一主要发展趋势,与中国古代强调的"无为而治"的领导思想,既有异曲同工之妙,又有本质的区别。这里的"柔"是相对于"刚"而言的;"隐"是相对于"显"而存在的,其实质强调的是刚柔相济、显隐结合,而不是不要权力、不要约束,更不是不要领导。

(四) 个性化、艺术化趋势

人类社会的进步和发展使人们越来越明显地认识到民族、社会、文化多样化的极端重要性,促进多极、维护多样、承认差别、注重个性已成为当今世界的共同准则和趋势。体现在领导活动中,就是过去那种追求共性、忽视个性,"一刀切"、"一锅煮",过分追求定量化、模式化而忽视其复杂性、多样性、艺术性的做法越来越行不通,取而代之的是领导行为的个性化、非模式化和艺术化,即随时针对不同的领导对象、领导情景、领导任务,采用不同的领导方式和方法,形成不同的领导风格和领导艺术。重视个性、重视差异,注重多元、注重变通,强调融合、强调创造,是这一趋势的主要特点。

(五)学习化、知识化趋势

面对时代的迅捷变革,领导者不仅自身要持续不断地学习,做学习型领导,更要把所领导的组织建设成学习型组织,这样才能不断提高组织创新、更新的能力和动力;领导者不仅自身要有丰富渊博的知识,成为知识型领导,更要重视对整个组织进行知识型领导,努力为组织实现显性知识和隐性知识共享提供新的途径,以运用集体的智慧和组织内外各方面的力量,提高组织的应变力和创新力。领导者要重视设置共同愿景,使具有不同个性的成员凝聚在一起;重视调整组织结构,使之符合学习型、知识型组织结构的要求;重视为组织成员学习和实现知识交流、共享提供良好的环境;设立学习和知识主管,强调全员学习、全程学习、团体学习和终身学习;重视组织内外的知识共享和创新,强调组织成员的自我管理和自主创新;重视对被领导者的精神激励,重视领导方式的转型和组织文化建设等,是这一趋势的主要内容。

(六)数字化、虚拟化趋势

现代信息技术的广泛应用也带来了领导理念、领导方式的革命性变革。持续创新、时速取胜、服务至上、数字领导、虚拟领导等思想和理念,正逐步成为领导活动的主导思想和理念;组织形态的扁平化、组织性质的柔性化、组织格局的分立化、组织关系的网络化、组织边界的开放化将逐步取代传统的层级制组织结构;领导过程的网络化、数字化、智能化、透明化、实时化、虚拟化、高效化成为这一趋势的主要特征；领导活动的可仿真性、可重复性、可预测性，也将逐渐成为可能。这一切与传统的领导方式相比，对于提高领导水平和效率将是颠覆性和革命性的，它将改写人类一切已有的领导概念和方式。

（七）替代化、简约化趋势

领导不是越来越重要，而是越来越"不重要"，越来越被其他要素所替代；领导不是越来越复杂，而是越来越"简约"，越来越有效。这里的所谓"替代"，不是指领导可有可无、无足轻重，更不是不要领导，而是指为适应时代变革的需求，以一些其他领导要素代替领导职能的发挥，以取得更有效的领导成效。这些要素主要包括：以发挥被领导者的积极性和自我领导的作用替代部分领导的作用；以建立共同的愿景、健全科学的领导体制和机制替代部分领导的作用；以创造良好的氛围、环境和文化替代部分领导的作用；以完善的制度、法制和不断的创新替代部分领导的作用；等等。这种替代趋势，导致领导由繁变简，由直接领导变为间接领导，整个领导活动越来越呈现简约化的趋势。领导工作量小了，领导环节少了，领导者可以集中精力思考和抓好该管的重要事情，而不是事无巨细处处进行领导，这样反而更有效率，这就是替代、简约的本意。

（八）国际化、跨文化趋势

随着经济全球化的不断推进，世界将变得越来越小，不同国家、不同民族、不同文化背景下的人们的交流合作将越来越密切，这就带来了领导活动的国际化和跨文化趋势。领导行为面对的将是由不同国籍、不同文化背景的人组成的组织，在这种组织里，不同历史、文化、政治和社会背景下的领导文化、领导伦理、领导价值观、行为准则、领导风格乃至领导方式方法，将会出现相互碰撞、相互渗透、相互融合、相互借鉴、不断创新、共同发展的趋势。以人为本、科学领导与人文领导相统一、德治领导与法治领导相结合等越来越成为世人的共识。这就要求各级领导者不仅要对中国传统领导思想和领导文化有深刻的了解和把握,而且要有世界眼光和全球视野,善于学习和借鉴世界各国在领导方面的科学理论和成功经验,并学会在不同文化、政治、社会背景下做好领导工作的本领。

（九）服务化、价值化趋势

伴随着20世纪七八十年代在全球兴起的公共管理和企业管理改革浪潮,进入21世纪,领导领域也普遍兴起了一场以"服务至上"、"绩效导向"、"价值为本"为主要特征的变革运动。服务领导、绩效领导、价值领导等新思想、新理念、新方法应运而生；领导基于服务、基于绩效、基于价值,追求服务、追求绩效、追求价值,创造服务、创造绩效、创造价值,正越来越成为世界各国领导的普遍共识。领导没有服务重要、过程没有结果重要、目标没有价值重要,已成为21世纪领导活动发展的重要趋势。这一趋势要求各级领导者必须转变传统的重管制、重过程、重目标的领导理念,真正把领导的主要精力转移到为被领导者提供优质高效的服务,创造一流的工作业绩,实现经济、政治、文化、社会和人的全面和谐发展上来。

（十）变革化、创新化趋势

在一切都在迅捷变化的时代,变是唯一不变的真理。任何已有的、常规的领导思想理念、领导体制机制、领导模式方式,最后都将被变革的、创新的领导思想理念、领导体制机制和领导模式方式所取代。领导变革、领导创新是21世纪领导活动发展的主旋律,是推动领导活动发展的动力和灵魂。变革、变革、再变革,创新、创新、再创新,是21世纪领导活动发展的主要趋势,是时代的要求,也是各级领导者取得成功的根本途径。

21世纪的领导活动的变革、创新,是全过程、全方位的,既包括领导思想理念的变革创新,也包括体制机制的变革创新;既包括领导方式方法的创新,也包括领导环境、领导文化的变革和创新。它们相辅相成,共同构成一个完整的领导创新体系,推动领导活动不断向前发展。①

第二节　中国古代领导思想

中国五千年悠久的历史和文明,形成了独特的传统文化,并给我们留下了丰富的领导思想遗产,其基本内容包括以下方面:

一、重视领导的基础

领导的基础是民众,离开了民众,离开了民众的支持和拥护,就不可能有领导,即使依靠暴力,也不可能长期维持其领导地位。中国古代的统治者历来比较重视民众的力量,注重维护领导的基础。②

(一) 民为邦本,顺乎民意

如何看待被领导者的地位和作用,是领导活动和领导思想中的一个重要问题。中国历代的统治者和思想家都高度重视人民的力量和作用,认为人民是国家的根本,要以民为本,顺乎民意,取信于民,赢得民心。

---

① 姜平:《新世纪领导活动的十大发展趋势》,《领导科学》2005年第17期,第32～33页。

② 吉林大学领导科学精品课程 http://trp.jlu.edu.cn:8000/ldkx/sg_show.php? newarticleid=8

民本思想在夏朝即有萌芽,在春秋时期基本形成。孔子说:"民以君为心,君以民为本。"《太平御览》载,孔子的学生子夏将君民关系喻为鱼水,提醒执政者不要脱离民众:"鱼失水则死,水失鱼犹为水也。"战国时期,民本思想达到了高峰,代表性的观点是孟子的"民贵君轻论"和荀子的"君舟民水论"。汉唐以后,民本思想也有一定程度的丰富和发展。

民本思想的主要内容包括:其一,得民心者得天下,失民心者失天下。国家能否治理得好,关键在于执政者能否赢得民心。《管子》指出,"政之所兴,在顺民心;政之所废,在逆民心",所以要治理好国家,"必当下顺民心"。宋代程颐云:"为政之道,以顺人心为本。"历史表明,民心向背关乎统治是否稳固和长久,关乎国家的兴衰成败。政局的治与乱,事业的兴与衰,国家的存与亡,以及为政者个人的荣辱得失,莫不系于此。其二,顺乎民心,取信于民。统治者欲得民心,必须顺民意,获得民众的信任。孔子认为,民众的信任比粮食军备更重要,是治国理政第一位的大事。要取信于民,执政者首先要顺民意,倾听百姓的呼声,顺从民众的意愿。再者,统治者要信任民众,相信民众,要开诚布公,以诚待民,无伪诈之心。还有,统治者要作风正派,举止得体,以身作则,公正廉洁。

(二) 富民教民,民安邦固

民众既然是国家的基础和根本,因此统治者的基本职责就是富裕民众,教化民众。

1. 富民。民富,才能国富。只有民众富裕了,生产才会发展,国家才会富裕。《荀子》云:"民富则田肥以易,田肥以易则出实百倍。"民富,才能君富。《论语》云:"百姓足,君孰与不足?百姓不足,君孰与足?"《荀子》云"下贫则上贫,下富则上富",只有让老百姓先富起来,方能实现"上下俱富"。民富,才能国安。《管子》云:"民富则易治也,民贫则难治也。"百姓丰衣足食,安居乐业,国家就安定。怎样才能富民呢?古人主张:首先要体恤民众疾苦。孔子要求执政者对民众要"仁爱",孟子要求统治者要"爱民如伤",行"仁政"。其次要兴利民之举。所做的事情要对老百姓有利,要多做些于民有利的实事、好事,正确处理取民与予民的关系。再次要有富民之策。统治者不仅要有富民之心,而且要有富民之策、富民之举。要轻徭薄赋,取民有制;劳役适度,不误农时;体察下情,关心民众疾苦,帮助民众发展生产,使百姓拥有土地等基本生活资料。

2. 教民。民富,不一定国安,为了国家的稳定和统治的久远,还必须教化民众,使民众服从统治。孔子认为,在经济上使民众富裕起来之后,统治者的第二件大事就是对民众进行教化,即"富之"、"教之"。孟子认为,有无教化是区别人类与禽兽的根本标准:"饱食、暖衣、逸居而无教,则近于禽兽","上无礼,下无学,贼民兴,丧无日矣"。通过对民众的教化可以改善执政者与民众的关系,从而赢得民心。"善政不如善教之得民也。善政民畏之,善教民爱之;善政得民财,善教得民心。"(《孟子·尽心上》)教化的核心内容是仁、义、礼、智、信、忠、孝、廉、耻等道德规范。

二、重视领导艺术和方法

中国古代领导思想的一个重要特征就是以领导艺术和方法的研究为核心。重视对领导艺术和方法的探讨和运用,即重视"治术"、"权谋",较少对领导制度和本质进行思考。

(一)儒法相济,德刑相辅

德治与法治、王道与霸道是中国先秦时期儒法两家提出的相互对立的政治主张,后来成为封建统治者的基本治国方略。

儒家主张实行礼治、德治、仁政、王道。这种治国方略的核心是主张以德治国,以德服人,通过德治达到天下太平,国泰民安。孔子主张"为政以德",孟子认为"以德行仁者王"。

儒家以德治国的主要内容和特点是:(1)依靠君主和各级官吏个人的能力品德来治理国家,不大重视法制的作用。他们认为,"有治人,无治法","法不能独立,类不能自行,得其人则存,失其人则亡",把国家的兴亡、人民的安危祸福寄托在个人或少数人,即明君、贤臣、清官、廉吏的身上。(2)主张礼治,用温和的手段来治理国家,主要方法是礼仪教化、等级名分、典章制度、行为规范等。(3)要求统治者有爱民之心。主张爱民恤民,使百姓安居乐业。(4)提倡伦理至上,以德治国。将道德政治化,政治伦理化,把伦理纲常作为治国的根本,把修养教化作为管理社会的主要手段。

与儒家相反,法家主张法治、霸道,其核心是依靠严刑峻法来达到国家大治。其主要观点和特点是:(1)重视法制。认为人性本恶,"民固骄于爱而听于威",用说服教育的方法使人向善是不可能的,只有靠严刑峻法才能治理好国家。(2)提倡重法严刑。韩非子强调必须用暴力进行威慑,"峭其法而严其刑"、"法莫如重,使民畏之"。最后达到"以刑止刑",天下大治。(3)重视法制队伍建设。"吏不良,有法而莫守","奉法者强则国强,奉法者弱则国弱"。

需要指出的是,儒家和法家虽然在治国主张上根本对立,但在长达两千多年的封建统治过程中,历代的统治者把两者作为工具结合起来运用,外儒内法,儒法相济,德刑相辅,根据统治的实际需要,交替使用,以巩固和维护其统治。

(二)重视人才,选贤任能

历代统治者都高度重视人才,选拔和使用人才,在隋唐时建立了科举制度,用于考核与选拔人才。在关于发现人才、选拔人才、使用人才、培养人才等方面,古人留下了丰富的宝贵思想。

1. 人才为本。人才是国家兴衰、事业成败的关键因素。所以,历代统治者和思想家都高度重视。《管子》云:"天下者,无常乱,无常治,不善人在则乱,善人在则治",所以"争天下者,必先争人"。荀子总结说:"尊圣者王,贵贤者霸,敬贤者存,慢贤者亡。"范仲淹说:"得贤杰而天下治,失贤杰而天下乱。"

2. 选贤任能。中国古代除了皇帝是世袭制之外,在选拔各级官吏时都要求遵循任人唯贤的原则,在用人方面,强调德才兼备。《管子》主张德、功、能三者兼顾。墨子将德、官(处理政务的能力)、劳、功四者并列。荀子提出"论德而定次,量能而授官",认为德、能不可或缺。唐太宗李世民要求官吏"才行兼备"。

3. 知人善任。统治者要想选贤任能,必须要学会识别人才、发现人才,掌握观察人、了解人、考核人的方法。其主要内容有察人七途:鉴其表、听其言、察其行、观于友、询于众、试于事、考于绩;取人八忌:忌以貌取人,忌以爱憎观人,忌以固定模式律人,忌以出身资历相人,忌以一时一事论人,忌以传闻毁誉鉴人,忌以假象判人,忌以私心察人等。

4. 用人之道。统治者要善于使用人才,做到人尽其才,才尽其用。其要点是:(1)扬长避短。人有长短,世无全才,关键要善于扬长避短。(2)职能相称。人才有不同的类型,为此必须因事设职,因职择人;大才大用,小才小用;善于组合,取长补短。(3)用人不疑,疑人不用。主张以诚相待,充分信任,给予人才一定的权力和自由。

（三）赏罚并行，奖惩分明

奖惩是一种调动人的积极性的重要方法，奖励是应用积极的方式通过正面的鼓励来调动积极性，惩罚是应用消极的方式通过反面的刺激来驱动人的行为。古人认为，奖惩具有统御、引导、鞭策、教化等多种功能，因此非常重视运用这种手段来进行领导。

1. 赏罚并行，功过相称。一方面，赏与罚，奖与惩，二者互相依存，相辅相成，不可分割。奖赏的作用是褒扬、鼓舞，从正面进行激励；惩罚的功能是威慑、惩戒，从反面进行督促。赏罚并施，才能引导人做好事，禁止人干坏事，使人进有所得，退有所失，各尽其能。另一方面，赏罚要公正，必须功过相称。赏有所依，罚有所据。奖之薄厚，惩之轻重，须与功过相称，既不能小功大赏，大功小赏，也不能重罪轻罚，轻罪重罚；并且不分亲疏贵贱，一视同仁。赏罚只有公正，不徇私情，才能真正起到激励作用。

2. 奖惩分明，及时守信。奖赏和惩罚要分明，使受奖者得到真正的实惠，该重奖则重奖，使之引人羡慕效仿。进行惩罚，要足以使受罚者受到真正损失，以儆戒他人，不敢重犯。如果奖惩不痛不痒，贤者就会不屑一顾，恶者就有恃无恐，这样就会适得其反。奖惩还应该及时守信。有功则奖，有过则罚，要及时兑现，立竿见影。否则，时过境迁，则效用大减。该奖则奖，该罚则罚，信守诺言，才能真正调动人们的积极性。

（四）集思广益，多谋善断

决策是一项关系事业成败、国家兴衰的重要活动。领导者的一个主意或决定，小则关系组织的兴亡，大则关系国家的安危。司马迁说，"安危在出令"；张居正、唐甄指出，高层领导者的"一举一措乃天下向背所系"。多谋善断是领导者重要的素质和职责。

1. 凡事预则立,不预则废。古人强调做任何事都必须预先进行周密的谋划。《孙子兵法》中指出:"多算胜,少算不胜,而况于无算乎?"《中庸》里说:"凡事预则立,不预则废。"《旧唐书》中也指出:"先谋后事者逸,先事后谋者失。"

2. 知己知彼,百战不殆。全面深入地了解各方面情况,掌握基本的信息,是谋划的前提。《孙子兵法》云:"知己知彼,百战不殆。"领导者要重视信息在决策中的作用,注重信息的收集、整理、分析、研究和利用。

3. 兼听则明,偏听则暗。领导者知识、经验、智慧有限,只有兼听广纳,博采众议,集思广益,才能防止决策失误。汉代桓宽说:"谋及下者无失策。"清代思想家唐甄说:"以众人之明为一明,以众人之聪为一聪。"在博采众长、兼容并蓄的多谋基础上,领导者还要有主见,善于决断,正如辛弃疾所说的"谋贵众,断贵独",并且要不失时机,当机立断。古人认为,适时决策,事半功倍;举措失时,事倍功半。《国语》中说:"得时无怠,时不再来,天予不取,反为之灾。"《列子》中也说:"凡得时者昌,失时者亡。"

三、重视领导者的道德修养

在两千多年的封建统治时期,儒家思想一直占统治地位,它主张行"仁政",讲"礼治"、"德治",重视领导者的品德修养。

(一)修身正己,为政以德

中国传统治国之道把"修身齐家"作为治国平天下的基础和前提,要求为政者必须加强修养,完善人格,提升品德。孔子说:"政者,正也。子帅以正,孰敢不正","其身正,不令而行;其身不正,虽令不从"。领导者必须具有高尚的道德修养,才能以德服人,为政以德,才能造福社会和人民。为此,领导者应处理好以下关系:(1)公与私。领导者应立政为公,不谋私利,不徇私情,不行私人权术,不计私仇私怨。(2)言与行。领导者应谨言慎行,知行合一,言行一致,身教重于言教。(3)义与利。领导者应"见利思义","不义而富且贵,于我如浮云"。(4)勤与惰。要求"称身就位","计能受禄",不尸位素餐,警惕"少德而多宠"、"才下而位高"、"无功而受禄"。

(二)清正廉洁,为政之本

为政者必须廉洁奉公。吏治清明,是政权巩固、经济发展、社会进步的重要保证;而吏治腐败,则是民不聊生、国破家亡的祸根。因此,历代统治者无不要求官吏清正廉洁。而反腐倡廉的措施主要有:(1)重教育,对官员在入仕前和入仕后都加强廉政思想的灌输和训诫;旌表廉吏,树立榜样,以正风气;执政者以身作则,严于律己。(2)重预防,防微杜渐,及时治理,"勿使积重难返"。(3)重高官,抓上层,治下先治上,正人先正己,"正朝廷以正百官,正百官以正万民"。(4)重法制,严刑峻法,重法治贪。

第三节 西方领导理论

一、西方领导理论的发展过程

西方领导理论随着时代的发展在不断深化和拓展,从找寻有效领导者品质的特质阶段,到探求有效领导行为方式和风格的行为阶段,再到从"情景"视角寻求有效领导的权变阶段,西方领导理论呈现出不同的研究特点。

(一) 领导特质理论

领导特质理论着重研究领导者的人格特质，以便发现、培养和使用合格的领导者。19世纪末20世纪初，随着管理学和心理学等学科的产生和发展，对领导特质进行了较系统、科学的探讨，陆续出现了各种各样的领导特质理论。

美国学者西拉季和华莱士提出领导者的六种特质理论，认为领导者应具有身体特点、社会背景、智力、个性、任务定向和社会技能六个方面的特质。美国管理协会调查发现，成功的管理人员一般具有以下20种能力：工作效率高；有主动进取精神，总想不断改进工作；逻辑思维能力强；富有创造精神；有很强的判断能力；有较强的自信心；能帮助别人提高工作能力；能以自己的行动影响别人；善于用权；善于激发别人的积极性；善于利用谈心做工作；热情关心别人；能使别人积极而又乐观地工作；能实行集体领导；能自我克制；能自行作出决策；能客观地听取各方面的意见；对自己有正确的估价，能以人之长补己之短；勤俭艰苦，具有灵活性；具有技术和管理方面的知识。

领导特质理论侧重于比较领导者与被领导者、高层领导者与基层领导者、成功的领导者与不成功的领导者之间的个体差异，试图确定成功的领导者具有什么样的人格特质，也就是确定具有什么样特性的人适合做领导者，进而在此基础上确定进行什么样的训练能够培养出胜任领导工作的人。但是，大量研究使我们得出这样的结论：具备某些特质确实能提高领导者成功的可能性，但没有一种特质是成功的保证。为什么领导特质理论在解释领导行为方面并不成功？原因有四个：第一，它忽视了下属的需要；第二，它没有指明各种特质之间的相对重要性；第三，它没有对因和果进行区分（如到底是领导者的自信导致了成功，还是领导者的成功建立了自信?）；第四，它忽视了情境因素。这些方面的欠缺使得研究者的注意力转向其他方向。从20世纪40年代开始,领导特质理论就已不再占主导地位了。到20世纪60年代中期之前,有关领导的研究着重于对领导者偏爱的行为风格进行考察。

进入20世纪80年代,由于环境的快速变迁,知识经济对领导者提出了新的要求,新的领导特质理论研究又掀起一个高潮。

美国著名的领导学专家库塞基和波斯纳从1980年开始调查近千家企业及政府行政部门,而后又在1987年和1995年进行了两次调查。他们发现排在前四位的特质是:诚实、有远见、懂得鼓舞人心、能力卓越。领导特质理论在当代的一个新进展,是美国领导学者德克兰提出的领导素质的宪法模型。宪法模型实际上是一种理论上的比喻。德克兰认为,美国宪法随着时代的变化,在具体观点和解释方面也会相应变化,即具有广泛性和弹性,但基本原则保持不变,继续发挥作用。与此相似,人们也能够找出关于领导者的基本的优良品质。尽管随着环境的变化,领导者某些特质也会随之发生调整和变化,但其中基本的优良品质仍然会保留,比如坚定、心胸开阔、诚恳等等。并且,尽管领导风格和领导方法发生了许多变化,但基本的领导品质却一直相对稳定。经过分析整理,德克兰认为这些基本特质可以分为四个基本方面:个性、想象力、行为和信心。

(二)领导行为理论

领导行为理论主要是领导者在领导过程中的具体行为以及不同的领导行为对部属的影响,以期寻求最佳的领导行为。研究领导行为理论的目的在于增强对各种具体的领导行为的预见性和控制力,改进工作方法,提高领导效果。研究的侧重点在于确定领导者应具有什么样的领导行为以及哪一种领导

行为的效果最好。其中较有代表性的领导行为理论有:

1. 四分图理论。1945年,美国俄亥俄州立大学教授斯多基尔、沙特尔在调查研究基础上把领导行为归纳为"抓组织"和"关心人"两大类。"抓组织",强调以工作为中心,是指领导者以完成工作任务为目的,为此只注意工作是否有效地完成,只重视组织设计、职权关系、工作效率,而忽视部属本身的问题,对部属严密监督控制。"关心人",强调以人为中心,是指领导者强调建立领导者与部属之间的互相尊重、互相信任的关系,倾听下级意见和关心下级。调查结果证明,"抓组织"和"关心人"这两类领导行为在同一个领导者身上有时一致,有时并不一致。因此,他们认为领导行为是两类行为的具体结合,分为四种情况,用两度空间的四分图来表示。属于低关心人高组织的领导者,最关心的是工作任务。高关心人而低组织的领导者大多数较为关心领导者与部属之间的合作,重视互相信任和互相尊重的气氛。低组织低关心人的领导者,对组织对人都漠不关心,一般来说,这种领导方式效果较差。高组织高关心人的领导者,对工作对人都较为关心,一般来说,这种领导方式效果较好。

2. 领导方格图理论。在四分图理论的基础上,布莱克和莫顿于1964年提出了领导方格图理论。横坐标表示领导者对工作的关心程度,纵坐标表示领导者对人的关心程度。在坐标图上由1到9划分为九个格,作为标尺。整个方格共81个小方格。每个小方格表示"关心工作"和"关心人"这两个基本因素相结合的一种领导类型,并分别在图的四角和正中确定五种典型类型。即(1,1)型——贫乏型领导,他们对人和事都不够关心,这是最低能的领导方式,其结果必然导致失败。(1,9)型——乡村俱乐部型领导,他们只关心人而不关心工作,对部属一味迁就、做老好人,这种类型也称为逍遥型领导。(9,1)型——任务型领导,他们高度关心工作及其效率而不关心人,只准下级服从,不让其发挥才智和进取精神。(5,5)型——中间型领导,他们对人的关心度和对工作的关心度保持中间状态,甘居中游,只图维持一般的工作效率与士气,安于现状,不能促使部属发挥创造革新精神。(9,9)型——协调型领导,他们既关心工作,又关心人,领导者通过协调和综合各种活动,促进工作的开展,他们会鼓舞士气,使大家和谐相处,发扬集体精神,这种领导方式效率最高,必然可以取得卓越的成就。

3. PM型领导模式。美国学者卡特赖特和詹德在他们的《团体动力学》一书中提出了PM型领导模式。这一理论认为,所有团体的组成,或者是以达成特定的团体目标为目的,或者是以维持及强化团体关系为目的,或者兼而有之。为此,领导者为达到不同的目的而采取的领导行为方式可划分为三类:目标达成型(P型)、团体维持型(M型)、两者兼备型(PM型)。后来,日本大阪大学心理学教授三隅二不二发展了这一理论。他认为,P职能(Performance)是领导者为完成团体目标所做的努力,主要考察工作的效率、规划的能力等;M职能(Maintenance)是领导者为维持和强化团体关系所起的作用。他将领导的行为方式分为四种类型,即PM、P、M、pm。为了测量P、M的因素,他设计了通过有关下属情况的八个方面来测定P、M两职能的问卷。这八个方面是:工作激励、对待遇的满足程度、企业保健、精神卫生、集体工作精神、会议成效、沟通、功效规划。根据调查问卷分别统计单位平均的P、M分数和领导者个人的P、M分数,将后者与前者相比较,就可以知道领导者的领导类型。

4. 领导系统模式。美国密执安大学教授利克特经长期研究,于1961年提出领导系统模式。这一理论将领导方式归结为四种体制,分别是:专制独裁式,即领导者做决定,命令下属执行,并规定严格的工作标准和方法,下属如果达不到规定的目标,就要受惩罚;温和独裁式,即权力控制在最高一级,领导者发号施令,但让下属有评议的自由,并授予下属部分权力,执行任务稍有灵活性;协商式领导,即重要问题的决定权在最高一级,领导者对下属有一定的信任度,中下级在次要的问题上有时也有决定权;参与式民主领导,即由群众制定目标,上下级处于平等地位,有问题时进行民主协商和讨论,由最高级领导做最后决定。利克特认为,单靠奖金调动员工积极性的传统管理形式将要过时了,只有依靠民主管理,才能充分发挥人的潜力和智慧,而独裁式管理永远达不到参与式管理所能达到的生产水平和员工对工作的满足感。

5. 领导作风理论。美国衣阿华大学的研究者、德国著名心理学家勒温提出的领导作风理论是研究领导者工作作风类型,以及工作作风对员工的影响,以期寻求最佳的领导作风。该理论以权力定位为基本变量,把领导者在领导过程中表现出来的极端行为分为三种类型。第一种类型称为专制式的领导作风,权力定位于领导者个人手中,领导者只从工作和技术方面来考虑管理,认为权力来自于他们所处的位置,认为人类的本性天生懒惰,不可信赖,必须加以鞭策。第二种类型称为民主式的领导作风,权力定位于群体,领导者从人际关系方面考虑管理,认为领导者的权力是由他领导的群体赋予的,被领导者受到激励后,会自我领导,并富有创造力。第三种类型称为放任自流式的领导作风,权力定位于员工手中,领导者只是从福利方面考虑管理,认为权力来自于被领导者的信赖。在实际工作中,这三种极端的领导作风并不常见。勒温认为,大多数的领导者所采纳的作风往往是处于两种极端类型之间的混合型。如下表：

表 1-1 领导作风类型

	专制型	民主型	放任型
权力分配	权力集中于领导者个人手中。	权力在团体之中。	权力分散在每个员工手中，采取无为而治态度。
决策方式	领导者独断专行，所有的决策都由领导者自己做出，不重视下属成员的意见。	让团队参与决策，所有的方针政策由集体讨论做出决策，领导者加以指导、鼓励和协助。	团队成员具有完全的决策自由，领导者几乎不参与。
对待下属的方式	领导者介入到具体的工作任务中，对员工在工作中的组合加以干预，不让下属知道工作的全过程和最终目标。	员工可以自由选择与谁共同工作，任务的分工也由员工的团队来决定。让下属员工了解整体的目标。	为员工提供必要的信息和材料，回答员工提出的问题。
影响力	领导者以权力、地位等因素强制性地影响被领导者。	领导者以自己的能力、个性等心理品质影响被领导者，被领导者愿意听从领导者的指挥和领导。	领导者对被领导者缺乏影响力。
对员工评价和反馈的方式	采取"个人化"的方式，根据个人的情感对员工的工作进行评价。采用惩罚性的反馈方式。	根据客观事实对员工进行评价。将反馈作为对员工训练的机会。	不对员工的工作进行评价和反馈。

（三）领导权变理论

"权变"一词有"随具体情境而变"或"依具体情况而定的意思"。领导权变理论主要研究与领导行为有关的情境因素对领导效力的潜在影响。该理论认为，在不同的情境中，不同的领导行为有不同的效果，所以又被称为领导情境理论。领导情境理论主要有以下几种：

1. 领导行为连续带模式。这个模式是行为科学家罗伯特·坦南鲍姆和沃伦·斯密特于 1958 年提出的。他们认为，在独裁和民主两个极端之间存在着一系列的领导行为方式，构成一个连续带。领导方式不可能固定不变，而是随着环境因素的变化而变化。领导方式不是机械地只从独裁和民主两方面进行选择,而是按客观需要将二者结合起来运用。连续带模式表示一系列民主程度不同的领导方式。有效的领导方式就是能在特定的条件下选择所需要的领导行为。领导者在选择其领导方式时,应考虑自身的能力和部属的能力。如果领导者认为部属有才干,则选择较为民主的领导方式;反之,则选择强制性的领导方式。

2. 菲德勒的权变模式。1967年,美国华盛顿大学教授F.菲德勒经过15年的调查研究,提出了一个"有效领导的权变模式",他将与领导有关的情境因素分为三种:领导—成员关系、任务结构和职位权力。每一种因素分别有好坏、有无、强弱两个不同方面。根据这三种因素六个方面的不同组合,菲德勒把领导者所处的环境从最有利到最不利分成八种类型。他认为,三个条件齐备,即领导—成员关系良好、有任务结构(工作任务明确)、职位权力强,这是领导最有利的环境;三者中具备一项或两项是领导的一般环境;三者都缺的是最不利的环境。这一模式指出,要提高领导的有效性,或者改变领导方式,或者改变领导者所处的环境。在环境因素最好或最坏的条件下,应该选择以关心工作任务为中心的领导者;否则,则应该选择以关心人为中心的领导者。

3. 途径—目标模式。最早由加拿大多伦多大学教授M.G.埃文斯于1968年提出,其同事R.J.豪斯于1971年作了扩充和发展。该模式的基本要点是要求领导者阐明对下属工作任务的要求,帮助下属排除实现目标的障碍,使之能顺利达成目标。在实现目标的过程中满足下属的需要和提供其成长发展的机会。领导者在这两方面发挥的作用越大,越能提高下属对目标价值的认识,激发积极性。通过实验,豪斯认为,"高工作"和"高关系"的组合,不一定是有效的领导方式,还应考虑情境因素。

4. 领导—参与模型。1973年美国行为学家V.弗隆和P.耶顿运用决策树的形式试图说明在何种情境中、在什么程度上让下属参与决策的领导行为。他们在领导者单独决策和接受集体意见决策之间按征求和接受下属意见的程度划分出五种不同的领导方式,并以提问的形式按照信息来源、下属接受和执行决策的不同情况划分出八种情境因素,让领导者利用肯定否定式的决策树选择方法,依次从这八种情境因素的判断中找出最佳的领导方式。

5. 不成熟—成熟理论。美国学者克里斯·阿吉里斯认为,一个人在由不成熟转变为成熟的过程中,会发生七个方面的变化:从被动到主动,从依赖到独立,从少量的行为到能做多种的行为,从错误而浅薄的兴趣到较深而较强的兴趣,从时间知觉性短到时间知觉性较长(过去与未来),从附属的地位到同等或优越的地位,从不明白自我到明白自我、控制自我。他认为,由不成熟到成熟的变化是持续的、循序渐进的,一般正常的人都是随着年龄的增长,生理上不断发生变化,心理也日趋成熟。因此,领导者应针对下属不同的成熟程度分别指导,对那些心理不成熟或心智迟钝的人,应使用传统的领导方式;对比较成熟的人,应该扩大个人的责任,创造一个有利于其发挥才能和成长发展的社会环境。

6. 领导生命周期理论。这一理论是由美国心理学家科曼于1966年提出,后由保罗·赫塞和肯尼斯·布兰查德发展为情境领导理论。领导生命周期理论将四分图理论和不成熟—成熟理论结合起来,创造了三维空间的领导模型。该理论认为,有效的领导行为应该把工作行为、关系行为和被领导者的成熟程度结合起来考虑。所谓被领导者的成熟程度是指被领导者完成某一具体任务的能力和意愿的程度。该理论将领导行为的两个维度(任务行为和关系行为)的高低分别组合,形成了四种具体的领导风格:指示(高任务—低关系),领导者告诉下属干什么、怎么干以及何时何地去干,强调指导性行为;推销(高任务—高关系),领导者同时提供指导性行为与支持性行为;参与(低任务—高关系),领导者与下属共同决策,领导者的主要角色是提供便利条件与沟通;授权(低任务—低关系),领导者提供极少的指导或支持。这一理论提出,要针对下属的成熟度采取不同的领导风格。①

二、西方最新的领导理论

(一)交易型领导与变革型领导行为理论

1978年,伯恩斯(Burns)在对政治型领导人进行定性分类研究的基础上,提出领导过程应包含交易型和变革型两种领导行为;1985年,巴斯(Bass)正式提出了交换型领导行为理论和变革型领导行为理论,它比以往理论采取更为实际的观点,是以一个"走在大街上的"普通人的眼光看待领导行为,具有实际的应用价值,在实践中得到了广泛应用。

交易型领导行为以奖赏的方式来领导下属,当下属完成特定的任务后,便给予承诺的奖赏,整个过程就像一项交易。其主要特征是:(1)领导者通过明确角色和任务要求,指导和激励下属向着既定的目标活动,领导者向员工阐述绩效的标准,意味着领导者希望从员工那里得到什么,如满足了领导的要求,

---

① 李传军:《公共行政领导理论综述》,《江西行政学院学报》2002年增刊,第3~5页。

员工也将得到相应的回报;(2)以组织管理的权威性和合法性为基础,完全依赖组织的奖惩来影响员工的绩效;(3)强调工作标准、任务的分派以及任务导向目标,倾向于重视任务的完成和员工的遵从。

　　交换型领导行为建立在一个交换过程的基础上,主要包括权变性与非权变性两种奖励行为和权变性与非权变性两种惩罚行为,实施不同的奖励和惩罚会导致不同的结果。所谓权变性奖惩是指根据下属的绩效进行奖励和惩罚;非权变性奖惩是指领导进行奖罚时不依据下属的绩效。巴斯则将交换型领导行为分为权变奖励领导行为和例外管理领导行为两种,并随着领导者活动水平以及员工与领导相互作用性质的不同而不同。所谓权变奖励领导行为是指领导和下属间的一种主动、积极的交换,领导认可员工完成了预期的任务,员工也得到了奖励;例外管理领导行为则指领导借助于关注员工的失误、延期决策、差错发生前避免介入等,与下属进行交换,并按领导者介入时间的不同分为主动的和被动的两种类型。主动型的例外管理领导者,一般在问题发生前,持续监督员工的工作,以防止问题的发生。同时一旦发生问题,立即采取必要的纠正措施,当然也积极搜寻有可能发生的问题或与预期目标偏离的问题。领导者在员工开始工作时,就向员工说明具体的标准,并以此标准监督差误。被动型的例外管理领导者,则往往在问题已经发生或没有达到规定的标准时,以批评和责备的方式介入。一般情形下,领导者一直等到任务完成时才对问题进行确认,并以此提醒员工,也往往在错误发生后才说明自己的标准。当员工的工作及其环境已不能为员工提供激励、指导并带来满意感时,这种领导行为才具有效率。

　　变革型领导行为是一种领导向员工灌输思想和道德价值

观,并激励员工的过程。在这一过程中,领导除了引导下属完成各项工作外,常以领导者的个人魅力,通过激励下属、刺激下属的思想,通过对他们的关怀去变革员工的工作态度、信念和价值观,使他们为了组织的利益而超越自身利益,从而更加努力地投入到工作中去。这种领导方式可以使下属产生更强的归属感,满足下属高层次的需求,获得高的生产率和低的离职率。变革型领导行为的主要特征是:(1)超越了交换的诱因,通过对员工的开发、智力激励,鼓励员工为群体的目标、任务以及发展前景超越自我的利益,实现预期的绩效目标;(2)集中关注较为长期的目标,强调以发展的眼光,鼓励员工发挥创新能力,并改变和调整整个组织系统,为实现预期目标创造良好的氛围;(3)引导员工不仅为了他人的发展,也为了自身的发展承担更多的责任。变革型领导行为拓宽了领导行为的研究范围。

巴斯提出变革型领导行为应包含以下四个维度:(1)理想影响力。这是指能使员工产生崇拜、尊重和信任的一些行为,包括领导者承担风险、考虑个人之外员工的需求以及良好的道德品质。(2)鼓励性激励。这是指领导者向员工提供富有意义和挑战性工作的行为,同时通过积极乐观的态度唤起团队精神。(3)智力激励。这是指领导者启发员工发表新见解和从新的角度或视野寻找解决问题的方法与途径,鼓励员工采用崭新的方式完成任务。(4)个人化考虑。这是指领导者仔细倾听并关注员工的需求。

我们在以往的一项关于中西方企业领导行为研究中曾提出六种变革型领导行为,包括提供远见卓识、智力激励、寄予厚望、树立榜样、促进合作和提供个人支持。研究结果表明,在中国文化背景下,促进合作(促进员工合作,使他们为共同目标而工作的程度)、提供个人支持(领导关心下属个人感受和需求的程度)和树立榜样(领导树立与之力求推广的价值观相一致的行为榜样)与中国文化特征和传统中国领导哲学相一致;有远见、寄予厚望和智力激励三种领导行为则在中国文化中不是很受重视。由此可见,变革型领导行为是一种动态性的结构,具有多维性,在不同的文化背景和工作环境下,它的维度具有权变性,并且有一点可以肯定,变革型领导行为着重突出了领导者对组织以及个人的变革效应。

(二)自我领导与超级领导理论

美国著名学者查理·曼茨和亨利·西姆在《超级领导——领导他人去领导自己》一书中提出自我领导和超级领导理论。他们提出,领导要关注那些能够成为"自我领导的被领导者"。

所谓"自我领导",顾名思义,就是自己领导自己,即领导者的主要任务和职责就是采用各种方式方法把被领导者培养和造就成为领导者,使他们具有高度的责任感和自我控制能力,自觉努力地工作,使被领导者由过去的"要我做"变为"我要做"。所谓"超级领导",就是领导者带领下属领导他们自己。超级领导适用于那些有责任领导他人的管理者。

自我领导和超级领导有着内在联系。理解自我领导是理解超级领导的关键一步,因为对下属的所有控制最终要靠下属的自我影响起作用。无论控制从何而来,其效果仍然依赖于这些控制在多大程度上能被下属认同和内化。

自我领导有两类策略。第一类是注重有效的行为和行动,即以行为为中心的策略,对下属领导自己完成一些困难但又必须完成的任务十分有帮助,包括自定目标、自我提示、自我检查、自我排练。自我排练即在完成一项重要任务之前进行周密的安排和训练,自行实施奖励和惩罚措施。第二类是注重有效的思想和情感,即以认知为中心的策略。认知策略主要是关于下属如何建构自己建设性的管理思维模式,然后通过它影响行为。这种策略分为两个部分:一部分是考察如何利用来自任务本身的快乐和自然回报,以形成具有建设性的思想与感受;另一部分则通过信念、自我暗示和想象等方法形成建设性思维。

三、西方领导理论未来的研究趋向

(一) 从研究领导者到研究领导群,领导理论研究的重心发生重大转变

传统的领导理论侧重于对个体领导者的研究,然而个体领导者不过是组织内部领导群的一个构成要素而已,最新的团队领导理论、替代领导理论、自我领导和超级领导理论则在很大程度上克服了特质理论、行为理论和权变理论的个体化取向所产生的缺陷,揭示了领导并不是某个人的特权和专利,而是一种人人可具有的能力。从"群"的视角来研究领导活动,把领导从单个人的垄断中解放出来,将成为21世纪西方领导理论研究的主体特征。

(二) 从"单一"性研究到"多重"性研究,领导理论研究的方法发生转变

领导是一种社会文化现象,在某国一个被认可的有效的领导者在他国则可能被认为是权力主义者,因此要理解领导必须理解它所处文化环境的内涵。单一性的文化研究只关注对某一特定文化的理解,而多重的研究则会涉及不同文化的问题。随着全球化进程的推进,全球经济一体化的趋势加强,跨地区跨文化领导将变得日益普遍。因此,领导理论研究方法从"单一"性向"多重"性的转变将成为必然。对于领导是否存在于所有的文化中、权变的概念是否会发生变化、在不同文化中理想的领导方式以及如何领导文化多元化的集体和组织等问题将

被进一步研究。

（三）各理论流派、各研究学科之间的趋向融合

随着领导理论的不断深入，一方面领导特质、领导行为和情景因素间的互动关系的理论研究呈现的融合趋势，将形成日益完善的领导理论架构，以用于指导领导的选拔、培训及工作方法改善等活动；另一方面，领导理论与其他领域的理论也呈现交叉和融合趋向。领导学研究与心理学（激励）相交叉的趋势不断加强；领导效能与组织效能有着天然的互动，因此与组织理论的融合也是领导学研究方向。①

---

① 许欢、彭忠益：《试论现代西方领导理论的演进》，《广西教育学院学报》2004年第5期，第89～90页。

第二章　领导权力与权威

第一节　领导权力

一、中西方关于权力的主要学说

"权力"是一种广泛存在的社会现象,自古以来,中西学者对权力有不同的解说。① 归结起来,大致有以下五种:

1. 力量说。《社会学词典》认为:"权力"是一种强制性的社会力量,支配权力的主体利用这一力量驾驭客体,并迫使客体服从自己。法国著名管理学家法约尔也认为,权力是下达命令的权利和强使别人服从的力量。

2. 能力说。美国的塞尔多·韦克尔认为,所谓权力是一种影响他人行为的能力。托马斯·戴伊认为,权力不过是担任某种职务的人在作决定时所具有的能力或潜力,而这种决定却能影响这个社会制度中的其他一些人。马克斯·韦伯也认为,权力是把一个人的意志强加在其他人的行为之上的能力。丹

---

① 李成言:《现代行政领导学》,北京大学出版社 2002 年版,第 39 页。

尼斯·朗认为"权力是某人对他人产生预期效果的能力"。《中国思想政治工作全书》中认为,权力是迫使他人或团体行为的能力。

3. 控制说。克特·W·巴马认为,权力是在个人或团体的双方或多方之间发生权益冲突或价值冲突的形势下执行强制性的控制。汉斯·摩根索的权力定义也是人对其他人的思想和行动的控制。卢梭认为,国家权力是一切个人力量的联合,是一种普遍的强制性力量。

4. 关系说。《不列颠百科全书》认为,权力是"一个人或许多人的行为使另一个人或其他许多人的行为发生改变的一种关系"。霍布斯认为,权力就是主动出击的行动者和被动承受的对象之间的因果关系。

5. 公仆说。马克思和恩格斯提出执掌人民政权的人应该是"社会的负责的公仆"。毛泽东提出,无产阶级领导者的权力是"人民给的",而"全心全意为人民服务,一刻也不脱离群众;一切从人民的利益出发,是我们的出发点"①。江泽民指出,在权力观,地位观,利益观中,权力观是基础,是起决定作用的,有什么样的权力观,就有什么样的地位观,利益观。胡锦涛指出,要毫不动摇的坚持马克思主义权力观,强调我们手中的权力是党和人民赋予的,只能用来为广大人民谋利益。

---

① 《毛泽东选集》第三卷,人民出版社1991年版,第1096页。

二、权力与领导

(一) 权力的概念分析

综上所述,我们认为权力是指具有社会公共权力的人或政治集团,指挥、支配、控制他人或群体按照自己意志行事的特殊力量,是维系整个社会协调、持续发展的特殊工具。

权力具有多方面的特征,归纳起来主要有以下几点:

1. 强制性。权力作为一种支配力量,就是使他人的意志服从自己的意志,而且这种服从丝毫没有讨价还价的余地。权力往往把自己的意志强加于他人的行为之上,不管他人是否意识到和承认都得无条件服从,否则要受到制裁或处罚。

2. 扩张性。孟德斯鸠曾经指出:"一切有权力的人,都容易滥用权力,这是万古不易的一条经验。有权力的人使用权力一直到遇到有界限的地方才停止。"① 孟德斯鸠的这段话深刻地揭示了权力所潜在的扩张性特征。

3. 相对性。权力总是在一定地域范围内存在的,一个绝对普遍的权力是不存在的。不同的权力拥有者拥有不同的权力。任何权力都要受制于一定的地域范围,权力必须受到人民权利的制约。

4. 单向性。拥有权力的一方和不拥有权力的一方、领导者和被领导者之间是不完全平等的。权力拥有者,即权力主体拥有绝对的优势。

权力按性质可分为个人权力、集体权力和国家权力。

1. 个人权力。个人权力是凭借个人素质、知识、才能等其

---

① [法]孟德斯鸠:《论法的精神》,商务印书馆1987年版,第154页。

他优势获得的权力。虽然没有任何社会职位作载体,个人通过努力,依靠个人的优势能在社会中获得权力感。个人权力既能满足个人的需要还可以为社会造福。

2. 集体权力。集体权力是介于个人权力和国家权力之间的一切集合权力,包括党政权力、社会团体和自愿结合群体的权力。集体权力在强制性上弱于国家权力,没有暴力机关做后盾,但在国家权力体系中起着重要作用。

3. 国家权力。国家权力是指统治阶级凭借其统治地位建立并运用其来实现本阶级统治的特殊力量。一切国家权力都是由国家机关来运载,国家权力由统治阶级的成员来行使,国家权力、国家机关和国家官员是三位一体不可分割的。

(二)权力的本质属性

1. 权力在本质上是一种社会关系。权力作为一种无形的力量是人类特有的现象,只能存在于社会关系之中,没有社会关系就没有权力,任何权力关系实质上是人对人的支配关系。在这种关系之中权力主体把自己的意志强加于客体,迫使客体服从主体的意志,这种人与人之间的矛盾和冲突难免会破坏社会的平衡,恩格斯说:"一方面是一定的权威,不管它是怎样造成的,另一方面是一定的服从,这两者,不管社会组织怎样……都是我们所必需的。"① 由此可见,权力存在于现实社会人与人的相互关系中,是人们社会关系的反映,其本质是一种社会关系。

2. 权力在本质上是一种阶级关系。权力包含一定的阶级关系,所体现的是权力拥有者和权力作用客体之间的不平等关系。这种不平等关系的维系一方面取决于客观因素和社会条

---

① 《马克思恩格斯全集》第二卷,人民出版社1972年版,第553页。

件,另一方面取决于权力主体能否充分利用自己的特殊优势行使权力。当权力拥有者具有明确的意识和行为目的并且已经和可能利用自身的特殊地位的时候,表明权力主体已具有相当的实力控制和左右权力作用于客体的意志和行动。有些权力直接反映阶级性,有些对阶级性的反映弱一些,实际上任何一种权力机关都在为一定的阶级利益服务。

3. 权力具有主观性和客观性。权力本质上是一种客观力量,它反映实际情况的过程由人来完成。权力由人设定,只有为人民服务时才体现出权力的功能。同时,权力有其客观的规律不可违背,权力只能在特定的范围、对象以及特定的时间内有效,不受任何限制是不可能的。权力的客观性与使用权力的主观意志相结合,才能成为支配、决定他人的一种现实力量。

(三) 权力的来源

权力来源于自然。人在自然界中生存必须认识自然,运用自然规律才能在自然界中生存,同时运用这些自然规律的力量为人类服务。人对自然规律的认识由浅入深,在运用自然规律的过程中,人类将特有的自然力变成人力,把自然规律的力量变成人的权力。

权力来源于个人。来源于个人的权力可能是出自于此人的身份、地位、掌握的资源等,当然也包括这个人的人格和思想。韦伯就曾说超凡魅力并不简单的是领袖人格的一种属性,它是一种社会关系,人格魅力可以成为个人的资本,即使自己没有意识到这一点,但它也会对他人发挥某些意想不到的作用。但需要说明的是,也有人将暴力手段作为个人权力的来源看待。在各种违法犯罪行为中,出现许多支配性或冲突性权力关系格局。当某人手上握着把刀,逼我拿出钱包的时候,他拥有权力吗?这可以说是权力,但充其量可以称为暴力,是权力的低级形态。权力的本质是人与人的某种关系,暴力只能给智慧的人类带来更多的毁灭,如果权力就仅仅是简单的暴力行为的话,人类将倒退到最原始的蛮荒时代。

权力来源于组织。组织是许多个人的结合,他们结合在一起希望通过共同的活动来争取利益或达到目标。权力来源于组织,权力的主体可以是个人,比如组织的负责人,也可以是组织本身。

权力来源于人民。具体来讲是来自人民的权利,但权力主体往往不是人民,因为人民作为一个群体来说,太过庞大,比如我国的人大代表以及国家领导人的权力都来自于人民。

(四)领导权力

领导权力就是领导者为实现组织目标,在实施领导的过程中,对下属施行的影响力和制约力。

领导权力来自两个方面:一是来自职位权力。这种权力是由领导者在组织中所处的位置决定的,是由上级和组织所赋予的,这样的权力随职位变动而变动。在职有权,不在职就无权。人们往往出于压力或习惯不得不服从这种职位权力。二是来自个人的影响力。这种权力不是由于领导者在组织中的位置,而是由于领导者自身的特殊条件才具有的。

领导要实现领导职能必须以权力为依据,但个人影响力同等重要,并不亚于权力对领导的作用。这里所说的个人影响力是由领导者自身的个性、人格、知识、能力、情感修养等特征凝聚而成的领导者对被领导者的影响力。

品德。品德是形成影响力的前提。领导要有正确的政治方向,坚持原则,办事公道,赏罚分明;树立正确的权力观、利益观、地位观;要始终不忘对民众负责的原则,维护良好形象;把诚信作为为人、为事、为政的基本道德准则。

知识。当今时代,知识是头等重要的。知识是基础,作为社会成员不努力学习,知识贫乏,就有被时代淘汰的危险。"知识就是力量",对作为火车头的领导而言,就更为重要了。一个具有较宽知识面且在某一方面有专长的领导者,会使被领导者产生信服感。

才能。领导才能是构成影响力的重要因素。一个合格的领导,必须具有高人一等的才能。历史及实践证明,才能的强与弱,决定着领导活动的成败,影响着部属的工作信心和领导者的威望。

情感。情感交流是促进双方加深信任与沟通的桥梁。与下属之间进行平等的情感交流,将在很大程度上有助于领导者树立个人的威信,有利于领导者开展工作。作为一个领导者,要善于倾听群众呼声,为群众办实事,想群众之所想,急群众之所急。只有愿意更多地投入自己的情感的领导者,才会获得他人的信任,从而更好地行使权力,做好领导。

领导活动是一种复杂的社会活动,过于注重权力而忽视个人影响力的人,当权力消失后,他的人生将随之暗淡。而一个既看重权力的作用又重视个人影响力的领导者,即使权力消失,他的人生依然辉煌。

三、领导权力的行使

领导权力的行使就是,领导主体立足于有序的组织结构,遵循特定的原则与规章制度,采取有效的方法手段对领导权力客体施加控制与影响,从而使领导权力客体按照领导权力主体的意愿采取行动,进而共同达成组织目标的过程。

(一)领导权力行使的前提

1. 了解权力的性质。权力的性质不同,行使的方式也不一样。比如不能一个人行使的权力,不能独自裁决,必须集体行使。

2. 把握权力的幅度。任何权力都有一定的幅度,在权力幅度内,行使权力的人才能发挥自己的主动性、积极性,做到不越权、不抢权,恰到好处的行使权力。

3. 坚持权力的基本原则。权力的基本原则在各项工作中起着决定性作用,权力行使过程中,领导者在发挥自己的主动性的同时,必须坚持权力的基本原则。

(二)领导权力行使的原则

领导者要想正确行使领导权力,必须遵循以下几个原则:

1. 为民着想。权力是人民赋予的,领导者要树立正确的权力观,明确手中的权力是为人民服务的,牢记自己的公仆身份。在古代就流传一句做官的俗话:"当官不为民做主,不如回家卖红薯。"江泽民提出"要树立正确的权力观,最根本的问题是要解决好始终保持同人民群众的血脉联系"。科学发展观的核心是以人为本。党的根本宗旨是全心全意为人民服务,要从人民的根本利益出发,不断满足人民日益增长的物质文化需要,做到发展为了人民,发展成果由人民共享。无论在什么时候,什么情况下,都要站在人民的立场上行使权力。

2. 勤政为民。就是要努力发挥权力的积极效用,真正做到为人民群众办好事、办实事、多办事,与时俱进,开拓创新,为人民群众谋求实实在在的利益。把手中的权力用好、用到位,用实际行动体现自己的价值。

3. 认真贯彻政策。行使权力的出发点是为民着想,执行中要勤政为民,它的前提是贯彻党的路线方针政策。贯彻党的路线方针政策的过程,也是一个与当地的实际情况相结合,进行决策的过程。既不能自行其是干扰统一部署,也不能不顾实际,生搬硬套。领导者要对一个地方、一个部门负责,就要始终着眼于人民的根本利益,以此为出发点,通过认真贯彻党的路线方针政策,再结合实际,研究切实的办法,拿出可行方案,创造性地进行工作,以实现人民的根本利益。

4. 保持社会稳定。社会稳定是一切社会生活的基础,没有稳定的社会秩序,所有的愿望都将成为空想。作为领导者,一方面要注意加强社会治安综合治理,严厉打击各种违法犯罪活动,铲除地方恶势力,为民除害,努力保持社会稳定,增强人民的安全感。和谐社会就是要人与社会的和谐,如果走出家门就不放心,就谈不上和谐。另一方面,正确对待群众上访也是维护社会稳定的重要任务。群众之所以上访,是因为他们把希望寄托在上级领导身上,是因为他们信任党和政府。领导者要对群众所反映的情况及时调查,妥善处理,拿出方案。即使有些事情不能解决,也要向群众说明情况。领导者如果能主动帮群众解决问题,用权为民,就能保持一个稳定的社会局面。

5. 反腐倡廉。权力往往是不法分子追逐和进攻的重点目标,如果领导者经不起金钱美色的诱惑,一不小心就会走上歧途。有些人想方设法与领导者套近乎,打听其爱好,投其所好,努力寻找可以和领导者扯上关系的关系,紧抓不放。领导者抵不住诱惑就会出现腐败现象。腐败是社会的大蛀虫,对社会发展非常不利。群众最痛恨的除了腐败还是腐败,领导者在复杂形势和各种诱惑面前,一定要保持清醒的头脑、坚定的信念,不为之所动,不要掉进不法分子设计的陷阱,始终绷紧廉洁自律这根弦。领导者不仅要保持自己廉洁,而且要运用手中的权力坚决反对腐败,肃清领导干部队伍中的腐败现象。发展经济关系着人民的利益,反腐倡廉同样关系着人民的利益,发展经济和反对腐败要两手抓,两手都要硬。

(三) 领导权力行使的方式

1. 决策。任何一项领导活动都是从决策开始的。决策包括一系列的复杂过程。首先,要考察环境,发现问题。领导者要从整个工作领域的角度考虑,对大量的问题加以整理、分析,在弄清问题的基础上确定问题的主要方面。其次,要在确定问题的基础上作进一步的调查研究,迅速掌握相关的资料和尽可能多的信息,逐步加深对决策问题的理解和把握,使材料信息与决策问题有机地结合起来。再次,根据事物自身的规律以及事物的现状,在研究的基础上作出科学预测,确定目标。最后,根据目标和标准进行决策,设计方案,权衡利弊,选择最佳方案。一切领导工作的开展,都要以科学民主的决策为前提。

2. 指挥。指挥是领导的一项重要职责和必备的能力。领导者必须看准时机,抓住时机,这是掌握指挥主动权的关键。领导还要对所获取的信息作出正确的判断,对进行的决策不能模棱两可。客观环境是不断变化的,领导者要随着环境的变化而变化。领导指挥要具有变通性。领导指挥的有效性取决于领导者的权威。权威是一种影响力,权力是别人给的,威信是自己树的。权力和威信的完美结合,才会使领导指挥得心应手。

3. 组织。组织是为实现目标而结成的群体。组织系统的正常运行是实现领导目标的保证。组织包括机构设置、人员配备、规章制度等一系列内容。这些具体的内容如果完成得不好,所有的工作都无法开展,组织功能难以发挥,领导目标也难以实现。领导者要善于运用组织手段指挥各部门充分发挥各自的长处,以便有效地实现目标,完成任务。

4. 用人。用人是领导的基本职能之一。用人是领导工作成败的关键。领导活动就是通过对人的领导,从而达到认识和改造社会实践的过程。领导要善于发现人才,注重发掘人才,合理运用人才,发挥每个人的长处,为领导权力的行使走好关键的一步。

四、领导权力的变异与制约

(一)领导权力变异的表现

领导权力出现变异会有种种表现,总体上有以下四种类型:

1. 政治腐败。表现为:第一,政令不畅。一些领导者缺乏全局观念,在落实科学发展观和贯彻中央政策措施上做表面文章,自行其是,我行我素。一是表面作秀。对上级的政策规定,表面上大张旗鼓地宣传贯彻,开会下文,媒体宣传,真正集中力量抓落实的少。二是反馈作假。向上级汇报情况"报喜不报忧",对政策落实情况讲经验谈做法头头是道,对问题和缺点则闪烁其词、避重就轻。三是操作作对。"上有政策,下有对策。"领导者对政策理解不透彻,或者故意曲解政策,出于对地方、小团体利益或者官员政绩的考虑,往往使一些违反政策规定的做法"体外运行"、"暗箱操作"。第二,买官卖官。一是"越级"买卖。有些买官者已不局限于向直接的领导人贿赂,而是向上一级乃至上几级的领导贿赂,由他们出面施加影响。二是"合法"买卖。有些买官卖官者是打着干部人事制度改革的幌子,借着民主推荐和民主选举的名义,由过去的"暗箱操作"变为"合法"任用,使买官卖官更具欺骗性与隐蔽性。三是"公开"买卖。有些地方,买官卖官已经成为了"公开"、"透明"的事情,包括干部圈内甚至社会上的更大范围的人群都心知肚明。对选举制官位,有的人明目张胆地向有投票权的人打招呼、拉票甚至出钱贿赂,买官的对象转向了人数相对较多的民意代表。四是

"批发"买卖。有些地方过去是有空位才卖,现在是创造空位卖。买官者得手以后,免不了要通过腐败"回收成本"。"买官卖官"从一种偶然交易逐步演变为标准化交易的市场,最终形成了"卖官腐败链"。第三,形象工程。一是搞政绩工程。一些领导干部官心、官欲、官念太重太强,急功近利,通过政绩工程来往自己的脸上贴金着彩,并以此作为邀功晋爵的筹码。二是搞庆典活动。有些领导干部热衷于搞各种"节日"、"庆典",为自己向上爬造声势、捞资本、搭台阶。"政府请客,百姓买单,明星发财"是政治腐败的另一种表现形式。

2. 经济腐败。最典型的表现形式是权钱交易。一是官商勾结。许多领导都喜欢与企业老板打交道,有的名义上是打着服务企业的牌子,实际上是通过自己手上的权力为企业老板帮忙,收受企业老板的好处,二者形成"共生"关系。二是变相办企业。有些领导以自己或家属的名义私下在一些企业入股,有些领导的亲戚、家属本身就在经商,这些领导可以利用手中的权力对一些企业或者部门进行关照,而那些企业或者部门则向官员的亲戚、家属提供商业交易的机会。①

3. 生活腐败。一些领导干部,人生观、价值观扭曲,追求享乐主义,淫乐挥霍,经常出入高级豪华酒店、宾馆和娱乐场所,完全把自己应尽职责抛至九霄云外。挥霍手中权力,以权买情买色。在许多贪官落网的背后,浮出水面的是他们用在高消费上的巨额开支账单和包养情妇的丑闻。当官者住豪宅,开好车,已再普遍不过了,送子女到海外,他们在海外的子女花钱如流水。他们这样的生活方式仅凭工资是远远达不到的。

---

① 《简论当前政治腐败行为的表现形式及治理对策》http://www.ctlzw.gov.cn

4.工作作风败坏。一是脱离实际,形式主义、教条主义。不认真调查研究,凭感觉,凭想象,乱拍板,缺乏实事求是的精神;说假话,办假事,搞浮夸,缺乏理论联系实际的工作作风;搬本本,套框框,套公式。二是脱离群众,官僚主义、主观主义。不尊重人民群众的首创精神,不虚心向人民群众学习。对群众有什么困难,有什么愿望,有什么意见,不了解,不关心,麻木不仁。三是脱离组织,自由主义、利己主义。一些干部搞本位主义,忘记了民主集中制的原则;一些干部自由散漫,腐化享乐,忘记了艰苦奋斗的优良作风;一些干部忌疾讳医,不敢、不愿和不善于作批评与自我批评,要么好人主义盛行,批评变调,要么形式主义严重,搞假批评,对问题和错误采取保护的态度。①

(二)领导权力变异的原因

领导权力的变异从根本上说是领导权力主体错用、滥用权力的行为所致,但也有更深层次的政治、经济、历史、文化等方面的原因。归纳起来主要有以下三个方面:

1.权力过于集中。领导者掌握了大量的政治资源和审批权力,容易滋生权钱交易、以权谋私、官商勾结的腐败现象。某些领域领导权力过于集中。在生产生活领域资源的配置,还是以领导协调为主,这意味着谁拥有权力,谁就能得到额外效益,以权谋私的权力变异现象就可能出现。

2.制约领导权力的机制严重欠缺。我国尚未建立以权力制约权力的监督制衡机制,使权力失去制衡,从而利用或滥用手中的权力却可能不受制裁,或者往往以罚代刑,以党纪政纪处理代替刑事制裁,致使某些严重渎职犯罪的人员得不到应有

---

① 《简论当前政治腐败行为的表现形式及治理对策》http://www.ctlzw.gov.cn

的惩罚。当遇到权力行使对象不明、范围不清或有利可图时，领导越权就可能发生；当遇到不利情况时，就可能利用权力进行规避。

3. 非正常的"权力崇拜"。领导权力在行使过程中，容易产生"权力崇拜"。从根源上看，漫长的封建专制制度推崇个人独裁专断，行使权力时具有很大的随意性；从政治根源上看，权力运行的透明度、公开性差，缺少制约与监督；从经济根源上看，比较落后的生产力和不发达的经济状况，使社会生产与分配关系矛盾突出，诱使权力行使者谋取私利。因此，在"权力崇拜"这一意识支配下，领导者有可能为追求权力而角逐，甚至把追求权力作为一切行为的主要目的。其结果，导致领导权力手段与目的的本末倒置。事实上，领导权力虽是社会少数人行使的权力，但它是为全体社会公众服务的，是用于保障领导行为的顺利实施，是为了实现领导目标而采取的手段。①

（三）对领导权力变异的制约

1. 法的制约。以法律制约权力的作用机制是通过建立完备的法律制度，规范权力的各个运行环节，监督控制领导者的用权行为，从而遏制权力的滥用。这一机制由两个主要的因素决定：一是任何权力的行使都以法律为依据，并以法律作为权力行使的范式与轨迹；二是在制约权力的规范中唯有法是以国家强制力作保证的，并且具有较强的公信力。因此，以法律制约权力具有较高的权威性和效力。

以法律制约权力包含以下价值倾向：为了防止滥用权力，必须对权力进行法律上的限制；必须严格按照法律的规定，确

---

① 《行政领导权力异化的防范措施》http://www.studa.net/xingzheng/090427/14040285.htm

立不同权力之间的相互关系;国家权力的内容、行使范围、运作方式等,都必须由法律明文加以规定。对于超越法律规定而行使的权力必须承担相应的法律责任。在完善权力责任制度的前提下,使权力的滥用降低到最低程度;每个公民对于非法行使的权力,都有权依照法定程序,提出控诉,并要求作出相应的赔偿;限制领导权力的价值目标,是为了有力地保障权利,决不能使限制权力本身对权利产生更大侵害。完备的法制是权力制约的依据和保障,也是制约领导权力的一个重要途径。

2. 权力制约。以权力制约权力的核心是分权,并使不同权力机构之间形成一种监督与被监督或相互监督的关系,从而达到防止权力恶性扩张和异化的目的。在以权力制约权力的作用机制中,一般有三种权力结构的设计:一是在横向上将公共权力配置给若干个权力主体,它们之间地位平等,权力独立,彼此制衡,从而防止其中的一项权力由于过于强大而滥用;二是在纵向上将权力划分为中央与地方权力,二者各有其权力行使范围,既相互配合又相互监督和制约;三是在中央与地方的几大权力体系内部再设置上下级权力组织之间的相互制约关系,或者在组织内部专门设立一个部门来从事监督制约。

3. 道德制约。以道德制约领导权力就是把外在的价值准则内化为权力主体自身的价值需求和道德自律,通过强化权力主体的道德认识、道德修养和道德意志,培养起权力主体自我监督和自我约束的能力,使其自觉规避滥用权力的行为,以防止权力的异化。道德在对领导权力的制约上具有特殊的功效,它不仅在一定程度上制约人们的外在行为,而且涉及对这些行为的主观动机的制约;道德以善的意志直涉人们的心理,支配人们的行为取向,它强调责任感的内在性,力图使人们的义务观依愿望而滋生。因此,只有以道德制约领导权力,通过对权力主体进行道德教化,建立起权力主体内在伦理力量的生成机制,才能有效遏制权力腐败,防止权力的不规范运行。

从一定意义上讲,对权力最好的控制和防范无疑是权力主体的自律。而要达成权力主体的自律,其基本手段是强化道德领域的如下基本规范:(1)公民道德规范,一般是由宪法法律或传统习惯确定的社会成员应该遵守的道德规范;(2)公务道德规范,主要是由法律和规章制度确定的国家公职人员应该遵守的道德规范;(3)个人道德规范,主要涉及个人在社会生活中不同领域的操行举止。其强化的方式就是通过人生观、价值观、法纪和道德教育、信念激励以及其他各种奖励,营造和建立起权力主体的社会荣誉感和职业情操,使他们感受到其职业中所包含的真正价值,并在此基础上唤起他们的社会责任感、事业心和敬业精神,提高他们的需要层次和道德境界,使他们自觉自愿地利用公共权力为社会公众服务而不是为自己谋取私利。

4. 权利制约。以权利制约领导权力的作用机制意味着以承认公民的权利为根本前提,以保护和实现公民权利为最终目的和归宿,它体现的是社会对领导的监督和制约。也正因此,它构成了权力制约观念的根源和制约途径的起点。但是一般来讲,它只有在现代民主政治中才能存在和实现。

可以发挥积极制约作用的公民权利有:选举权、言论自由权、参与权、知情权,对领导滥用权力等不当行为进行举报、检举和控告的权利,以及在遭受来自领导权力的侵害时获得救济的权利,比如申诉的权利、申请复议和提起诉讼的权利等。

第二节 领导权威

领导权威,一般上来讲,是指领导者以拥有的地位和权力以及人格因素,来影响或改变被领导者的心理及行为,从而产生使人信服的力量和威望。在社会主义领导体系中,领导权威体现在上下级从属关系中,是领导本质的正确反映,也是实现领导价值的重要条件。从本质上来说,领导权威是在具有控制力和决策权的系统中建立起极高的威信和影响力的能力,是权力与个人魅力的高度结合。领导权威是决定领导影响力的关键,在领导活动中起决定作用。恩格斯在论述权威时说过:没有权威就不可能有一致的行动。因此,领导权威在领导的组织活动中具有举足轻重的作用。

领导权威不同于领导权力,它并非组织、团体直接授予的,而是由领导者运用其领导权力形成的一种对下属的影响与控制能力,是被领导者自愿接受并服从某人的领导和命令的集中表现。现代研究表明,领导者对被领导者是否能够进行领导,靠的是两种力量。第一种力量是由法定权力本身带来的对被领导者的支配力量,即权力性影响力。它以权力的强制性和奖赏性为基础,往往不需要甚至可以无视人们的反对,是一种强迫人们服从的强制权威。它一方面依靠被领导者害怕惩罚、恐惧和要求奖赏的心理,用权力所带来的力量迫使其服从;但另一方面由于这种权威是由职位权力带来的,随着领导者职位的变迁,这种影响力也就随之改变、消失,因而这种权力性影响力又是暂时的,具有不稳定性。第二种力量是非权力性影响力,即领导者以自己的知识、品德、智慧、能力和才干等非权力因素形成对被领导者的感召力,使其自觉自愿地接受领导者的影响和控制。由于这种人格因素所形成的权威与领导者的个人魅力紧密相关,不会受职位和权力的影响,因而这种权威是持久的,不受客观因素的制约。由此可见,领导权威需要权力来保障,领导者只有手中拥有实权,才具有领导的合法性,才能统率下属,实现领导目标。但是领导者仅仅依靠权力是不够的,权力只是构成领导权威的一个基本要素,而领导者的个人魅力在领导过程中扮演着非常重要的角色。领导权威的形成与领导者的人格因素密切相关,而且领导者拥有的非权力性影响力可以大大增强他的权力性影响力,从而增强领导权威。所以说,领导权威是权力性影响力与非权力性影响力的有机统一体。

领导权威根植于领导活动中,以服从为前提,是被领导者对领导者的自觉自愿的信任、支持和服从。恩格斯在《论权威》一文中指出:权威又是以服从为前提的。一方面是一定的权威,一方面是一定的服从。德国社会学家马克斯·韦伯分析指出,权威是别人出于自觉地接受其命令。美国的巴纳德认为权威的客体方面是主体发出的命令经过客体的认同、判断后被接受。可见,服从是权威获得承认的表现。被领导者出于自愿,主动接受领导者的领导,这是领导权威的重要本质特征。由于领导者发挥其影响力,使被领导者自觉自愿地接受、服从和积极响应领导,才使得领导权威具有强大的吸引力和感召力,从而可以有效地运用权威和影响力去实现领导目标。作为领导者只有将职位权力和人格因素有机地结合起来,才能树立起真正的领导权威,使被领导者信任并服从。

领导权威是领导活动的基础性条件,是科学、有效地运用权力从而获得领导绩效的关键。

一、领导权威的类型

对领导权威的研究是从近现代开始的。德国社会学家、政治学家马克斯·韦伯认为,任何组织都是以权威作为统治基础,任何组织的存在都是靠权威来维持,没有权威的组织不可能实现其组织目标。权威是合法的,可以消除无序和混乱,使组织可以有秩序地运行下去,这是其统治社会的逻辑起点。

马克斯·韦伯从社会形态的变迁和历史的角度把这种合法性的权威分为三种类型:传统型权威、超凡魅力型权威和法理型权威。韦伯认为,这三种"纯粹的"权威类型在历史上和现实中是几乎不可能独立存在的,由于历史的延续性和社会行为的复杂性,这三种权威的领导者并不是绝对突出的表现出某一种类型,而可能是同时综合地表现出来。从现代社会领导体系来看,通过世袭、传统和血缘带来的权威早已不具有合法性,领导权威是领导职位权力和人格因素之和,是两者的有机结合,因此我们要从这个角度来分析领导权威的类型。

(一)职位权威

职位权威是指领导者通过组织、团体授予一定的职权从而拥有的权威,是由于权力的获取而随之伴生的领导权威。它以法定为基础,包括权力的合法性、奖赏权和惩罚权。这种权威与身处权力中心的领导者个人能力的关系不大,是社会组织赋予领导者的力量,它不存在后天培育问题,作为领导者只是关注它的运用、控制和维持。这种职位权力的获得使领导者具有强制下级的力量,凭借组织授予的权力,领导者可以控制被领导者的行为、计划甚至前途,从而使被领导者产生畏惧感。但这种职位权威是有限的,它主要来自组织资源、社会心理机制、心理承受力和接受范畴等方面,由此决定了这种权威的作用程度很有限。

根据被领导者对领导者职权的接受程度,这一权威又可分为积极职位权威和消极职位权威。

积极职位权威建立在领导者地位、能力或决策等的基础之上,是指被领导者通过对领导者职权的合法化认同,自觉自愿地接受领导者的领导,服从领导者的安排,从而达到合法化认可与服从的统一。这样,领导者可以凭借获得的权力在规定范围内开展领导活动,推动组织良性循环,进而完成领导目标。消极职位权威是指被领导者从心理上对领导者的职权没有自愿地认同,不能自觉地接受领导,对领导者的命令、指示产生抵触情绪,使领导者只能凭借职位权力内在的强制机制,运用奖赏、惩罚等强制性手段支配下属的活动,达到控制的目的。被领导者担心如果不接受命令会遭到惩罚,因而只能被动地接受领导者的领导,这样组织目标的完成会大打折扣。这种权威建立在一种非常不牢靠的基础之上,因此过分地使用强制手段具有极大的破坏性。它不仅会导致组织的程序化运作被打破,引发组织间的矛盾与冲突,甚至会导致职位权威的崩溃。

(二)人格权威

人格权威是指领导者通过个人的人格魅力等因素所带来的影响力,促使被领导者自愿服从领导并主动追随领导者的领导魅力,这种魅力是建立在领导者自身的品格、作风、知识、才能、资历及道德等因素的基础上,它反映在领导者的一切言行中。这种权威不需要领导者动用权力的强制力来实行,只是领导者在日常的领导活动中,通过自己的人格魅力对被领导者进行潜移默化的影响和感召,带动下属进行积极的组织活动,从而更好完成组织目标,推动组织良性循环。

根据人格因素中是以静态因素还是以动态因素占主导地

位,我们可以把人格权威分为品德权威、专家权威和示范权威。

  品德权威是领导者通过自己在日常行为中表现出来的良好的道德、品格、作风,在被领导者的身上产生的心理和行为上的影响,形成一种使人信服的力量和威望。这种品德权威带来的力量使被领导者信赖领导者,支持并拥护领导者的领导。品德权威的产生有赖于领导者自身的品德修养程度,它是领导者进行组织活动的基础,也是领导者影响力的重要组成部分。专家权威是指领导者具有非凡的才能,渊博的学识,独到的判断、决策等能力,这种能力通过实践表现出来,得到下属的尊敬和认同,形成一种凝聚力,使被领导者乐于接受领导,服从领导者的命令。示范权威是领导者在领导活动中率先垂范、先正其身,通过自己的行为成为被领导者的表率和典范,给下属提供一种可值得学习和效仿的模式,从而使下属产生心理感召力,下属通过耳濡目染的模仿学习,向榜样所指向的目标努力,促使整个组织形成一种追求和动力,进而影响着带动着整个组织群体的发展。示范权威的形成也有赖于领导者本人的优良道德品质和良好的行为作风,有时也表现为被领导者在潜移默化中被动地接受领导者的影响,以此作为自己行为的准则,尽心尽力完成组织任务。

  上述不同类型的领导权威在领导活动中都发挥着不可估量的作用,它们的界限在领导者的领导活动中有时表现得不太明显,具体表现形式可以是单独存在,也可以是综合表现出来同时发挥影响力。相比较而言,职位权威受传统观念、领导资历等因素的影响,不是领导者现实的行动造成的,而是外界赋予的,与领导者的个人能力关系不大,因而是暂时的。这种权威的运用是建立在正确、得当的用权和提高领导水平的基础之上的,因此必须谨慎地运用职位权威。而人格权威是领导者的道德品质、知识、能力、作风等因素对组织成员造成的影响,是不依靠强制性的。它的形成只与领导者的行为有关,但它产生的影响力的程度和范围相对广泛,不仅可以直接影响组织中个体成员的心态,而且可以达到改变成员行为,增强组织成员的自觉性和组织的凝聚力,整合组织资源的目的。

二、领导权威的取得

领导权威是决定领导影响力的关键,在组织活动的开展中起决定性作用。领导者拥有领导权威意味着他对整个组织有控制力与影响力,对组织成员有吸引力与感召力。一个领导者要想实现组织管理的目标,成为一个优秀的领导者,就必须重视领导权威的生成与培养,成为一个拥有较高权威的领导者。因此,我们必须对领导权威的取得或者说是领导权威的来源有一个清晰的认识,并充分利用各种条件,努力建立、形成、巩固权威,从而使每个领导者都能成为有能力、有魄力、有威信、善用权的领导者。

领导权威是从社会群体心理过程形成的服从于某一个人的社会心理结构,它主要来源于以下几个方面:

(一) 传统因素

传统因素是指根据人们对领导者的一种传统观念,认为领导者不同于普通人,从心理上产生对领导者的敬畏,这种心理观念逐步成为某种表现形式的社会认同,促使被领导者产生对领导者的服从感,这样就产生了领导权威。但是这种由传统因素所产生的影响力,只是普遍存在于领导展开活动的初期,必须对这种来自传统观念的权威加以合理的运用,从而确立和增强领导者的领导。

(二) 权力因素

权力因素是指领导者一旦处于某一权力位置上,就必然获得领导权威。我国几千年的历史使得人们对权力的崇尚演变为权威的象征,通过对领导者权力的赋予奠定了领导权威树立的坚实基础。

这种来自权力因素的权威是领导者运用强制力对被领导者产生影响力,进而使其服从、追随领导者的领导。它通过领导者具有的强制性权力使被领导者认为如果不服从领导者的命令,就会受到惩罚,会对自己产生不利的影响,被领导者出于无奈,只能消极地从表面上服从指挥。正如武力统治不能长久一样,这种权威只能是一种表面的虚假的领导权威,"水可载舟,亦可覆舟",它不仅难以维持,而且会造成领导者和被领导者之间的矛盾和冲突。当领导者被赋予的权力失去合法性时,权力因素所带来的领导权威也随之不存在了,最终甚至会导致权威影响力的彻底崩溃。

(三) 利益因素

利益因素是指领导权威来自于相互的需求而形成的利益驱动,是被领导者为获得利益而自愿追随领导者。领导者通过支配各种资源来施加控制力,被领导者认为如果满足领导者的需求,领导者就会给予自己相应的利益回报,因此领导者与被领导者在物质与精神上结成利益共同体,形成共赢的局面。这样领导者不仅得到下属的认同,而且形成领导者的权威,使被领导者始终遵循并服从领导者的领导。这种建立在利益机制基础上的领导关系可以通过组织成员间的利益纽带带来整个组织的快速发展,体现了领导者与被领导者之间相互需要、相互认同的关系,从而使得领导者可以通过自身的地位、能力、影响力和掌握的资源达到感召和长期控制被领导者的目的,但这种权威的消极方面也是不容忽视的。

（四）个人因素

个人因素是指领导者通过自身素质的提高来影响和感召被领导者，被领导者出于信任、尊敬等人格魅力上的原因而自愿跟随领导者而形成的领导权威。这种人格魅力和自身素质是从人的内在素养和人格中自然表现出来的力量，包括领导者的道德品行、人格、作风、才能、知识、能力等。这些因素使被领导者产生信任、敬佩、尊重的心理，进而认同领导者的领导，以领导者为榜样，自然而然地接受并服从领导，并从心理上和行为上支持领导者的决策，完成组织目标。这种来源是领导权威的生成中最传统、最受人认同的方式。它使被领导者自愿跟随领导者，相信领导者，自愿服从命令，支持领导者的决策。这是一种理智的、不受任何因素影响的服从，是领导权威具有合法化的基础，是组织活动得以顺利开展的重要保障。正如法国人民在1815年自愿追随拿破仑·波拿巴使其重登皇位一样，这是一种由领导者的个人魅力以及历史功绩而形成的权威。当然，这也有赖于领导者不断提升自我修养，加强道德修养，增强自身的素质和领导能力，合法合理地运用权力的强制力量，提高领导艺术。只有这样才能使被领导者在心理上认同领导权威，在行动上积极地接受领导，支持并拥护领导者，从而促进组织良性循环的发展。

第三章 领导环境与发展

第一节 领导环境基本原理

一、西方学者关于领导环境问题的讨论

美国学者乔恩·L·皮尔斯和约翰·W·纽斯特罗姆在其合著的《领导者与领导过程》一书中专门介绍了领导学界对领导环境问题的讨论,他们指出,环境部分地限制着领导过程,并且影响着领导者和领导者试图影响的追随者之间的关系。这种讨论主要集中在三个方面:领导者和追随者所处的环境是否起重要作用;什么样的领导者行为起作用,何时起作用;环境通过什么样的过程产生影响。

墨菲注意到人们所处的环境需求,正是这种环境需求限定了最适合团队的领导类型。因此,墨菲将领导视为这样一种功能:(1)个人必须提供的;(2)追随者所在环境所要求的功能。斯道戈迪尔提出,领导是一种工作关系,在这种关系中,不同的情况创造了独一无二的一组团队需求。斯默希克和摩根认为,领导者是那些能够为追随者将模棱两可的环境用有意义的和可以接受的方式定出框架的人,他们为此将领导定义为环境、

领导者、追随者之间相互作用的产物。这与 E·P·霍兰德关于领导是领导者、被领导者和情况的函数的定义有相似之处。萨兰西克和普费弗提出了领导策略偶然事件模型理论,认为领导者是一个带来稀缺资源、帮助团队克服他们面对的紧迫问题的人。当团队面临的问题变化时,他们的领导者也会发生变化,因为他或她对重要的和稀缺的资源的使用途径不同。由此,萨兰西克和普费弗强调了限定领导者和领导过程的环境的重要性。斯蒂文·克尔、切斯特·A·斯里克海姆、墨菲和斯道戈迪尔提出了将领导者初始建构及体恤行为与领导者效力相联系的环境主张。他们注意到,积累的证据表明,领导效力并非总是与那些以高度体恤行为和建构方式行事的人相联系的,在一些影响领导者初始建构和体恤行为的效果的环境因素中,存在着时间的紧迫性、外部压力的存在、独裁的程度、工作范围的大小、工作的重要性和意义等方面因素。由此可见,领导环境往往会改变领导者—被领导者关系的本质,从这个意义上说,领导者行为的效力是领导者在与工作环境的属性相互作用的过程中对被领导者施加影响的功能。

领导行为理论专门研究了组织与环境的关系问题,认为组织中的每个成员之间彼此发生联系,并在这些联系中起特定作用,这些作用的性质取决于联系对象的性质,它随着各种主客观环境的变化而异。R·N·奥斯本和J·G·亨特认为,领导者行为受各种宏观变量和微观变量的影响。这里的宏观变量是指组织结构、组织的外部环境、组织活动所使用的技术以及组织规模等因素,而微观变量是指工作任务的复杂性和相互依赖性、下属的特征以及领导集团的内聚性等因素。奥斯本和亨特认为,宏观变量与微观变量对领导者行为的影响程度是不同的,领导者的行为更多地受宏观变量影响,而更少地受微观变量影响,领导工作必须适应宏观变量和对微观变量作出反应,故他们的理论又被称为"适应—反应"理论。该理论认为,组织面对的不同外部环境影响领导者的工作内容和工作重点,在一个面对复杂多变的外部环境的开放性组织中,领导者必须花费大量时间和主要精力去适应外部环境及其变化。外部环境的不确定性增加了协调和控制组织内部活动的困难,对外部环境的依赖,使领导者不得不根据环境的变化和需要适应性地调整自己的工作。相反,在一个具有稳定的外部环境的组织中,领导者的工作重点主要在组织内部,他们在领导工作中有更多的决策和计划的自由,受外部环境的限制也比较少。行为论者都谈到了环境对领导活动的作用,他们认为,组织对外依赖的程度对领导者行为有明显的制约作用。一个开放性的组织通过投入产出与外界发生密切联系,组织的日常活动可能经常要适应外界环境的变化,因而,组织的决策和计划也要随之及时调整。根据豪斯和米切尔的观点,领导者行为有四个重要尺度——支持(体恤)、指导(初始建构)、参与和成就导向领导,这在不同的环境(例如以任务为基础的)条件下是很重要的。领导行为理论虽然涉及环境的作用,但它由于过分重视领导者的行为取向,如人员取向和任务取向及后来提出的发展取向,因而在现实中屡屡碰壁,于是才有领导权变理论的出现。这样,环境便成为研究领导活动的一个重要变量。

权变理论认为,任何领导活动都是在一定环境中进行的,领导的有效程度不仅取决于领导者自身的行为取向,还取决于他所依存的社会环境,领导者必须随着环境的变化而采取相应的领导方法。弗雷德·E·菲德勒主张环境在对领导者有利的程度上变化,一些环境比另一些环境对领导者更有利。对环境有利条件有重大影响的三个因素是:领导者—成员关系、任务建构和职位权力。根据菲德勒的观点,领导过程的一个重要部分,是领导者对他人的倾向与领导环境的有利条件之间的相互作用。一些领导者具有强烈的人际关系倾向,这些人需要发展和维持紧密的人际关系,完成任务则是第二重要因素,并且只有在他们的人际关系需要被充分合理地满足之后,完成任务才变得重要;而其他的领导具有强烈的任务倾向,他们首要的激励重点集中在完成任务上,而好的人际关系的发展只是第二利益。赫塞和布兰查德倾向于同时看待领导者和追随者面对的环境,并且,追随者是领导者面对的环境和领导者对领导者风格作出选择的重要组成部分。根据他们的环境领导理论,合适的领导者行为应当受下列因素限定:(1)对于指导(任务行为)和社会情感支持(关系行为)的环境需要;(2)团队或追随者的成熟程度与领导者试图通过追随者的努力完成的任务或目标相关。简·P·马可吉克和伯纳德·C·赖曼确认了四种不同的"领导风格"——指导型/独裁型、纵容型/独裁型、指导型/民主型和纵容型/民主型。他们认为,它们中的每一种都可能是合适的风格,这取决于领导者面对的环境特征。菲德勒指出,为环境匹配领导者或重新塑造环境可能比较容易,因为改变领导倾向是非常困难的。

在介绍了上述观点以后,皮尔斯和纽斯特罗姆总结说:关于领导环境问题的讨论的核心是对不同的人采取不同的手段或对同样的人在不同时间采取不同的手段。更直接地说,随着条件的变化,有效的领导者行为也要变化。其实,这种探讨无非是围绕对内与对外、对人与对事展开的。一些领导者在一种环境中做得较好,换一种环境未必适应,还有一些领导者换一种新的环境能做得更好,这些都说明环境对领导者行为及领导活动的影响。①

二、生态系统中的领导环境

（一）领导环境的内涵

环境最初的含义是指空间范围的大小，因此它是由明确空间界限环绕而成的区域。《元史》中就有"环境筑堡寨，而耕稼其中"的说法。随着社会的进化，"环境"一词又被赋予了关于社会、人文的新意义。现在所称的"环境"一般都包括了自然环境和社会环境。

生态环境，是指生命体的生存空间和生活条件。在大自然生态系统中，人类和其他生物通过同生态环境不停地进行物质、能量、信息的交换和循环，才得以维持生命的新陈代谢。生态学强调生态平衡的原理，即人类同其生态环境之间必须保持一种平衡的良性关系——生态平衡，否则，就会受到大自然的惩罚。关于这一点，人类在其社会历史发展的过程中早已得到证明。

领导环境的含义有广义和狭义之分。从狭义上讲，领导环境是指与领导行为直接相互作用的组织内部的小环境。然而，除了领导者自身的风格以外，社会政治、经济、文化和自然要素以及被领导者的特点、组织性质、组织文化等因素也会对领导活动产生影响。因此，从广义上讲，领导环境是指制约或推动领导活动展开的各种自然要素和社会要素的组合，是影响领导行为模式的政治、经济、文化、法律、科学技术、自然要素等组织内外氛围和条件的总称。本章所论述的领导环境就是基于广

---

① 张晓峰著：《中西视域下的领导学要论》，黑龙江人民出版社2005年版，第146～149页。

义上的领导环境而言的。

正确理解领导环境的含义应注意以下几点：

第一，领导环境虽然可以由领导者感知，并且领导者也可以对其在一定程度上施加影响，但从根本上说，它是不以领导者意志为转移的客观实际。环境有着自身的发展变化规律，无论是利用环境还是改造环境，都必须以正确认识环境、遵循环境的规律为前提。

第二，影响领导活动的因素和条件，既包括客观的物质因素和条件，也包括主观的精神因素和条件。客观和主观的因素和条件，总是相互交织，又相互影响，都是领导者需要认识、适应、利用和改造的对象。

第三，领导环境还是一种态势，这是由于制约领导者各个方面的因素和条件都是处在动态的发展之中，并由此派生出诸多不同的矛盾和变化，形成领导者及其追随者客观上面临的新情况、新问题。

第四，领导环境包含着组织的特有目标所指向的工作任务，这是不能忽视的重要内容。工作任务与领导环境是密切相关、不可分割的。

第五，领导环境虽然独立于领导者而存在，但具有不同思维方式的领导者，对其判断往往是不相同的。

第六，领导环境虽说是客观的，不以领导者的意志为转移的，但对于不同的领导者来说，进入其视野的因素和条件有所不同，利用和改造的侧重点也不尽相同。

第七，领导环境在实际的领导活动中，只是能直接或间接制约领导者思想和行为的某一部分。对于每一个从事具体领导工作的领导者来说，所涉及的领导环境，比一般理论上探讨的领导环境可能在内容上少得多，在时间和空间的范围上也可能小得多。

第八，领导环境是一个发展着的历史概念。自然界在发展变化，人类社会也在发展变化，领导目标及其工作任务也在发展变化，领导环境也随之而发展变化。

在长期的领导实践活动中，领导者本能地把对领导地位及其活动构成影响的人、事和关系统称为环境。这种常识性领导环境观，不同于我们这里所探讨的系统化和理论化的领导环境观。事实上，领导环境的价值不是简单的零碎的领导工作的约束条件，也不是直接为领导者所感受的领导工作的约束条件，而是制约领导工作的直接和间接的、动态发展的所有内外部因素的总和。

（二）领导生态学

运用生态学的理论与方法，对领导活动进行研究，便是把领导环境凸现出来的显著标志，而系统论则为领导生态学提供了重要的概念和理论基础。传统观点认为，组织是一个封闭系统，而现代的理论家们则认为组织是一个开放的系统。在现代高度竞争、高度连接的社会状态中，组织不可能是封闭系统。开放系统理论把领导环境这一极其重要的要素吸纳进来，便产生了一门新的领导学分支学科——领导生态学。

领导生态学是研究领导活动与其环境之间的关系，这在领导权变理论中已经得到了较为完整的阐述。领导行为理论由于过分重视领导者的行为取向，因而使领导学的研究出现了独断主义的倾向，才促使领导权变理论诞生。环境成为研究领导活动的一个重要变量，即任何领导活动都是在一定的环境中进行，领导的有效性程度，不仅取决于领导者自身的行为取向，还取决于他所依存的社会环境。

领导生态学的基本理论和基本概念，可以在组织行为学中找到一些与之相关的因素。组织行为学是一门研究个体、群体以及结构对组织内部行为的影响的学科,它主张用系统研究代替直觉,即可以对人在组织中的行为作出合理、准确的预测,把人们组织成有效的工作群体一直是管理过程的核心。霍曼认为组织是由一个外部环境系统和一个内部系统组成,而这两个系统则是彼此独立又相互作用着的。塞兹尼克认为组织是一个动态的系统,它不断变化着,以适应来自系统内部和外部的各种压力。英国塔维斯托克人际关系学院的艾默里和特拉斯特则认为,组织是一个社会—技术系统。技术子系统包括任务、工具、设备和操作技术;社会子系统则由组织的成员构成,这两个子系统既相互作用又相互独立。技术子系统影响着组织的输入与输出,社会子系统则决定技术应用的效率与效果。第三个子系统——组织结构,则是连接这两个子系统的纽带。由此,我们完全可以说,任何组织都是一个开放的系统,在一个开放系统中的领导活动,不仅受到内部环境的制约,也受到外部环境的制约。把一个组织中的领导活动置于一定的社会环境中进行考察,是推动领导学向前发展的重要一步。它不仅深化了我们对领导活动之社会属性和文化属性的认识,而且也为我们对领导活动的跨文化研究提供了基础。

三、领导环境的特点

领导环境问题是领导科学研究中不可忽视的重要问题,其种种特点也应当引起足够的重视。实践证明,充分认识领导环境的含义及特点,有助于领导者全面、准确地把握整个领导过程和发展方向。领导环境的特点主要有以下几个方面:

(一) 领导环境是一个复杂的系统

首先,它是指领导者所在的组织系统。其次,它包括领导集体即指挥子系统。再次,它还包括上下左右各类相关系统,如上级领导单位,下属单位,横向纵向与之发生各种工作联系的部门和人员等。领导者就是在这样的环境中开展"内政外交"等领导活动的。最后,它还可能涉及整个国家、社会乃至国际环境的大系统。这些都是制约和影响领导者及其领导活动的内容与方式。一般来说,领导层次越高,面对的领导环境也越大越复杂。

(二)领导环境存在不确定的因素

构成领导环境的各个因素和各种条件都是随着时间、地点的改变而不断变化的。另外,领导者思维方式和能力水平的不同,也会导致对同一环境有不同的认识,甚至是完全相反的认识。这二者都决定了领导环境具有不确定性。比如国际这一大环境,由于世界各国从本国利益最大化来考虑问题,必然会为实现本国利益而不断更改政策,不断发生联盟或战争。特别是近年来恐怖活动、宗教冲突的现象时有发生,国际环境的不确定性更加突出。

自然灾害,如地震、台风、火山爆发、水灾、旱灾、病灾等的出现,在一般情况下也无规律可循,这也会导致领导环境具有不确定性。2003年的非典疫情,无论是对于国家领导人来说,还是对于企业领导者来说,都是不确定的领导环境因素。开始时,任何人都不知道它的危害有多大;扩散时,谁也无法确定疫情何时能得到控制和彻底消灭。

其他因素,如人的思想、情感、精神,事物的发展过程、变化周期,政策法律的执行情况、实际结果,领导人的主观意愿、决策水平,组织的协作方式、行为效果等,都存在着某种不确定性。

所有领导环境的因素和条件及发展态势,实际上都可能是确定的,也可能是不确定的。确定的领导环境,隐含着偶然的不确定性;不确定的领导环境,蕴藏着必然的确定性。领导环境的确定性和不确定性,错综复杂地交织在一起,二者相互影响,往往没有明确的界限。有的领导环境是完全确定的,有的是完全不确定的,而大多数则介于确定与不确定之间。

(三)领导环境具有潜在的风险性

领导环境既然具有确定与不确定的二重性质,所以利用和改造领导环境,就可能产生某种风险。领导环境越是具有不确定性,利用或改造的风险必然就越大;反之,风险就越小。

领导环境不确定的性质不同,风险的类型就不同,危害的性质也不同。如果是由于领导者认识上所带来的对环境的不确定,这是领导环境的认识风险。这种风险是最可怕的,其可能导致领导者的主观盲动主义,在领导方向和路线上容易犯错误。

环境本身的不确定性,是领导环境的固有风险。这种风险与领导的主观世界无关,在一定意义上说是无法避免的。领导者只能够通过深化对环境的认识,适时调整领导决策和组织行为,才能有效地回避或减少固有风险。

领导环境的三个特点是相互依赖、紧密联系的。正是由于领导环境是一个复杂的系统,致使领导环境具有不确定的因素;也正是由于领导环境具有不确定性,导致领导环境具有潜在的风险性。①

四、研究领导环境的意义

任何领导活动都离不开一定的环境条件。领导者所进行

---

① 鲍步云、刘朝臣:《领导环境的特点及其与管理环境的区别》,《领导科学》2004年第18期,第32~33页。

的决策和经营管理活动都是在由经济、社会、政治、法律及技术等要素组成的开放系统中进行的。脱离社会环境的领导活动是不切实际的,领导者在任何时候都要考虑所处的客观环境对领导活动可能造成的影响和制约,因为超越环境、与环境过分抵触的领导行为必定是无效的。此外,领导者还要努力改变环境使之有利于领导决策活动。这说明环境和领导者、被领导者一样是构成领导活动不可或缺的要素。环境是领导活动的客观基础,研究领导环境对于提高领导效能,进而实现组织目标具有十分重要的意义。

(一)有助于提高领导效能

领导环境是独立于领导者的客观存在,有其自身发展规律,不以任何人的主观意志为转移,它为领导者开展领导活动提供了舞台和客观条件。从前边的内容可知,任何一个组织都是一个开放的系统,在这个开放的系统中,领导活动不仅要受到内部环境的制约,还要受到外部环境的影响。这就是领导科学研究跨文化领导活动,探寻领导环境与领导有效性之间关系的原因。有利的领导环境能促进领导效能的提高,而不利的领导环境则会阻碍领导活动的开展,并最终影响领导活动的效能。因此,认真研究领导环境,认清和把握领导者、被领导者同领导环境之间的关系,有助于领导效能的提高。

(二)有助于领导生态学的不断发展

传统的观点认为组织是一个封闭系统,而现代理论则认为组织是开放的系统。"组织不是个人的全部世界,它不是个社会。……每天人们带着社会的影响进入组织。"认识到任何组织都不是独立存在的,都会受到外部环境的冲击,这是系统方法对管理的主要贡献。开放系统理论把领导环境吸纳了进来。生态学的理论与方法认为领导活动本身构成了一个生态系统,其基本组成要素是领导者、被领导者及领导活动所依赖的环境,这就是领导环境凸现出来的显著标志。这便产生了一门新的领导学分支学科——领导生态学。我们研究领导环境,就是要正确地认识和掌握领导系统赖以生存的生态环境,特别是认清和把握领导者、被领导者同领导环境之间的关系及其规律,这对于领导生态学的丰富和发展,无疑会起到积极的促进作用。

(三)有助于认清环境形势,为创造良性的领导环境奠定基础

在人类社会发展的过程中,人们不仅仅要认识环境,而且还要去改变环境。领导系统同社会系统是相互影响、相互制约的,它们两者之间有着输入—转换—输出的相互作用关系。一方面,领导环境是领导系统生存和发展必不可少的条件;另一方面,领导系统反过来影响和推进社会的发展。可以说,人们认识和改造自然环境的过程也是自我能动地选择的过程。只有正确认识领导环境对领导活动的影响,分清领导环境的优与劣,才能正确地选择改造自然、改造社会的途径和方法。

五、我国领导环境观的转变

以往的社会科学曾经对环境作过许多定义,有代表性的当属"存在性环境"、"觉察性环境"和"影响性环境"。"存在性环境"认为主体周围事物和关系的总和即为环境;"觉察性环境"认为非主体有所觉察不能称为环境;"影响性环境"认为重要的是使主体发生实际作用的事物和关系,否则即使为客观存在或为主体察觉亦不能称为环境。经验证明,领导者对学者给予环境含义及其差别的认定似乎不以为然,他们本能地把对领导者地位及其活动构成影响的人、事和关系统称为环境。这便是不

同于常人环境观的领导环境观。领导环境观的价值基础不是生活,也不是一般性的工作,而是领导者的地位和领导活动目标,主要价值识别标准为是否有利于领导地位的巩固及领导意图的实现。

我国领导者的环境观分为传统型领导环境观和现代型领导环境观。传统型领导环境观把环境分为两个层次:领导者所在单位以外的整个社会环境;领导者所在单位的具体环境。现代型领导环境观认为应该分为国际环境、社会环境和具体领导环境三个层次。但是,现代型领导环境观与传统型领导环境观的区别,并非仅在环境层次数量方面,更重要地表现在对领导环境深度、广度的认识上。

传统型领导环境观具有如下几个基本特征:

其一,内容简单。传统型领导环境观只看重对自然资源的利用,物质的收获,眼前及最近利益的实现,尊重职业权威和接受非民主性的领导,以常态的均衡思维处理身边的事情并安于维持现有秩序,因而对环境的看法显得相对简单。其二,直观性强。在传统型领导者看来,构成环境的因素必须是可见、可感、可运作的,凭科技、知识或思维等手段认识或意会到的事物及关系,基本不能算作环境。这样的领导环境观是物质经济形态的应有产物,其表现便是环境的可察半径极短,不能从历史进程和世界化的高度来看待环境。其三,稳定度高。传统型领导者认为,由缓慢的经济增长、微量的社会变化、信息的简单传递、惰性文化的固守、超稳定组织的惯性等因素构成的环境,变化不显著或者变化的周期极长。其四,结构失衡。国际环境和国内环境与政治环境、经济环境和文化环境以及社会环境和领导环境,本来是并生并存的环境,但在自给自足的自然经济和集权的计划经济长期占据主导地位,政治上以阶级斗争为中心的情况下,知晓利害的领导者往往不能客观地看待环境,而在构成环境的诸因素间顾此失彼。其主要表现为:在国际环境与国内环境之间,重后者而漠视前者;在政治环境、经济环境与文化环境之间,突出政治环境和文化环境而淡出经济环境;在意识形态文化环境中,忽视以马克思主义、毛泽东思想、邓小平理论为主干的文化之树,其根乃为中国传统文化,枝叶恰是世界各民族优秀文化;在构成社会的权力意志环境、法律制度环境、宗教信仰环境、道德规范环境之间,以权力意志环境冲淡甚至取代其他三种环境。总之,传统型领导环境观是一种封闭式的、畸形的影响性环境观。

现代型领导环境观对国际环境有了重新认识和估价。过去,当我们强调以意识形态划界,自己关起门来自力更生的时候,只有党和国家领导人才会把世界局势看做决策环境。至于普通领导者(如县局处长或厂长、经理),更多的是把世界局势看做一种存在,很少有人面对世界局势产生领导环境意识。这是因为在那样的时代那样想基本没有必要。然而今天,无论作为省市长、区县长,还是公司经理、企业主管领导,即使是最基层的乡镇长或小公司经理,对于国际环境莫说一无所知,就是知之不多也必然成为改革或发展经济的落伍者。

领导者出于工作的敏感性,大都十分在意社会环境。但传统型领导环境观对社会环境的关注是经验性的,既缺少规范化的识别系统,也缺少应有的定量分析,加之闭关锁国带来的局限,领导者总以为自己辖区内的社会环境是天底下最好的。走出辖区或国门之后,经比较才知各地、各国社会环境的质量原来存在着很大的差距。依据国际惯例,评估社会环境应该从九个方面来进行。(1)文化特征。包括民族、国家、地区或单位的历史背景、意识形态、价值观、社会准则、权威价值、领导(管理)方式、人际关系、理性程度、对科学技术的看法和社会结构。(2)技术特征。这是指社会科学技术的发展水平,包括工厂、社会的设施及设备等物质基础、技术知识基础及科学技术界能够发展并应用新知识的程度。(3)教育特征。包括居民普遍文化水平,教育制度的完善程度与专业化程度,受过高等专业及专门训练的人所占的比例。(4)政治特征。这是指社会的一般政治气氛,包括政权的集中程度、政治组织的性质和政党制度等。(5)法制特征。包括对宪法的重视程度、法律的性质、政府及其官员的执法水平、有无税收及控制的特殊法律等。(6)自然资源特征。这是指自然资源的性质、数量和可用性,包括气候和其他条件。(7)人口特征。包括可向社会提供的人力资源的性质、数量、分布、年龄与性别,人口的集中和城市化、工业化的程度。(8)社会特征。这是指阶级(阶层)的结构及变动性,社会作用的范围及明晰度,社会组织的性质及社会制度的发展等。(9)经济特征。这是指经济结构,包括经济组织的类型、公有制经济与非公有制经济的比例、经济计划的集中与分散程度、金融体制及银行类型、财政制度及政策、对物质资源投资的水平及消费特征等。

领导者与社会环境的密切关系集中表现在两个方面:首先领导者是社会环境的产物,其次领导活动深受社会环境影响。从静态分析,中国人与外国人、我国南方人与北方人、内地人与沿海人领导风格的诸多不同,20世纪五六十年代的人与八九十年代的人之间的"代沟"差别,基本是社会环境差别导致的。从动态分析,变化中的社会环境正在催促领导者调整思维,更新观念。与社会环境决定领导者相反,领导者也在能动地改造着我国的社会环境。如我国的现代领导者在逐渐接受并习惯契约文化的同时,正以其为参照和启示来审视、改造着我国传统文化;在面对我国传统文化对付贫穷游刃有余,对付富裕却不免捉襟见肘的难堪时,正创造、确立新的价值观念;在发现对效率仅作硬价值解释不足时,加入了以贡献与满足感的制衡创造公平、以公平创造效率的新内涵,并加重了人文色彩的解释。又如,我国正以大规模的法制建设冲击传统的宗族关系、地缘关系和血缘关系;以科学技术是第一生产力的理论,帮助人们完成由物质经济形态向知识经济形态的历史性转变;等等。事实证明,社会环境与领导者之间从不间断的互动关系,在推动着它们彼此改造的同时,完成了领导者由传统型社会环境观向现代型社会环境观的转变。

具体领导环境,是转变中的领导环境观中最为引人关注的内容。它包括领导者所触及的组织机构而形成的机构性环境,接触到的制度而形成的制度性环境,所在单位的决策体制所形成的体制性环境三个层次。①

领导体制是领导机构及规范各机构在领导活动过程中相互关系的制度的总和。它是历史性的范畴,也是具体领导环境中最深刻的内容。领导体制作为领导权力分合的定型,在分化与协调领导权的过程中带有浓厚的时代色彩。前现代社会之初的领导权多为领导者所独揽,随着社会的进步、科学技术的发展、领导思想的变化和实践经验的丰富,领导活动以中枢决策系统为基础,逐步分蘖出专事咨询、信息、执行和监督的系统。很明显,五系统功能合一的领导活动带有较大的独裁性,五系统分而合作的领导活动带有较大的民主性,而独裁体制的领导环境与民主体制的领导环境是大相径庭的。但是,现代领

---

① 张勤:《领导环境观的历史性转变》,《中国行政管理》1998年第6期,第36~37页。

导体制的确立有赖于经济发达、科技进步、社会民主等条件的齐备。这就是说,条件齐备导致现代领导体制确立,促成体制性领导环境观由传统型向现代型转变,条件欠缺则难以确立现代领导体制,也无望实现体制性领导环境观由传统型向现代型的转变。问题在于,必须正视我国经济、科技、民主在各地区和各单位发展的极端不平衡性,切勿在条件不具备时急于创建现代领导体制。否则,只会导致体制性领导环境观的迷乱。

第二节　领导环境分析

一、领导环境的变量分析

(一)自然变量

亚里士多德在《政治学》一书中,在谈到土地问题时,认为城邦土地面积是决定人口(公民)数量的依据和标准。他还分析海洋以及海上交通对于一个内政良好的城邦究竟有利抑或有害。虽然他认为政治制度导源于人的德性,但是环境是政体是否优良的条件之一。城邦应尽量按环境所许可,建为联系陆地和海洋的中心,也是城邦的中心。把自然环境对政治的影响推向极致的可能当属孟德斯鸠。他在《论法的精神》一书中,分析了气候和土壤是如何影响政治制度的。在气候炎热的地方,妇女们的"理性"和"容色"永远不能同时存在,因此在这种地区一夫多妻制就是很简单的事。在气候温和的地方,因为妇女在结婚时有足够的生活经验,因而就有较多的理性和知识,很自然地给两性带来一种平等,结果法律也只规定了一夫一妻制。孟德斯鸠甚至认为,基督教在中国难以发展,也是因为气候的缘故。再例如，对于大陆文明和海洋文明来说，就可能出现不同的领导组织结构和领导体制。在自然资源匮乏和自然资源丰富的地区和国度之间，就会有不同的领导观念和领导哲学产生。魏特夫的《东方专制主义》就是从自然环境研究中国古代政治制度成因的一部著作。

（二）政治—法律变量

政治—法律变量是构成领导环境的一个重要方面。因为任何领导活动并不是一种自然人的行为，它总是与一个国家的政治传统、政治精神和政治权力结构联系在一起的。例如对于企业组织来说，政治气候、法律尺度和法律环境对企业组织内部的领导与管理就显得至关重要。对于西方国家来说，法律尺度包括竞争的促进、种族歧视的消除、环境的控制、消费者保护、工会与管理的关系以及某些行业的管制。而在一些不发达国家中，政治变量对企业的影响更大一些，以至于有学者指出，在许多不发达国家中引进先进管理方法的主要障碍是过多的政府控制与限制。因此，我们会发现，集权制国家和分权制国家中的领导活动也呈现出不同画面。而在政府干预强和干预弱的国家中，企业组织、教育组织和群众组织中领导活动也具有迥然不同的特征。领导者是否拥有足够的自主性和规范性是衡量政治—法律环境影响领导行为的重要指标。

（三）教育变量

法墨尔和里奇曼认为，如果一个国家的教育水平太低，那么整个国家的生产组织不会滑坡，用他们自己的话来说就是："组织机构的品质与效率在很大程度上取决于组织机构人员的整体素质。因此，一个国家教育的性质和质量是决定其管理者业绩水平的关键因素。如果一个管理者只能从文盲和未受过任何训练的农夫中挑选组织成员，而另一个却可以在熟练工人和大学毕业生中挑选组织成员,那么两者组建的组织机构将是完全不同的。"

一种观点认为,在所有的外部变量中,教育在改变管理者和领导者工作态度方面所施加的影响是最大的。受过高等教育和培训的管理者和领导者往往比较信任他们的下属,能放权给下属。他们比较有远见,在挑选和评价下属的时候往往更具目的性。在吸取控制、引导和决策等方面的现代技术时,他们也颇具潜能。

另外一种观点认为,是否受过系统的、较好的教育,对于领导者和管理者来说,似乎并没有必然的影响,或者说完整的知识结构和开阔的知识视野,不能保证领导者和管理者对下属抱有充分的信任,也不能保证他们通过授权实施分权式领导。相反,他们的自信反而加剧了集权和专断的程度。更有甚者,他们有时会把下属视为一窍不通的蠢货。

实际上,这两种观点仅仅是过分突出了知识和教育变量在领导环境中的重要性,而没有与其他环境变量联系起来进行分析,更没有把它与领导者个人的性格、观念以及习惯联系起来。如果不把这一变量置于政治、经济和文化环境之中进行分析,那么得出迥然不同甚至截然相反的结论,也就不足为怪了。良好的教育体制、较高的教育水平如果与现代民主制度、领导者尊重人的观念和具有包容性的性格相结合,那么就会得出前一种结论。如果领导者和管理者是在一种集权化的政治环境中诞生的,再加上领导者自身的独断、专横和自我中心主义,那么他们的知识容量与开明、民主的领导方式之间非但没有必然的逻辑关系,反而有可能将之推向一个专断者的位置之上。从这一视角入手,得出后一种结论,也就可以理解了。可见,教育变量虽然是重要的,但它是否对领导活动具有强大的影响力,要把它与其他变量和领导者自身的特质联结起来进行整体考察,才能得出较为中肯的结论。

（四）社会—文化变量

社会—文化变量主要体现在文化传统、社会心理、意识形态、个人价值取向等几个方面。在不同文化中的决策活动和领导方式是否不同,从一个国家到另外一个国家的过程中到底会发生哪些变化,这是领导学要研究的一个重要问题,即不同文化中的领导。也就是说,领导理论提出的那些领导方式对于跨文化是否适用呢？所以斯道戈迪尔说,我们必须思考独特的或一般的领导活动与特定环境之间的关系,在这种特定背景下的领导要求对于一般的文化制度进行检验和考察。但是,"民族或国家边界"确实在领导者的晋升速度方面制造了一些差别。同样,领导者对目标和冒险偏好、实用主义、人际交往能力、有效的智能、情感坚定性以及领导风格等方面的态度也与他们的晋升速度有一定的相关程度。研究表明,领导方式的跨文化差别确实存在。

研究者发现,英国较"关心人"的管理人员比其他国家的管理人员更容易被下属看成是倾向任务型和商量型的。英国的管理人员更容易被看成是"关心人"的。美国的高度"关心人"的管理人员比其他国家的管理人员体现了更多的商量性和参与性行为。香港的高度"关心人"的管理人员同下属讨论他们的个人生活问题,工作之余花时间同他们讨论事业前途问题,在工作时间同他们频繁见面。因而,香港的管理人员同英国的管理人员一样,相对美国的管理人员而言,在"关心人"和"关心组织"之间的区分不太明确。日本的高度"关心人"的管理人员帮助下属解决个人困难,花很多时间同群体在一起。总之,在不同国家,"关心人"和"关心组织"的领导方式有着不同的表现方式，一个国家的文化有助于确定不同领导方式的表现与风格。可见，任何领导理论从其理想类型的角度来看，是非常正确的，但是这些理论与规定必须与特定的环境结合起来，才能显示出其应有的价值。①

一个社会中绝大多数组织与领导者、管理者如何运作的指导方针是由该社会中的价值观、态度、社会准则、风俗习惯和期望来确立的。比方说，在某些文化和社会中，反对妇女从事管理工作。

组织成员在工作时表现出的价值观和态度源自于其宗教信仰、家庭和一些社会惯例。梅塔比较了印度与美国管理层中的人际关系方法，并写道：在美国文化中，大多数人认为选择的自由是一个重要的社会价值观，而人际关系的方法却历来强调参与。在印度，选择的自由并不在大多数人的价值观中，印度的就业机会较少，因此在公司工作的人们主要关心的是工作的稳定性。由家庭和教育体系中培养出来的依赖意识在工作中也有体现。许多家族式企业已开始明确划分所有权和管理权之间的界限，这意味着管理者在行动和授权上有了更大的自由。管理者和领导者应该认知和预测社会风气的变化，并要找出方法来应付这些变化。②

二、领导环境与领导活动的耦合

（一）领导环境与领导行为

领导环境决定着领导行为，领导行为对领导环境有着反作

---

① ［美］潘威廉：《组织行为学》，江西人民出版社1993年版，第197～199页。

② 刘建军编著：《领导学原理——科学与艺术》，复旦大学出版社2007年版，第373～379页。

用。两者耦合的条件是认识、适应和改造环境。如果缺乏认识、适应和学习,就会对外界的敏感度降低,对于缓慢而来的致命威胁无所感觉。彼得·圣吉在《第五项修炼》中用了一则煮青蛙的寓言来说明这种情况。如果你把一只青蛙放进沸水之中,它会立刻试着跳出,但是如果你把青蛙放进温水之中,不去惊吓它,它将呆着不动。然后如果你慢慢地开始加温,当温度从摄氏70度升到80度,青蛙仍显得若无其事,甚至自得其乐。可悲的是,当温度慢慢上升时,青蛙将变得越来越虚弱,最后无法动弹。虽然没有什么限制它脱离险境,青蛙仍留在那里被煮熟。为什么会这样?因为青蛙内部感应生存威胁的器官,只能感应出环境之中激烈的变化,而不是缓慢、渐进的变化。所以,领导者应当不断地认识、适应环境,并在环境中不断学习,才能不断地认识、适应和改造环境。

(二)领导环境与领导能力

领导环境决定着领导者的能力结构,领导者的能力将影响环境的发展。目前,我们对干部进行轮岗锻炼,就是要让干部在不同的环境中增长才干,不如此,就不能适应不同的环境,不能从整体上增强干部的能力。毛泽东曾经说过,我们要在战争中学会战争,在游泳中学会游泳。这充分说明了环境和能力的关系。两者耦合的条件是:对环境的具体分析和领导者能力的提高。

(三)领导环境与领导成本

领导活动是一个投入与产出的创造性活动,其中必然有一个成本问题。所谓领导成本,即为了取得领导绩效,由领导者、被领导者和领导环境所付出的总和。可用公式表示为:

$$领导成本 = 领导活动总付出 \div 领导绩效$$

当领导活动总付出一定的时候,领导绩效越好,领导成本就越低,领导绩效越差,领导成本就越高。当领导绩效一定的时候,领导活动总付出越大,领导成本就越高,领导活动总付出越小,领导成本就越低。领导环境的付出构成了领导成本的因素,而客观的领导环境又影响着领导成本的投入,符合领导环境要求的领导成本的投入将使领导环境得到发展。两者耦合的条件是:对环境中存在问题的发现程度和领导成本的科学控制方法。因为对环境中存在问题的发现程度决定着领导成本的先期投入,而领导成本的科学控制方法又决定着领导成本投入的合理性。如果能处理好环境和领导成本的关系,就能有效地提高领导绩效。

(四)领导环境与环境领导

领导者应当在环境中进行领导。进入20世纪70年代以来,权变理论首先在美国兴起,这有其深刻的历史背景。20世纪70年代的美国,社会经济动荡不安达到空前的程度,石油危机对西方社会产生了深远的影响,因此,企业所处的环境很不确定。这对领导理论提出了挑战。以往的领导理论,如领导特质理论追求的是一种普遍适用的模式与原则,而这些领导理论在解决组织面临瞬息万变的外部环境时又显得无能为力。正是在这种难以应对的情况下,权变理论应运而生,权变的意思即权宜应变,认为领导应当决定于所处环境的状况,要根据组织所处的内外部环境随机应变。权变理论认为环境是自变量,而领导的观念和技术是因变量,权变理论的核心内容是环境变量与领导变量之间的函数关系即权变关系。情景理论也有异曲同工之妙,即领导者要根据被领导者的成熟度而确定领导风格。中国的《孙子兵法》中也有"因利而制权"的思想,即秤砣要根据被称重物的轻重而移动。《孙子兵法》的《虚实篇》讲:"水因地而制流,兵因敌而制胜。"即水因地形的不同决定它的流向,作战是根据敌情的变化而决定如何用兵。所以,作战没有固定的方式,就像水没有固定的形态一样。因此,领导者必须成为环境领导者,即根据环境的变化而领导。党的十六大报告指出,领导干部必须"不断提高科学判断形势的能力"。具备这一能力,才能在不断变化的环境中成为真正的领导。道格·米勒说道:"要做战无不胜的变色龙。在人们眼里,变色龙并不是什么漂亮的动物,其头冠、角或刺以及鼓鼓囊囊的独自转动的眼睛,看上去像是大自然残酷的戏法一般。然而这一戏法是变给变色龙的猎物及捕食物看的,因为动物拥有一切保证其生存的工具。变色龙扁扁的身材,其皮肤会因光线、温度及感情的刺激而改变颜色。也就是说,变色龙在不断地适应着环境。"如果领导不能像变色龙那样不断地适应环境,必将被环境淘汰。[1]

总之,我们必须重视领导环境,只有当领导者、被领导者和领导环境有机地融为一体的时候,领导活动才能取得好的绩效。

第三节 领导环境的发展与优化

一、领导环境发展的含义和目标

领导环境的发展,是指领导者通过发挥主观能动性,创造适于发挥成员积极性的全新环境条件,实现领导环境的优化乃至创新。

---

[1] 张世和:《论领导环境》,《新东方》2005年第3期,第17～18页。

领导环境的发展与优化是领导主体对环境能动作用的最高体现,是研究领导环境问题乃至整个领导学理论的根本出发点和落脚点。领导环境的发展包含多方面的内容,如领导职能的研究、领导体制的改革、领导方法的创新等。

领导环境发展的根本目标是:通过对领导环境的改造,降低领导活动成本,促进领导目标的实现。

二、领导环境的影响力分析

我们常讲,高明的领导者善于审时度势。"审时度势"就是能够正确分析领导环境因素的影响作用,或巧借领导环境的正向作用,或努力克服领导环境的负面影响,以求达到良好的领导效果。如果对领导环境的认识不正确,就会在决策与领导上出现误差,致使领导活动受到延宕,难以达到领导活动的预定目标。领导环境的影响力,主要表现在以下三个方面:

(一) 领导环境是促进领导方式更新的催化剂

人们常用"此一时也,彼一时也"来说明自己行为方式发生变化的原因。人是善于适应环境的动物,总是随着环境的变化选择最佳的行为方式。领导也是如此,必须根据领导环境的变化来确定正确的领导方式。任何领导方式的确定,不应是随心所欲的,而是根据领导环境的情况和组织任务目标确定的。

在领导活动中,领导者往往要综合运用行政的、经济的、法律的、思想政治工作的现代领导方法,要运用诸多的领导艺术形式,所有这些方法的采用都要受环境的影响和制约。权变理论中的"权变"指的就是依据环境的变化来确定领导的方式方法。计划经济时期,政治思想教育为唯一的激励手段;而在市场经济时期,则既提倡奉献,也允许正当的索取。精神鼓励与利益驱动同时实施,领导活动才能收到满意的效果。

由于不同领导环境需要采取不同的领导方式,因此我们的领导者必须与时俱进,根据形势的发展及时改变自己的领导方式。例如在自动化生产的企业,领导者必须实施刚性的工作制度;而在知识分子成堆的单位,领导者应根据知识分子的特点,采取弹性工作制度。往往有一些领导者在甲单位干得有声有色,而在乙单位却弄得下不了台。同样的人,在不同的地方取得的业绩大相径庭。原因何在?其中一条重要的原因就是,该领导者只知道拿旧瓶装新酒,不知道到哪山唱哪山的歌。墨守成规的结果便是导致自己干出一些削足适履的蠢事。

(二) 领导环境是领导职能变化的调节器

在一个组织机构中,领导具有选人用人、指挥、协调、监督、总结等领导职能,这些领导职能及各种职能发生作用的方式、方法、特点及范围都要受到领导环境的影响和制约。近来,一些学者提出"界定选择"的概念。"界定选择"是指一定客观条件所允许的范围内,社会行为主体对活动目标及其实施方案的边界优化判断。领导行为的界定选择是一个复杂过程,它是改革开放条件下科学决策的新视角,其核心是主观见之于客观的边界优化选择。边界优化选择是使领导职能调节到最优化程度的一种选择。界定选择体现了界定与选择的对立统一。界定性即客观条件的限制性,选择性则是人对追求目标与实现目标方案优化判断的主动性。人的行为既是界定的,也是选择的,是界定的选择,是选择的界定。人们通常对人的行为的描述,诸如趋利避害、趋暖避寒,两利之间择其重,两弊之间择其轻,都是界定选择在人们的日常生活用语中的反映。在领导活动中,领导者一定要科学界定客观条件——环境因素,充分借用天时地利,并在人和的促进下,使领导职能得到充分的发挥。我们常讲对人才要量才施用,怎么量才?某种程度上,就是根据不同环境的要求来选择不同能力的人。汉高祖刘邦曾说过三个吾不如:"运筹帷幄之中,决胜千里之外,吾不如子房;镇国家,抚百姓,给饷馈,不绝粮道,吾不如萧何;连百万之众,战必胜,攻必取,吾不如韩信。三者皆人杰,吾能用之,此吾所以取天下者也。"由此可见刘邦在驭人方面的高明之处,即能够根据不同环境的需要使用不同的人才。

(三) 领导环境是领导者与组织成员良好作风和素养的结合链

作风和素养是在先天禀赋的生理素质基础上,通过后天的实践和锻炼学习而形成的。任何实践活动都是在一定的环境中进行的,良好的领导环境,有助于领导者与组织成员形成良好的作风和素养。例如企业用人选人制度的改革,实行全员竞争上岗,就可能形成公平、公正、公开的竞争环境。这样具有竞争性的组织环境,必然促使组织内部形成良好的讲求公平、公正的作风,而激烈的竞争又促使组织内部形成良好的学风。因为,组织的领导者和组织成员只有努力学习和加强锻炼,不断提高自己的素养,才能在公平竞争的环境中真正体现出自己的实力和水平,同时养成良好的作风。[1]

三、领导环境发展的过程

领导环境发展的过程就是在正确认识领导环境影响力的基础上,遵循正确的原则,不断认识环境、适应环境和改造环境。

(一) 认识环境

认识环境,就是领导者在周密调查的基础上,对领导环境

---

[1] 江彩云:《浅论环境对领导活动的影响》,《中国党政干部论坛》2003年第10期,第57页。

的各方面情况进行全面研究分析,把握客观环境的本质及发展的规律。正确认识环境是开展领导工作和改善、发展领导环境的前提。

认识环境的基本要求包括:领导者必须全面地、客观地研究问题,切忌主观性、片面性和表面性。领导者需要不断地提高自身修养。

(二) 适应环境

适应环境,就是领导者在认识和熟悉领导环境的基础上,根据客观环境的特性和要求,采取适当的方式方法开展领导工作,使领导活动符合领导环境的情况及发展规律。

适应环境的基本要求包括:根据领导环境和领导活动的需要,选择适当的领导角色。勇于改变自我、挑战自我,以适应环境的要求。

(三) 改造环境

改造环境,就是领导者在认识环境、适应环境的基础上,通过发挥主观能动性,促使环境条件向有利于实现领导目标的方向转化,最终实现领导环境的优化和创新。

改造环境的基本要求包括:根据现有领导环境中各环境要素的特点及发展规律,制定改造环境的整体方案。明确环境发展的有利因素和不利因素,利用有利的环境条件,控制不利的环境因素并促使它向好的方向转化。

四、领导环境的优化

所谓领导环境的优化,是指按照主观与客观辩证统一的观点,既尊重客观,又不做客观的奴隶,充分发挥主观能动性,有条件的要充分利用条件,没有条件的要创造一定条件,使优越的环境更优越,使恶劣的环境变优越,从而使领导环境在其质和量以及结构上达到最优化,最大可能地缩小其负面影响,最大限度地减少由负面影响而造成的负效益。领导环境优化的规定性是具体的和历史的辩证统一,在评价一种领导环境优劣时,既不能脱离当时具体的历史条件和历史背景,也不能把某种评价标准永恒化。

总结领导环境的现实状况,预测未来领导环境的发展趋势和变化,应当从以下几方面优化领导环境:

(一)深化领导体制改革,进一步优化领导活动的制度环境

领导活动的制度环境主要是指在领导活动中有助于实现以"法治"取代"人治",与规范领导行为有关的以领导体制为主及各种法律、法规、政策、规定等制度构成的法制系统。它与领导素质的提高和领导活动的成功,有着十分重要的直接联系。尤其是领导体制,它是否科学、合理、完善、规范,则有着决定性的作用。如果领导体制存在很大弊端,整个制度环境存在一定缺陷或没有成为可以制约领导活动的制度网络,这样不仅会给领导者中的极少数腐败分子造成投机钻营、以权谋私、结帮拉派、腐化堕落的可乘之机,而且会使一些领导素质不高的领导者受到制度环境提供的某些诱惑中逐步走上邪路,也会使一些领导素质本来较好的领导者受到制度环境中的某些不良干扰而犯错误,这些都将直接严重影响领导活动的成功。在现实的领导活动中,一些人把"行政首长负责制"当做事实上的"家长负责制",在他们眼里,同级的纪检部门,各个副手和下属,都是微不足道的"玩物"。在他们心中,只奉行一条原则,即"顺我者昌,逆我者亡",制度又能怎样?谁能奈他如何?这些不正常现象,从根本上说,还是我们领导制度不健全,不完善,有弊端,有缺陷。例如,领导干部的选拔任用制度,领导权力的制约监督

制度,领导责任的评判追究制度,领导政绩的民主评议制度等等,有些是制度本身不规范,有些是缺乏可操作性,有些是不健全,有些是徒有形式,有些是缺乏制度之间的相互制约性和连贯性,没有形成网络或系统,从而致使一些领导者在领导活动中"人治"多于"法治",法制流于形式,使领导环境经常出现一些不正之风,并造成制度环境的劣化。因此,我们必须下大决心和下大力气深化领导制度改革,实现制度环境由净化到优化,由优化到科学化。

(二)强化党性原则,进一步优化领导活动的政治环境

江泽民同志多次强调,领导干部一定要讲政治,其实质就是要求我们广大的领导者在领导活动中,要坚持全心全意为人民服务的宗旨,坚持党性原则,坚持党和国家以及人民的政治利益,以此作为统帅和制约其领导活动的重要条件。在这样一种政治环境中,各级各类的领导干部时时刻刻都应以服从于和服务于党和人民的政治利益为第一需要,为此要敢于和乐于献出自己的一切。在一个时期以来,这种领导环境确实受到了相当程度的污染。一些领导者在领导活动中,应有的那种公仆意识、服务意识、政治立场、政治观念、政治原则、党性观念、国家意识及其作风和行为模式,都被以种种胆大妄为的"盲险"精神将其一天天地淡化、退化直至消失了。在这样一种被污染和劣化了的领导环境中,一些领导者的行为的确与党性原则格格不入,与我们的讲政治背道而驰。这种状况的存在与恶化将会给党和人民的政治利益带来日趋严重的威胁,若在未来不加以彻底整治和改善,后果将不堪设想。因此,优化政治环境,最重要的就是要强化党性原则,坚定共产主义信念,坚持为人民谋利益的宗旨,信奉党和国家的利益高于一切的准则,敢于与一切损害党和人民利益的行为作斗争,勇于在自我活动的范围内保

持马列主义毛泽东思想的一方净土,决不允许可以动摇党心、民心的任何因素占据政治环境的主导地位或产生重大的影响作用,在国内外大是大非问题上,不要受领导环境中劣化因素的干扰。要采取各种形式,对广大领导干部进行强化党性原则的教育和世界观改造,使领导活动的政治环境真正得到净化和优化,使领导行为(尤其是政治行为)真正与党和人民的利益永远保持高度一致性。

(三)强化民主监督,进一步优化领导活动的社会环境

以实行广泛民主和人民监督为主体内容构成的领导活动的社会环境,是影响领导活动的效能之优劣的关键。其最根本的要求是扩大人民民主,强化民主监督,健全监督机制,完善监督职能。领导活动中民主监督应当是一个社会化、公开化、法制化、有效化的系统工程,要想使其真正发挥良好的制约作用,就必须使其结构合理,机制科学,运作有序,实施有力,结果有效,真正达到领导活动社会环境的优化。要剔除这一社会环境中那些形式化、空泛化、自由化、垄断化、商品化、市侩化等之类堕性因素的影响。人民不需要,领导活动更不需要把民主监督和权力制约搞成一种徒有虚名的花架子。无数历史教训证明,一旦民主监督出现疲软,必将导致领导活动和领导效能的疲软,并由此导致党心民心的涣散,最终导致党的事业和人民利益的重大灾难。因此,优化这一环境,必须排除一切反民主监督因素的干扰,把那些有助于使"公仆们"强奸民意、唯我是从、以权谋私、一意孤行的各种因素从领导活动的社会环境中彻底清理出去,让我们的领导活动有一个干干净净的富有成效的社会环境。现实告诉我们,民主监督机制和实施监督效用,在领导活动中有着至关重要的作用。根除腐败之源,贵在领导体制的进一步改革和完善,而建立健全监督机制,扩大民主监督,加

大监督力度,提高监督效用,则是根本举措。在领导活动中出现的很多不正常现象,例如滥用职权、以权谋私、权钱交易、权色交易、盲目决策等,都与因缺乏民主监督而使权力失控有关。对一些腐败分子的处理,假如能在事前和事中都有效地给予监督或监察,也许会使这些腐败分子不敢如此胆大妄为,也许会使更多的领导者不至于因社会环境影响而误入腐败之途。因此,我们必须通过扩大民主、加强监督等途径去遏制腐败,并利用领导活动社会环境的进一步优化逐步实现。

(四)强化实事求是,进一步优化领导活动的工作环境

在领导活动过程中,要想使各项工作卓有成效,我们所进行的一切工作,都应在实事求是、一切从实际出发的工作氛围中去完成,切忌弄虚作假,脱离实际。否则,工作成就吹得越大,则虚假成分就越多,对党和人民造成的危害也越大。但是,在现实的领导活动的工作环境中,总有一些可以造成工作环境污染的因素,以各种各样的方式诱导人们去背离实事求是,以千奇百怪的形式主义、虚假行为去干扰正常的工作环境。尤其在重大问题上,决策时不做调查研究,凭想当然办事。实施决策中不注意追踪,宁错勿改,甘愿交学费。在评论政绩时,总要夸大其果,夸大其词,夸大其威,夸大其功。曾有一时在一些地方,吹捧、浮夸风猖狂,表扬与自我表扬盛行。例如,干部出数字,数字出政绩。要想当官,学会吹拍;要想提拔,学会造假。如此这些不利因素,若不从领导活动的工作环境中清除出去,实事求是之风就难存在,良好的工作环境就难以保持。所以,我们必须进一步净化和优化领导活动的工作环境,决不允许有人再以任何手段去污染工作环境。①

---

① 成光琳:《关于优化领导环境的思考》,《学习论坛》2001年第1期,第39～40页。

第四章 领导结构与领导过程

第一节 领 导 结 构

领导活动依载于什么样的结构而展开,是领导科学研究的一个重要方面。从结构功能主义的角度出发,任何社会活动都是在特定的结构中展开的,各要素相互影响、相互制约,按一定的规则结合在一起,每个要素和各个步骤都具有特定的功能,其功能的发挥过程也就是该社会活动的运行过程。作为人类重要活动之一的领导活动,其内在结构和运行过程也符合功能主义的此项论断。在领导活动的形成与发展过程中,逐渐形成了被各种群体所认可和接受的规则,这些规则经过历史实践的沉淀,以不同的表现形式成为支撑领导活动的结构性力量。各种要素在这一系列规则的指导下协力合作,共同维持领导活动的有序进行。领导结构的延续与复制,不断明确着人们在领导活动中的角色意识。领导活动便在稳固的结构性力量的基础上有序延续下去。

所谓结构是指由一系列规范所固定下来的人与人之间的关系及行为模式。从制度经济学的角度来看,以秩序规约社会活动的制度可以分为两种:显性制度和隐性制度。

所谓显性制度是指由具备社会政治合法性的权威性社会主体在民意基础上设立和制定,并自上而下强加和推行的制度。显性制度配有奖惩措施,这些奖惩以各种正式的方式作用于社会成员并依靠法定暴力的运用来确保实施。显性制度对社会成员有规范性的影响,当显性制度与社会成员约定俗成的心理规则、传统习惯相一致时,其规范作用更加明显。

所谓隐性制度是从人类的经验中演化而来的,它是人们约定俗成的习惯、传统和潜意识的沉淀,曾在人类历史的一定时期发挥着重要作用。随着历史发展,这些共同认可的规则仍在各种群体中发挥作用,并成为群体成员活动规则不可或缺的组成部分,例如礼仪、习俗和商业惯例。违反内在规则通常会受到共同体其他成员的排斥或者非正式惩罚。例如,不遵守商业道德的人会被认为是不守信用和没有合作诚意的。

可见,显性制度和隐性制度是依据规则的起源而设定的。制度的作用在于规范人们的行为,并促使关系与行为模式朝着有序化、连续性的方向发展,同时降低人们交流与合作的交易成本。例如,大量的内在规则根据经验不断演化并影响着人们的相互交往。人们长期保留这些内在规则,是因为人们发现它们起作用并有益于人类自身,当内在规则得到群体认可和遵守,交流与合作便变得更加容易。但随着历史发展,内在规则也应为人们所扬弃,从而更加符合组织发展和时代要求。同时,显性制度能否与隐性制度相匹配,也是决定两种制度有效性发挥的关键。

对领导活动的结构性分析,有助于加深对领导活动的有序化认识。因为任何组织中领导活动都不是无序的,它必然依赖一种结构来维持它的秩序化状态,领导者的权威性也必须借助结构性的规则体系加以强化,领导活动在显性与隐性制度结构的共同作用下维系组织平衡并追求组织目标的实现。但是,如果将领导结构的分析推至极限,也会带来很大弊端,因为这一功能主义的分析带有很大的保守性,它将阻碍其他变革性因素以及人类的情感创造因素在领导结构中的发展,势必对领导活动造成不利影响。领导活动是一项在正式制度框架下对理性和情感有较高要求的行动,它一方面要依靠显性制度的力量来维持领导活动的规则性,另一方面,它要借助隐性制度来平衡领导者、追随者以及内外部环境的关系。同时,如何在显性制度的框架下激发成员的智慧,并促进领导体系的良性变革,就成为超越领导结构、对领导活动进行动态研究的关键所在。因此,与显性制度和隐性制度相适应,领导结构分为两种:一是正式结构,二是非正式结构。

一、领导活动中的正式结构

一般而论,领导活动的正式结构即是指我们平常所说的领导体制。领导体制是指组织内部以领导权限划分为基础,以组织目标和领导职能的实现为目的所设置的机构及其相互关系的制度和规范。领导体制是领导关系的制度化、体系化、规律化,是领导活动正常进行的制度保证,在领导活动中具有重要地位和作用。领导者个体和追随者作用的发挥,往往受制于领导体制。

(一)领导体制的内容

领导体制的内容包括四个方面:领导的组织结构、领导层次与领导跨度、领导权限和责任的划分、领导体制的功能组成要素。

1. 领导的组织结构。这是指领导组织内部各个基本要素的构成问题。它包括两种基本关系:一是纵向的关系,即隶属的领导关系;二是横向的关系,即平行的各部门之间的协作关系。它一般包括直线式组织结构、职能式组织结构、混合式组织结构和矩阵式组织结构四种。

2. 领导层次与领导跨度。所谓领导层次,即领导的纵向结构,是指组织系统内部按照隶属关系划分的等级数量,即该组织系统设多少层级进行领导和管理。有多少等级层次,就有多少领导层次。领导跨度,即领导的横向结构,亦称"领导控制跨度",指一个领导者能直接有效地指挥下属的范围和幅度。现代领导工作,由于专业性强,涉及面广,工作量大,一个领导者能够直接有效地领导与指挥下属的人数是有一定限度的。一般原则是:下层领导跨度可以大些,上层则应该小些,呈金字塔式的领导层次。但是领导跨度究竟以多大为宜,至今仍没有一个统一的认识。

3. 领导权限和责任的划分。领导权限和责任划分的中心内容是建立严格的自上至下的法规和岗位责任制,对不同领导机构、部门之间以及领导者之间的职责权限作出明确规定。

4. 领导体制的功能组成要素。领导体制的功能要素包括决策中心、咨询系统、执行系统、监督系统与信息反馈系统五个部分。决策中心是领导体制的核心,咨询系统是决策中心的智囊团,执行系统是决策方案的落实部门,监督系统是领导体制的调节平衡部门,信息反馈系统是决策中心的辅助部门。

(二)领导体制的类型

1. 完整制和分离制。按同一层级的各单位接受上级机关的指挥、控制程度的不同,可以将领导体制划分为完整制与分离制。

所谓完整制,是指同一层级的各类机关或同一机关的各组成单位,权力结构上由一个领导机关或一个领导者来领导和控制。完整制也称一体制、集约制、一元统属制，即一元化领导。分离制是指同一层级的各类机关或同一机关的各组成单位，根据其不同职能，权力结构上由分属两个或两个以上的领导机关或领导者来领导、指挥和控制。分离制又称独立制、多元统属制。

完整制的优点是：力量集中，易统一安排计划的决策与执行，责任分明，避免工作重复和减少"内耗"，有利于提高工作效率。其缺点是：权力高度集中，易滋生组织内部独断专行的作风，压制下属各单位在贯彻执行政策上的主动性、积极性和创造性，使下级养成对上级的依赖性等。

分离制的优点是：权力设置分散，适于防止专断与滥用权力，有利于发现和培养人才。此外，在分离制的情况下，即使上级领导机关不健全、不称职或决策失误，并不会对全局产生重大的影响。分离制若发挥得不好，其缺点和后果也是十分严重的，例如各独立单位各自为政，权力冲突，工作重复，内耗严重，造成人力、物力、财力的浪费。

完整制和分离制各有利弊。有效的领导体制应当是完整制与分离制的有机统一。因此，领导者必须不断研究新情况，因时因地制宜，科学地统权与分权，做到统分相宜。

2. 首长负责制和合议制。按照最高决策者的人数，可以将领导体制分为首长负责制和合议制。

法定最高决策权力完全集中在一位行政首长身上的领导体制，称之为一长制，或称首长负责制、独任制。法定的最高决策权力由两位或两位以上的行政首长行使，则称之为合议制，或称委员会制。这两种领导体制的区别在于最高决策权力分配人数的不同。

首长负责制的优点是：权力集中，责任分明，行动迅速，指挥灵敏,意见冲突较少,效率较高,易于考核优劣。同时,可以有效地防止推诿和扯皮,消除或减少不负责任现象的产生。但这种领导体制易于产生专断指挥,导致对问题处置欠周详,尤其是万一决策失误,就会因为权力集中而产生严重后果,这是首长负责制的缺陷。

合议制的优点是:能够集思广益,减少决策失误,集中各个渠道的信息和意见,从而作出正确的决策。各个委员代表着系统内部不同的利益群体,有利于系统内部的协调。各委员分工合作,可以减轻主要负责人的工作负担,也可以避免个人滥用职权。合议制的缺点是:权力分散,责任不明确,行动迟缓,效率较低,难于考核优劣。

因此,领导体制应根据实际情况灵活选择运用。在实际的领导活动中,这两种体制也以各种方式相互联系、相互渗透着。

3. 层级制和职能制。按照一个系统或单位接受指挥、监督和控制的方式来划分,可将领导体制划分为层级制和职能制。

所谓层级制,又称层次制、分级制或系统制,是指一个系统或单位,在纵向上划分为若干层次,每一个层次对上一个层次负责,从指挥中心到基层形成一个像连续台阶那样的指挥系统,即形成直接指挥、监督和控制的渠道,整个领导体制呈现金字塔式的结构。所谓职能制,又称分职制、功能制或机能制,是指一系统或单位,在横向上按照业务性质的不同平行设置为若干职能部门,辅助领导机关实施领导。

层级制的优点在于:指挥统一,权力集中,层级分明,整齐划一,有利于统筹安排,综合平衡。但层级制也容易造成中间层次太多,领导者难以指挥的局面。

职能制的优点是:分工精细,领导者各司其职,业务熟悉,工作效率高,有利于培养精通各门业务的专家和提高干部的专业化水平。其缺点是:因分工过细易造成机构臃肿、人浮于事,以及由于政出多门,而使无所适从等。

在实际工作中,层级制与职能制必须配合使用,扬长避短,彼此相长。

4. 集权制与分权制。按照职权的集中和分散程度,可以将领导体制划分为集权制与分权制。

所谓集权制是指一切重大问题的决策权集中在上级领导机关或上级领导者,下级机关或下级领导者没有或很少有自主权,只能按照上级机关的决定和指示办事。所谓分权制是指下级机关或下级领导者在自己管辖的范围内,有独立自主的决定问题的权力,上级对下级在法定权限内决定处理的事情不得进行干涉。集权制的优点是:政令统一,标准一致,力量集中,指挥方便,能够统筹兼顾,利于重点建设。其缺点是:不能因地、因时制宜,不利于发展个性,适应能力不强。分权制的优点是:实行分层授权、分级管理,下级有一定的自主权,有利于调动下级的积极性和主动性;职能分工明确,有利于专业化管理,有利于扩大管理权限。其缺点是:可能出现政令不统一,各方发生矛盾和冲突,难以协调的现象,也容易产生本位主义、分散主义,使国家集体利益受到损害。

关于集权与分权的权力配置,有两种类型:一种是完整制与分离制所涉及的平行机关之间的集权与分权关系;另一种是集权制与分权制所涉及的上下级机关之间的集权与分权关系。但多数情况下,集权与分权主要指的是后者。

如何处理集权与分权的关系,一直是领导过程中需要解决的重要问题。从实际情况来看,解决两者之间的关系,并没有一个固定的模式,应考虑以下几个方面:可能损失的程度、责任范围、决策范围、监督考核的指标、业务种属、地域规模等等。

（三）西方领导体制的演变

人类社会的领导体制经历了一个漫长的发展过程。在原始社会,氏族议事会、部落议事会、部落联盟议事会构成了原始社会的领导系统。这种领导体制是建立在原始公有制经济基础和没有阶级存在的社会基础之上的,适应了当时社会的生产力发展水平和社会对简单协作劳动的领导和军事指挥的要求,实际是一种通过自然组合和习俗规约的自然式集体领导体制。随着社会生产力的发展和社会分工的成熟,逐渐出现了职业化的领导管理阶层,正是这种职业化领导管理阶层的出现,才促使领导活动在体制性的结构中进行。从近代到现代,西方领导体制的发展大致经历了四个阶段。

1. 家长制领导。家长制领导是于封建社会流传几千年的领导体制,近代社会是从中世纪封建社会演化而来的。在工业革命以前,组织规模小,生产力水平低下,对于企业组织来说,所有者和管理者集于一身,实行的是家长制领导,决策与生产全凭"家长"的经验进行。这种领导体制的本质特征是领导者凭借自己的地位、权力和经验,从事领导和管理。由于当时的生产规模不大,这种领导方式尚可适应,起到过一定的积极作用。从时间跨度上来讲,它一直延续到19世纪中叶。

2. "硬专家"领导:经理层的兴起。工业革命之后,随着经营规模的扩大和劳动生产率的提高,所有者因不懂领导与管理的法则,而难以维持企业组织的快速发展,更难适应日益激烈的竞争。1841年,因企业老板缺乏领导和管理现代企业的能力,在美国连接马萨诸塞至纽约的西部铁路上,两列客车迎头相撞。这一情况迫使铁路公司进行改革,建立起各级责任制,选拔有管理才能的人担任领导。由于公司的资本大多是这个老板投入的,所以他仍是公司的所有者,但新的管理体制将他排除在企业业务管理之外,只让他拿红利。这样,财产所有权与经营管理权分离,财产所有者不参加企业领导,领导企业的是专门拿薪水的经理人员。这些经理人员通常由一些生产技术高超、才能出众、具有专业知识的人担任,也称"硬专家"领导。经理制的出现是企业经营规模扩大的必然结果,它推动了近代资本主义企业的发展,是企业领导与管理体制的一大进步,是领导体制进入一个新的时代的起点。

3. 职业"软专家"领导。从20世纪20年代以后,由于生产社会化的程度越来越高,企业内部生产规模不断扩大以及现代科学技术与生产的进一步结合,企业内部结构日趋复杂,分工越来越专门化,使得原来精通某一专业领域的"硬专家"无法胜任领导,需要有专门管理知识和管理经验的职业"软专家"担任领导者。

20世纪70年代前后出现的科学技术与生产日益结合的趋势,要求企业领导人既懂管理又懂技术,单纯的"软专家"也不能完全适应现代企业的要求了,于是"双学位"式的管理人才开始兴起,逐渐过渡到"软专家"集团领导的阶段。

4. 专家集团领导。随着现代生产和科学技术的高度分化和高度综合,使领导和管理的规模和复杂性急剧增大。同时由于信息量的增大,个人的领导已无能为力。于是,在西方大企业的最高层首先出现了集体领导的趋势。与此同时,一些大单位还聘请了各类专家组成"智囊团"、"思想库"。它作为专家集团领导在智力上的一种延伸,为领导活动提供各种决策信息和依据。

专家集团领导的主要特征,是群体领导者按照领导和管理的一般规律,从事领导和管理工作,目的是发挥集体智慧,弥补个人领导能力的不足,提高领导的效率和科学性。

(四)我国古代领导体制的历史演进

我国古代领导体制肇始于"第一王朝"——夏朝。从夏代统治者为自己统治的合法性做辩护时强调的"夏服天命",到卜、史、巫、祝的统治角色分化,表明夏代统治者已经意识到建立一套有利于统治的体制化东西的必要性。之后,商周两代继续在领导体制建构上探索。秦一代,开此后中国领导体制的先河。"汉承秦制",中国古代领导体制的基本规模与格局,在两汉时便形成了。后期古代社会各王朝的领导体制基本不出汉时模样。

我国古代领导体制有其独特性,表现在:

1. 古代领导体制的层级安排高度完善。皇帝——权力所有者,居于金字塔塔尖。在皇帝之下,设有各司其职的领导机构和相应的领导角色。中央与地方的权限划分与官职设置都相当完备。

2. 古代领导体制有鲜明的集权特色。我国古代各级各类机构设置以及人员安排大致循着各有其用、各司其职的原则,但在权力归属的归结点上,则毫无保留地属于皇帝。"国者,君之车也","朕即国家",是从权力的所有上作出的规定。"事无巨细皆决于上",则是从权力运用的最高与最后裁决上作出的规定。

3. 古代领导体制有高度的稳定性特征。从我国整个历史进程来看,古代领导体制不仅具有权力集中的运行特征,而且在权力作用的后果上,还具有维持领导体制自我复制、社会稳定的运行效果。一方面,从古至今的领导体制在布局上,就依循着突出王权、限制官权的大思路。以维护王权为轴心,在统治机构的设置上使其相互之间制约和平衡,是历代统治者普遍认同的原则。另一方面,在王权突出、官权受限的情况下,置身于领导机构的高、中、低级官僚,都以为皇帝尽忠做官为宗旨,这就基本保证了权力运用的稳定性。

（五）我国领导体制的当代变迁

从我国古代以及西方领导体制演变的历史描述与简略分析上,可以看出,领导体制的变迁,很大程度上是社会变迁的结果。因此,社会变迁的趋势,决定着领导体制变迁的趋势。自十一届三中全会以来,我们党提出了改革党和国家领导体制的问题,并开始了理论和实践两个方面的探索。

在理论认识上,领导体制改革明确了以下基本精神:解决领导体制问题是国家生活民主化的根本问题,政治体制改革要同经济体制改革同步进行,坚持党的领导必须首先完善党的领导,党政分开是党和国家领导体制改革的中心环节,以"三个有利于"和"科学发展观"作为党和国家领导体制改革的判断标准和基本要求等。

在实践探索方面,第一,党首先改变了"一元化"领导原则,同时改变了过去的"绝对领导",遵循党的领导主要是政治、思想和组织领导的原则,与这种新的领导原则相适应,党政领导实行分任制,即党政职能分开。从而使执政的共产党从直接代替政府系统作决定、发指令的体制,转变到通过法定程序和法律形式,把党的主张变为国家意志,通过由政府系统依法行使职权的方式,实现对政府系统的政治领导。与此同时,党和国家的领导机构也作了一些相应的调整。

第二,坚持权力下放,理顺中央政府与地方政府、各级政府与基层企事业单位之间的关系,实行"凡是适宜下面办的事情都应由下面决定和执行"的原则。应当明确的是,下放权力并不是说要把所有的权都往下放,而是要以放权为手段来改变权力过分集中的权力结构,建立新的权力结构体系,并通过法律和制度使这种结构相对稳定下来。放权应以巩固中央统一领导为前提。在当前,保持社会稳定,加强宏观调控,还要强调必要的集中。一方面要进一步下放权力;另一方面要维护中央权威,反对分散主义。

第三,调整政府机构。按照精简、效能、统一的原则,1982年至今,我国先后进行过五次大的行政管理体制改革。1982年国务院100个部门裁了39个;1998年再次大规模机构改革,国务院的40个组成部门,裁掉11个,仅保留29个,绝大多数直接管理工业的部门被撤销。但与成熟的市场经济国家相比,我国政府部门设置依然较多,削弱了政府的决策职能,也不利于集中统一和管理。因此,党的十七大报告指出,要"加大机构整合力度,探索实行职能有机统一的大部门体制"。所谓大部门体制,或叫"大部制",就是在政府的部门设置中,将那些职能相近、业务范围趋同的事项相对集中,由一个部门统一管理,最大限度地避免政府职能交叉、政出多门、多头管理,从而提高行政效率,降低行政成本。这亦为我国领导体制调整与改革指明了方向。

第四,改革组织人事制度,增强党和国家的活力。组织人事制度包括干部的选拔、录用、调配、任免、考核、奖惩、晋升、培训、交流、退休等一整套管理制度,它是我国领导体制的重要部分。1993年开始建立的国家公务员制度,经过17年的推行已逐步完善,并取得了明显成效:一是政府机关进人,普遍实行面向社会公开招考、严格考核、择优录用,在"凡进必考"上前进了一大步;二是职务晋升竞争上岗已在许多地区和部门展开,在公平竞争、能上能下方面迈出了可喜的步伐;三是辞退制度从无到有、不断规范,干好干坏一个样的弊端正在加以解决;四是考核、轮岗、回避制度已逐步扩大;五是工资制度经过改革,晋级增资机制已正常施行。

第五,进一步实现决策的科学化、民主化。决策科学化、民主化是社会主义民主政治的重要内容,是避免决策失误的有效手段。党的十七大报告明确指出,推进决策科学化、民主化,完善决策信息和智力支持系统,增强决策透明度和公众参与度,制定与群众利益密切相关的法律法规和公共政策原则上要公开听取意见。在目前中央以及地方各级政府的公共决策中,"公众参与、专家指导、政府决定"的民主听证会,以网络或报刊形式就某一问题向社会征集意见和建议等,都是这一原则的实际体现。在实践中,如何建立一套健全、民主、科学的决策制度和程序,并且严格按照其要求实施是实现决策科学化、民主化的重要议题。

我国的领导体制改革是一个复杂的系统工程,也是一项极为艰巨的任务,必须采取坚决、审慎、稳妥的方针。我们要在中国共产党的领导下,从具体国情和时代特点出发,确定领导体制改革的目标、原则、方法和步骤,妥善处理改革与发展、发展与稳定、理论与实践的关系,稳步地进行这项改革,着力推动社会主义民主政治建设,加快社会主义和谐社会建设的步伐。

二、领导活动中的非正式结构

非正式组织作为领导学和管理学中的一个重要概念自梅奥的"霍桑"试验之后进入人们的视野,对组织内部人际关系的研究也开始成为人们研究领导学和管理学所关注的重要内容。按照梅奥的发现,组织的力量尽管能显著地影响个体的行为,但组织中由人际交往关系而产生的群体规范或标准、群体情感、安全感却往往是影响个体行为的决定性因素,组织中的非正式组织的客观存在对组织目标的实现有着极为重要的影响。根据这一理论,任何一个组织中,既存在着在正式结构中展开的领导活动,也存在着在非正式结构中展开的领导活动。客观地说,非正式结构大都是随着正式结构的建立而自然形成的。当正式结构在强化着领导者的职位权力的同时,有效的人际关系的沟通以及由此带来的追随者的满足也在极大促进领导目标的实现。

(一) 非正式结构的内涵

非正式结构是一种依靠非体制性的规则建立起来的情感或利益交往的空间,它依靠伦理、传统、感情的力量,为领导活动提供一套非体制性的行为关系模式的规定,是"只可意会不可言传"的规范体系,也称"软性规则或规范",包括人际关系、社会资源和网络。非正式结构具有非明确性、非目标性、非统一性、非原则性、非法定性、非制度性、非规范性、非程序性、非严格性、非等级性、非稳定性等特点。此外,非正式结构作为领导活动中与正式结构共生共存的一种现象,还具有不以人的意志为转移的特点。而就非正式结构的存在方式而言,无论是水平集团(由同级共属关系的成员构成)、垂直集团(由层级隶属关系的成员构成),还是混合集团(由等级部属不同的成员构成),非正式结构又具有自由、松散、随意、灵活、多变等特点。

领导活动中的非正式结构强调领导者与下属如何在沟通的过程中达成理解,为实现共享目标提供保障。在这一过程中领导者依靠伦理、传统和感情的力量,创造象征性符号,并向下属转达这一象征性符号,使其成为组织文化的重要组成部分。非正式结构虽不是经过权威力量加以确认的一种结构,但它可以为领导活动提供一整套的规则。虽然这一规则并没有明确的体制性的规定,但它是建立在约定俗成的基础上并已经成为人们所接受的一种隐性制度,对领导活动的开展和领导目标的实现发挥着重要作用。

(二)非正式结构的功能

从非正式结构的实际研究结果来看,一般说来,非正式结构的功能就是指它对正式结构所具有的功能。对于领导活动中的正式结构而言,非正式结构实际上有着正反两个方面的功能。

从它的正面功能来看,由于非正式结构往往都是组织成员感情结合的产物,因而,它具有以下功能:(1)弥补领导者与被领导者二元结构带来的差异,协调组织成员之间的关系,消除组织成员之间的分歧,促进组织成员之间的协作,从而有利于领导活动的和谐与稳定;(2)增强组织成员的组织归属感,缓解组织成员的心理压力,调节组织成员的工作情绪,满足组织成员的更多需要,激发组织成员的工作士气,从而有利于领导目标的实现;(3)为领导者在执行特殊工作任务时提供制度安排外的途径。

从它的反面功能来看,由于非正式结构常常都是组织成员利益维护的产物,因而,它可能产生以下影响:(1)扰乱组织的正常秩序,造成组织的重大分裂,制造组织的派别矛盾,从而影响组织的和谐与稳定;(2)破坏组织的正式规则,妨碍组织的意志贯彻,干扰组织的正常活动,从而影响领导目标的实现和制约组织的发展。

在实际的领导活动中,要防止和消除非正式结构的反面功能所产生的影响,就必须积极促进和发挥它的正面功能所具有的作用。

(三)沟通式领导与非正式结构

领导活动实际上是一种激发下属积极性、将组织目标转化为领导活动目标的艺术,因此,它必须要依赖正式结构之外的感情空间才能有效地激发下属的动力。"领导者—下属"这一二元结构对于领导来说显然有着不利影响,领导者与下属的互动,才是领导活动的核心。沟通理论为我们认识这一沟通过程提供了富有价值的启发。领导活动实际上是通过沟通改变他人的态度和行为以实现共同目标并满足其需要的过程,因此沟通式领导便成为克服正式结构之僵硬性的有效力量。

1. 沟通的内涵

所谓沟通是指凭借一定符号载体,使信息在个人或群体间从发送者到接受者进行传递,并获取理解的过程。所以沟通的核心在于对信息的准确理解。领导者在传达领导意图和施政纲领时,必须借助有效的语言、感情符号,使下属确切理解其用意。因此,沟通是领导活动中最为生动和最难把握的要素之一。

2. 沟通的类型

以沟通所采用的工具和方式为标准,可将沟通分为语言沟通和非语言沟通。非语言沟通对领导活动的顺利进行亦有十分重要的影响,身体语言、副语言和物体的操纵都是非语言沟通的重要控制变量。

以沟通所存在的空间为标准,可将沟通分为正式沟通与非正式沟通。在正式结构中的沟通叫做正式沟通,即指在显性制度框架下为完成组织目标所进行的沟通。具体分为这几种形式:下向沟通、上向沟通、横向沟通、体制内沟通、体制外沟通等。从实践中不难发现,领导者与下属的正式沟通在组织中的作用是比较有限的。因此,非正式沟通作为领导者与下属的信息交流方式就非常有价值。

在非正式结构中开展的沟通,我们称之为非正式沟通。非正式沟通的沟通对象、方式、时间、场合等都是未经制度规定的,多数情况下根据需要由领导者与被领导者双方灵活把握。这种沟通所依赖的途径,超出了各种制度、体制的边界,主要依托于组织内部的非正式社会关系。因此,它是领导者掌握组织内部各种信息的有效途径,能够有效消除领导者与下属之间的心理距离,使两者更容易融为一体,为领导活动的顺利开展提供了有效动力。

三、领导活动中正式结构与非正式结构之间的关系

正式结构与非正式结构既有相容的一面,又有相悖的一面。正式结构为领导活动提供了刚性的规则和法理性的权威,非正式结构为领导目标的顺利实现提供了必不可少的情感空间和沟通机制。如果仅仅把领导活动限制于正式结构的框架中,那么往往会缺乏有效的情感动力和组织活力,组织目标的实现过程常常过于机械化,成员的创造力没有施展的感情空间。如果领导活动仅依赖于非正式结构,那么必然带来组织的无序化,领导权威将大大受损,体制性的规则形同虚设,沦为一种仪式化的象征。因此,如何使领导活动中的正式结构与非正式结构有机结合,使它们成为领导目标实现的建设性力量,就成为衡量领导艺术水平的重要变量。鉴于此,在领导活动中要注意以下几个方面:

第一,支撑正式结构与非正式结构的体系基础是截然不同的。正式结构建立在刚性的显性制度的基础上,领导活动在正式结构中运转,着眼点在于追求效率、秩序和统一;而非正式结构建立在成员情感融合、交流以及利益空间的基础上,因此,领导活动在非正式结构中进行,既能受益于良好的沟通交流机制和融洽感情空间下成员的创造性思维,也可能出现非正式结构

成为领导活动的障碍,领导活动效率受损的负面情况。具体把握需要领导者根据实际情况审时度势,妥善处理。

第二,非正式结构是隐藏于正式结构背后的一种隐性结构,并不是依靠硬性的规范建立起来,不对组织成员的行为有强制性的指导和规定,并不具备正式结构的体制性特点。由于领导活动并不总拘泥于正式结构,因此,非正式结构就成为一种补充或支撑性力量,为领导目标的实现、领导活动的开展提供了更为广阔的空间。

第三,非正式结构具有双面作用。一方面,它可以成为领导活动有效展开的催化剂,极大促进领导者与下属的感情交流;另一方面,若处理不当,也会成为腐蚀领导权威和制度基础的消极力量。就其积极作用来说,非正式结构提供的情感交流机制可以起到鼓舞士气、凝聚人心、促进良性组织文化形成的作用;就其消极作用来说,它有扰乱组织正常秩序,破坏组织的正式规则,强化派系性,打击成员积极性的负面效应,不利于科学的领导活动的展开和持续。

第四,非正式结构应当在正式结构的框架下扩展,其展开空间应当受到显性制度的监督和约束。鉴于非正式结构的扩展性特点与正式结构的静态性、规范性之间形成的鲜明对照,应当使非正式结构在正式结构可以容纳的空间内扩展。这需要领导者对其作出良性、科学的引导,使之发挥更大的积极作用。

第二节 领导过程

领导过程就是领导者运用沟通、协调等领导方式发挥其领导职能，使组织中的人、事得到最佳组合以达到组织预期目标的过程，也是领导者制定决策、实施决策和实现目标的过程。这一过程包括两个层面：一是领导活动的科学化过程，即领导者依据一定的科学方法和管理技术来制定决策的过程；二是领导活动的艺术化过程，即在制定、实施决策和实现目标的过程中，领导者运用领导经验和个人魅力，使领导活动中的人、事、时间等要素紧密结合，发挥每个要素最大的作用，从而实现组织目标的过程。领导过程是领导学研究的主体内容，也是领导活动中最为丰富多彩、最为生动的一个环节。

一、领导活动的科学化过程

（一）领导活动从经验型到科学化的演进

在工业革命和知识经济到来以前，领导活动中经验领导普遍存在。经验领导是领导者根据过去特定情境下获得的领导经验，积累并运用于以后领导活动的一种领导方式。在一定程度上，经验领导是很有用的。每一个领导者，或者有志于成为领导者的人都应该知道，领导经验是十分宝贵的，离开了领导工作的经验，几乎不可能成为一名领导者。

然而问题在于：多次成功以后，领导者很容易把自己的"领导经验"定型为"经验领导"，而无法在已经变化了的情境模式下，使其领导经验适应环境继续发挥作用，从而给领导工作带来危害，甚至酿成大错。

经验领导的片面性、僵化性和随意性会使得领导活动过于死板与僵化,无法适应新的变化了的社会环境和工作环境,因而其必然让位于借助于科学管理方法的科学化领导。由此,以科学化为特征的科学领导就应运而生了。

(二)何谓领导活动的科学化过程

所谓科学化过程,就是领导在制订计划、进行决策和实施控制与监督等领导活动时,要尽可能运用科学方法,借助科学管理的工具,使领导活动在规范、量化的规则和制度中展开,以期达到决策尽可能正确、失误率尽可能低的一种领导过程。领导活动的科学化过程标志着领导活动从经验领导向科学领导的转变,体现为领导如何依靠科学的原则和程序制定决策和行动计划,以便使领导活动能够成为科学规律所支配的规范的特殊活动,并使决策失误减少到最低。

(三)领导活动科学化过程的特征

1. 在科学理论指导下的特征。领导科学是从科学的领导活动中总结概括出来的规律性知识,在科学理论指导下的领导活动是科学领导与以往经验领导的最大不同。早在19世纪,马克思就曾经强调,"一门科学要具有科学的尊严,就要看其是否能应用数学",这说明各个学科之间的知识是密切相关的。领导科学之所以能称为科学,自然是因为其与各学科科学知识的结合,比如应用数学中的数学模型和管理中的运筹学等。科学领导运用科学的决策理论和科学的思维方法进行优化选择,实现计划制订、决策进行和目标实现的科学化,同时利用科学的数理模型和实证调查研究作为道具,对领导活动的各个环节进行科学的预测和评估,使领导活动在科学的指导下进行。

2. 与法治精神密不可分的特征。现代社会是法治社会,法治社会以法律制度的健全为基本前提,以法的形式至上性为社会治理的特点,以依法治国为社会权力运用的基本方式。因而,现代社会的任何领导都必须在法治范围内运用权力,以宪法和法律的规定作为领导活动权力运用的准则。如果说经验型领导趋向于"人治",那么现代科学化的领导追求的则是"法治"。

3. 与定量化、模式化不可分的特征。科学化过程是与定量化、模式化不可分的,是与规则、制度不可分的。领导活动在科学理论和法治理念的指导下,其计划与决策的制定、执行以及目标的实现必然是定量化的、模式化的,不能像经验领导和领导艺术一样给予领导者个人较大的自由发挥、自由创造的空间。科学化的领导必须在规章、制度的框架下运作,必须在法律规定的范围内活动,必须遵循决策程序,使领导活动在一种规范化的过程中达到科学、合理。

4. 与科学管理不可分的特征。美国著名管理大师西蒙认为决策、计划等职能从日常的管理和生产领域中分化出来,即"决策工作专门化",直接导致了领导这一特殊现象的产生。从一定意义上说,领导是从管理中分化出来的特殊管理活动,具有管理的计划、组织、控制等的一般属性,因而科学管理的一些基本理论和方法对其也是适用的。

(四) 领导活动科学化过程的内容

科学化尽管不能涵盖领导活动的整个过程,但是领导者如果要保障领导活动的效能能够完满展现,使组织目标顺利达成,首先就要把自己的决策和计划制定、控制和监督等活动纳入到科学的规范之中,否则领导活动就失去了最为有利的保障。一般来说,领导活动的科学化过程体现为以下两个方面:

1. 领导者遵循科学的原则、程序,依靠科学的方法和技术进行决策和计划制定活动。它要求领导者要建立科学的决策和计划体制,注重集体共同决策,要注意依靠各种智囊组织,注意各种专家的横向联系,建立合理的人才结构,以便共同完成决策和计划制定活动。其次,要将决策和计划制定建立在科学分析的基础上,从传统的依靠经验进行决策,转变为依靠科学分析进行决策,广泛运用新兴的科学方法和先进知识,将定性分析和定量分析结合起来,确保决策和计划的正确性和可靠性。

当然,科学化的决策活动和计划活动并不能完全保障其结果必然是"科学的决策和计划"。因为科学决策和科学地制订计划是就其方式而言的,而"科学的决策和计划"是就其后果而言的。两者尽管不能完全相等,但是科学化的方法可以使决策和计划的失误减少到最低限度。

2. 领导者将整个决策活动包括对整个组织活动的控制以及对下属的监督、考核等纳入到科学的规范体系中,以确保组织目标的顺利完成。尽管领导活动并不都是在体制性的正式组织结构中展开的,但是没有权威正式结构的笼罩和包容,任何一个组织在当今社会都无从立足和发展。因此,领导者应该制定科学的控制体系、监督手段和考核指标,为领导活动的质量提供量化的检测指标。

二、领导活动的艺术化过程

(一)领导活动从科学化到艺术化

工业化和知识经济带来了领导活动的科学化,但是由于环境的不确定性和随机性,在很多时候领导活动是很难科学化的,从而领导活动科学化的缺陷就日益凸显,这就要求领导者利用自己的领导经验和个人魅力创造性地开展工作。这种灵活地、创造性地运用领导科学进行领导活动的方式就是领导活动的艺术化。

从领导的科学化到领导的艺术化,这是一个很大的进步,领导艺术对领导科学是不排斥的,它来源于领导科学,又高于领导科学。

(二) 何谓领导活动的艺术化过程

所谓艺术化过程,是指在领导活动中领导者个人创造性地纯熟地运用已掌握的科学领导方法和丰富领导经验,具体地灵活地分析、适应各种复杂的因素,妥善巧妙地解决领导工作中的实际问题,并使领导活动的完成体现出美和感染力的过程。毛泽东说:"领导人员依据每一具体地区的历史条件,统筹全局,正确地决定每一时期的工作重心和工作秩序,并把这种决定坚持地贯彻下去,务必得到一定的结果,这是一种领导艺术。"[①]这种艺术使得领导工作达到科学程度的同时,也反射出领导者的个人魅力和感染力,增添了领导活动的生动性、愉悦感。

(三) 领导活动艺术化的特征

1. 创造性。由于领导者常常面临非常规性的问题,涉及面广,又无规律可循,要实施领导,就必须最大限度地发挥自己的聪明才智和创造性思维能力,冲破陈规陋习的束缚,提出新构思、新方案、新目标,找到解决问题的新办法。因此创造性是领导智慧和才华的结晶。

2. 经验性与实践性并存。领导艺术是长期领导活动实践中通过学习、摸索、积累经验,并由经验升华而来的,因此其带有实践性和经验性并存的特征。对于经验性而言,不管领导艺术有多高超,总不可避免地带有经验的痕迹,而且往往带有一

---

① 《毛泽东选集》第三卷,人民出版社 1967 年版,第 856 页。

定的感情色彩,有着感人和吸引人的魅力;对于实践性来说,实践是检验真理的唯一标准,领导艺术虽无规范,却是出于实践,因而具有实践标准。

3. 非模式化。非模式化特征表现为灵活性、综合性等。领导艺术的灵魂是对具体问题进行具体分析、具体对待的本领,一切以时间、地点、条件的转移为转移,不能模式化、条理化。另外,由于领导者个人的个性和素质不同,因而对于不同的领导者来说,他们在显现其领导艺术的过程中,并没有什么普适性的模式。同时也正是因为领导者丰富多彩的领导艺术,才使得领导活动呈现出多姿多彩的画面。

4. 融合性。单一的领导艺术往往效果有限,通常是若干个艺术相互融合并同时使用,以扩大领导艺术的整体效果。如单独使用沟通艺术时效果可能不明显,但将其与协调艺术和激励艺术等结合起来,效果将会放大很多倍。另外,领导艺术的融合性还有一层含义,即领导艺术通常要与领导科学融合起来使用。三分科学,七分艺术,能够多倍放大领导工作的绩效。

(四) 领导活动艺术化的四要素

1. 厚实的科学文化知识。即懂得马克思列宁主义、毛泽东思想、邓小平理论、"三个代表"重要思想和科学发展观及相关学科的理论基础。我国老一辈无产阶级革命家在中国革命和建设的漫长岁月中,形成了代表中国共产党人的独具魅力的领导艺术,其理论基础和文化源泉就是马克思辩证唯物主义和历史唯物主义的世界观和方法论以及中华民族的优秀文化传统。对于处于现代化建设新时期的领导者来说,马克思列宁主义、毛泽东思想、邓小平理论、"三个代表"重要思想和科学发展观以及相关理论知识对其自身领导艺术的提高也提供了深厚的理论基础。

2. 丰富的实际领导工作经验和应对突发事件的能力。毛泽东同志指出:"党开辟了人民政权的道路,因此,也就学会了治国安民的艺术。党创造了坚强的武装部队,因此,学会了战争的艺术。"①我们的党及老一辈无产阶级革命家正是在革命实践中,在经历了无数次艰苦的斗争后,在体验到了成功的喜悦和挫折失败的痛苦后,才逐步形成和掌握了高超的领导艺术。因此,要提高领导艺术一刻也离不开实践。另外,在现代社会生活和社会条件多变的情况下,领导者必须不断提高应对突发事件的能力,不断调整领导方式和方法,随机应变地确定解决问题的方法和策略。

3. 充分发挥主观能动性,熟练运用聪明才智,创造性地解决各种复杂问题。领导工作是一种创造活动,它要求领导者充分发挥主观能动性,突破固定观念,运用直觉和想象力,进行创造性的活动;同时能从相互联系、复杂多变的诸因素中,发现新情况,预见事物发展趋势,提出新目标,开创新局面;还要有危机感和问题意识,善于发现问题和解决问题,并善于将已有的领导经验运用到实践中,在实践中不断总结学习,提升自己的领导艺术和领导魅力。

4. 艺术化且有效益的方法。它会给人以美的感受,并有利于调动部属的积极性。领导艺术需要领导者有高超的领导技术和独特的个人魅力,然而领导艺术并不仅仅是领导者个人艺术思维的结果,也不仅仅是某个领导有怎样的艺术修养、艺术技能,而是指领导者的领导行为所产生的效应,是他在领导活动中,使追随者、被领导者在服从命令时,感受到的感官、心灵的震撼、愉悦等。领导者在工作中,要运用创新性的艺术化

---

① 《毛泽东选集》第二卷,人民出版社1967年版,第574页。

的领导方法处理问题和工作,让被领导者在接受领导的过程中有美的感受,从而提高其归属感和积极性。

(五)领导活动艺术化的主要表现

领导艺术贯穿于领导活动的各个方面和各个阶段,有多种不同的表现,如领导的决策艺术、用人艺术、思想政治工作艺术等,也可以细化为领导的讲话艺术、激励艺术、处理人际关系的艺术等。这里就领导艺术在待人、理事、用权、管理时间等几个重要的方面予以分析。

1. 待人的艺术。待人的艺术也可称为协调关系的艺术。领导者在人中间工作,主要是同各行各色的人打交道,因此其职能之一就是做人的工作。领导者要理顺同上级、同级、下级和群众之间的关系,充分利用拥有的人际关系资源开展工作;同时要善于协调各个群体之间的关系,排除不协调的因素,采用各种解决问题的方法,使得问题得到解决的同时照顾到人的利益,尊重人的意见。

2. 理事的艺术。理事的艺术即对待和处理工作的艺术,指领导在日常生活中有效解决各种问题、处理各种工作、作出各种决策、提高领导效率的技巧。领导者的工作内容很细、范围很广,因而领导安排各项活动、解决各类问题、处理各种事务,都要讲究方式方法,要坚持原则性和灵活性的统一、抓住中心和统筹全局的统一、领导积极性与广大群众积极性的辩证统一、明晰性和含糊性的辩证统一等。

3. 用权的艺术。权力是实施领导工作的基本条件,一般也被看做领导法定身份的象征,然而并不是拥有权力就能做好领导工作,权力只是一个人成为领导者的必要条件,如何用好手中的权力是领导者思考的核心问题,也是领导艺术的一个重要内容。现代社会日益复杂,领导工作也日趋复杂化和琐碎化,领导者在日常工作中要在处理好"抓"与"放"的关系中艺术化地使用好手中的权力。

4. 管理时间的艺术。时间是领导过程运动的持续性、连续性的表现,是领导者紧缺的政绩资源,是衡量政绩的依据,因而领导者必须学会科学管理时间的艺术。在领导过程中努力做到:把时间的不可逆性,转化为工作动力;通过时间的等距性,增强人们的节奏感;利用前后时间人物变化的对比,解决认识问题;利用特殊事件的特殊意义,进行思想政治工作;利用生物钟的周期性,有针对性地做工作;利用心理时间规律,积极做好引导工作;学会节约时间,有效利用时间,提高工作效率;等等。

第五章 领导素质与领导心理

第一节 领 导 素 质

何谓素质?"素",是本来、原有的意思;"质",指的是一事物区别于他事物的内在规定性。素质就是事物固有的属性和特征。素质一词有广义和狭义之分,狭义的素质隶属于生理学的概念范畴,指个体的神经系统、感觉和运动器官等先天的生理解剖特点,它们作为个体获得知识和才能的自然基础而存在。社会的发展拓宽了素质的含义,广义的素质包括个体的气质、性格、风度、兴趣、毅力等各方面的特点。

作为描述领导这一特定群体的素质概念——领导素质指充当领导角色的个体为完成特定的职能职责,在一般素质的基础上依照领导角色的特点和要求而形成和表现出来的个体特征。出于领导者自我完善的需要及提升领导影响力、提高领导水平和艺术、保障领导职能有效发挥的目的,无论是在领导活动的具体实践中,还是在领导科学的理论研究中,都非常重视对领导素质问题的探讨。

在领导科学的研究中,还有领导特质和领导能力两个与领导素质相关的概念。如在西方领导理论中,有专门的关于领导特质的理论。实际上,这里的领导特质指的即是领导素质。相比而言,领导素质比领导特质的说法更口语化和通俗化一些。领导素质和领导能力两个概念之间的区别则具有一定的历史性和时代性。较早的领导学理论基本上都把领导者的领导能力看做领导素质的重要组成部分。但是,由于能力时代的到来,使得领导者的能力比学历、资历等外在条件及思想、品格、知识、心理等内在素质显得更加引人注目且更加重要,以至于我们开始在理论上把领导能力从领导素质中抽取出来进行单独考察。因此作为领导能力的基础和前提条件的领导素质及作为领导素质外化的领导能力之间的差异就更为明显。此外需要指出的是领导素质也会以领导者的仪表、服饰、言谈举止、风度等外在的可感的形式直观地表现出来,我们在此所探讨的主要是领导者的内在素质。

一、关于领导素质产生的两种理论

关于领导素质的产生,在中外领导思想史上,存在两种相互对立的观点,一种是领导素质天赋产生的"伟人论",一种是领导素质后天养成的"学习论"或"实践论"。

(一)领导素质天赋产生的"伟人论"

中西方领导理论在早期都很强调先天因素在领导者产生中的作用,认为天赋是一个人能否称为有效领导者的真正因素。总结起来,这些先天因素主要涉及:神的意志、领导者个人天赋、家庭及社会背景和性别等。

无论是在东方还是西方,"君权神授"的思想在人类社会早期都有所表现。中国的商朝,商王制造了"天命玄鸟,降而生商"①的神话来向世人显示自己作为上苍代表的与众不同。到了西周,国王称"周天子",实现了帝(上苍)王的合二为一。周天子即为上帝的"嫡长子",以上帝元子的身份统治国家。孔子也有"生而知之"②与"上智下愚"③的观点。到了汉代,董仲舒继承了先秦儒家"天人合一"的思想,把上天描绘为创造一切,支配一切的神,提出"惟天子受命于天,天下受命于天子,一国则受命于君。君命顺,则民有顺命;君命逆,则民有逆命"④。此外,中国历史上有许多统治者,包括一些农民起义的领袖都曾用这种方法来标榜自己作为"领导"的合法性和权威性。

与此相似,在西方最早是柏拉图的"哲学王"思想,在他看来,人有理智、意志和欲望三种天性,分别对应智慧、勇敢和节制三种美德。人属于哪个等级都由他们各自的天性所决定。治理国家的最合适的人选应当把知识、美德和权力结合在一起并集于一身,而这些只有哲学家才能胜任,因为哲学家是真正完善的人,同时兼有政治家的品质。同时,柏拉图还提出,人类只有在两种情况下才能遇上太平盛世:或者是那些正确而真诚地奉行哲学的人获得了政治权力,或者是那些掌握了政治控制权的人在上天安排的引导下成为真正的哲学家。除了提出统治者是神用金子创造的观点之外,柏拉图还提出了培养、选择哲学王的重要途径之一——优生:让20~25岁最佳生育年龄的优良男子与20~40岁最佳生育年龄的优良女子结合,并鼓励他们多生育,让他们的后代集中在育儿所,由专人负责,为培养哲学王提供纯洁的"良种"。除此之外,许多宗教立国的国家

---

① 《诗经·颂·商颂·玄鸟》。
② 《论语·述而》。
③ 《论语·阳货》。
④ 《春秋繁露·为人者天》。

的统治者,一些笃信宗教的国家的领导者,一些宗教组织或以宗教的名义进行各种活动的领导者,都借用了"神的意志",领导者也都成为神或神的化身,因此也就具有成为领导者的"先天性要素"。耶稣、释迦牟尼、穆罕默德都是借助了"神的意志"确立了在其各自宗教中的精神领袖的地位,并拥有了众多的追随者。在现实生活世界中,从华盛顿、林肯到马克思、列宁、毛泽东,都曾被人们自觉或不自觉地赋予了"神"的味道。

詹姆斯·麦格雷戈·伯恩斯在他的《领袖论》中谈到领导素质产生的先天性因素时提出,领袖产生的最初源泉在于人类需要的汪洋以及将需要转变为需求、社会抱负、集体期望和政治要求的过程。人类从一出生就有了这些需要和动机,当婴儿从平静、温暖、独立的子宫中来到这个由声与光、触摸与推搡、剥夺与满足所构成的世界上的那一刻起,便开始了贯穿一生的一系列的刺激与反应过程,这些将会使一些人在技能和动机方面为以后成为领袖奠定基础。无论文化、社会及政治调解者有多强大,遗传基因都能对人的个性发展产生直接的影响。"尽管家庭、社会和文化方面的影响一直在起作用,但是强有力的肉体、运动和神经属性仍然能够支配并控制一个人的前途。"[①]

家庭、社会背景等因素作为领导素质产生的先天因素,主要表现在拥有某些家庭、社会背景条件的个体具有其他人所不具备的或无法比拟的成为领导者得天独厚的条件。比如,肯尼迪家族、洛克菲勒家族、甘地家族等都证明了家庭对领导素质产生的重要作用。此外,家庭作为社会结构的基本单元,也是一个小的政治体系,霍布斯称其为小极权主义国家。无论在什

[①] [美]詹姆斯·麦格雷戈·伯恩斯著:《领袖论》,中国社会科学出版社1996年版,第49页。

么样的文化背景下，一个人对政治的关心和理解在很大程度上会依赖于其小时候所受的影响。伯恩斯专门分析了家庭对领袖的影响，指出个体在生命的最初几年里与父母关系是密不可分的。在孩子幼小时，家庭领导体制的突出特点是权力关系的不对等，进而会由于对关怀、喜欢、食物的需要和争取而对父母的形象和权力产生羡慕，从而对后续的权力动机和领导欲求产生最初始的影响。

在人类历史的早期阶段，生而有之的性别对是否可以成为领导起着关键作用。相比于女性，男性作为领导的先天性作用显得更具有优势。詹姆斯·麦格雷戈·伯恩斯曾经指出，几个世纪以来，女性一直被认为是依赖性强、顺从、听话，并缺乏领导素质的。结果，在一些文化中，女性被排斥在迈向领袖地位的阶梯和接近领袖地位的途径之外，与权力和职位无缘。担任诸如会议代表之类低级政治职位的妇女认为，自己的作用仅仅是代表而已，并不像男性那样有独立性。① 直到近代，人类工作领域才缓慢地为女性担任领导者敞开大门，但由于受传统的影响，相比于男性领导者，女性领导者在很多方面似乎都显得有些不那么自然。

（二）领导素质后天养成的"学习论"

领导素质后天养成的"学习论"主要强调个人的学习及努力、实践、机遇等后天的或现实的因素对领导素质产生的重要作用。

艾德尔在阐述领导者激起灵感的能力是否是天生的这一问题时指出，这种才能能够赋予人们智慧和道德的力量，使人

---

① ［美］詹姆斯·麦格雷戈·伯恩斯著：《领袖论》，中国社会科学出版社1996年版，第58页。

们敢于冒风险,在危险、恐惧和困难出现的时候,使人们坚忍不拔。但是,对所有的人来说,这种才能并非全部都是与生俱来的。"领导才能主要是通过亲身经历,通过实际的领导工作而获得的,而且,在获得领导才能的过程中,没有任何东西可以取代这样一个必不可少的循环,即实验—试误—结果—反思和学习,沿着这样一个自我发展的路径,一个人可能成为相当成功的领导者,其他人会说,他是天生的领导者,然而他们对于他所付出的努力却知之甚少。"①

詹姆斯·麦格雷戈·伯恩斯也阐释了个人学习及努力和成长的经历对领导素质养成的影响。他认为个体会从经验中学习、向人民学习、从成功与失败中学习、向领袖和追随者学习,在对社会环境中的刺激因素作出的反应中养成自己的个性。领袖的素质就是起源于这些仿效、选择、角色扮演及纯熟化的过程。随着人们在阅历、知识和理解、模仿及进行更高级道德判断能力方面的提高,他们在从他人需要、各种角色和价值观中获得的领导能力会有所提高,这样领袖与追随者之间的区别就出现了。

领导者素质的养成和提高也离不开实践的锻炼和积累。这已为无数的领导活动和行为的事实所证明,也被无数的学者来阐发。领导素质的产生,总的来说都是以能力和实践为强大后盾的。神农氏制耒耜、有巢氏构木为巢、黄帝做舟车、禹做宫室等都是在实践中提高自己并造福于人类而使"民悦之,使王天下"②。孟子有过经典的论述:在历史上担当大任、起过重要

---

① [英]约翰·艾德尔著:《卓越领导》,汕头大学出版社2004年版,第40~41页。
② 《韩非子·五蠹》。

作用的人物,都经过艰苦的磨炼。韩非子也曾说过:"宰相必起于州部,猛将必发于卒伍。"①南宋诗人陆游也有类似的经典佳话:"纸上得来终觉浅,绝知此事要躬行。"这些都是古人从无数历史事实和亲身体验中总结出来的经验,说明了艰苦的环境、基层锻炼等实践活动对人才成长的重要作用。实践成为领导加强素养、养成和提高素质的基本途径。但同时我们也应看到,在充分强调和肯定实践途径的同时,理论学习这条途径的重要性和相对独立性也在日益凸显。在现时代条件下,人们认识和改造世界的实践活动已高度复杂化,要解决复杂的实践活动中产生的种种矛盾和问题,仅靠实践经验的总结和意识中自然而然产生的知识是不够的。

机遇对领导素质的产生和表现也有一定的作用,也即所谓的时势造英雄。孙子提出:"故善战者,求之于势,不责于人。"②韩非子也提出:"势者,胜众之资也。"③理查德·尼克松也认为,导致领导人成功的还有各种运气因素,其中机缘是最关键的因素。"不同的文化创造出不同类型的领袖,不同的时代也创造出不同类型的领袖。……有时会出现这么一个人,要是他早出生几年,或者晚出生几年,兴许会成为具有世界地位的卓越领袖。"④

总之,先天的素质对个体来说是既定的,但过分强调先天的素质,把它看成是领导素质的第一重要的因素,就会走向"遗传决定论"或"血统论",这显然是无情的和荒谬的。而忽视或

---

① 《韩非子·显学》。
② 《孙子兵法·势篇》。
③ 《韩非子·八经》。
④ [美]理查德·尼克松著:《领导者》,世界知识出版社1983年版,第393页。

否定先天的因素，一味强调后天实践、学习等的重要性，又会走向另一个极端。现在看来，领导素质的产生，先天的禀赋是一个基础，是一种可能性。领导素质的产生，在一定程度上会受到先天的影响，但与后天的实践相比，先天因素的作用似乎更小一些，它只是提供了一种可能性。这种可能性是否可以转变为领导者素质的现实表现，更多地还是取决于个人的学习及实践等后天的或现实因素。

二、中西方关于领导素质的主要论点

（一）中国古代领导素质理论

在中国古代的历史文化典籍中，有许多关于领导素质的论述，这些都已成为中国传统文化的特色和宝贵的精神财富。对它们的研究，同样可以让我们从中得到对现代领导活动的鲜活启示。

中国传统文化中关于素质理论的探讨，也出现了将领导素质神秘化和神圣化的情况。中国历史上的明君圣王从外表到内心常被描述得与众不同，如尧眉八彩，舜目重瞳，禹虎鼻大口，文王龙颜虎骨，刘邦头顶五彩之气，唐太宗有龙凤之姿、天日之表如此等等。这些均与当时不发达的科学和统治阶级宣扬的"君权神授"有关。时至今日，所谓"颅相学"、"面相学"及占卜测字等还有一定的市场，这些当然应该是要批判的。但在五千年的文明中，仍有许多有价值的领导素质理论，值得我们去挖掘、整理和弘扬。中国古代的领导素质理论，集中体现在儒家和法家的一些思想和论述中。

1. 儒家关于领导素质的论述。主要集中在孔子、孟子、荀子的言论及《论语》、《孟子》、《荀子》中。后世诸儒多是对孔、孟、荀思想的继承与发展。综观孔、孟、荀及其后世诸儒的论

述,我们可以把儒家关于领导素质的论述概括为以下几个方面:

第一,领导者应该具备以"德"为核心的多方面才能,或者说领导者应是一个"通才"。《论语》中提出了领导素质的九个方面:温、良、恭、俭、让、宽、信、敏、惠。这些领导者应具备的素质,用今天的话来讲,类似于"德才兼备",但这个"才"又不是某方面的专才,而是一个通才,同时"德"又是最核心的。用孔子的话说:"为政以德,譬如北辰,居其所而众星共之。"①同时,领导者还应"智仁勇"兼备。荀子也有此方面的论述:"君子知夫不全不粹之不足以为美也……是故权利不能倾也,群众不能移也,天下不能荡也。生乎由是,死乎由是,夫是之谓德操。德操然后能定。能定然后能应。能定能应,夫是之谓成人。天见其明,地见其光,君子贵其全也。"②在儒家思想的影响下,中国封建社会的官员在教育上基本上都是"通才"教育。琴棋书画无所不通,诗词歌赋、法律样样都懂。由此,以"德"为中心的"通才"便成了历朝历代领导者所必备的素质。

第二,领导者应具有忧患意识。孟子曰:"舜发于畎亩之中,傅说举于版筑之间,胶鬲举于鱼盐之中,管夷吾举于士,孙叔敖举于海,百里奚举于市。故天将降大任于是人也,必先苦其心志,劳其筋骨,饿其体肤,空乏其身,行拂乱其所为,所以动心忍性,曾益其所不能。人恒过,然后能改;困于心,衡于虑,而后作;征于色,发于声,而后喻。入则无法家拂士,出则无敌国外患者,国恒亡。然后知生于忧患而死于安乐也。"③所谓忧

---

① 《论语·为政》。
② 《荀子·劝学》。
③ 《孟子·告子下》。

患,简言之即居安思危,危机未来之时,必须兢兢业业,努力于道德修养,以应对随时到来的危机,这是领导者应具备的基本素质。

第三,领导者要有责任意识。这是儒家与其他派别相比最突出的特点。儒家思想不是出世的,而是积极入世的。子夏曰:"仕而优则学,学而优则仕。"①儒家思想培养的领导就是让士人积极入世,修身,齐家,治国,平天下,最终实现儒家的理想——"内圣外王"。这就是儒家的责任意识,是每一个领导者必备的素质。到了宋朝,范仲淹在《岳阳楼记》中明确提出:"不以物喜,不以己悲;居庙堂之高则忧其民,处江湖之远则忧其君。是进亦忧,退亦忧。然则何时而乐耶?其必曰'先天下之忧而忧,后天下之乐而乐'乎。"在此范仲淹更明确地向中国的士大夫阶层提出了每个官员应具备的责任意识。

第四,领导者要以身作则,言行一致。子曰:"其身正,不令而行;其身不正,虽令不从。"②这句话表达了孔子要求统治阶级的人要以身作则,行动的示范作用比政令更加有效。孔子还说"言必信,行必果"③。统治阶级的人说话一定要信实,做事一定要果敢。孔子的这些言论,正是对领导者应该具备的基本素质的规定和要求。

2. 法家关于领导素质的理论。法家属于功利主义者,因此他们论事治国,总是从客观的后果来确定是非曲直。商鞅重视政治制度和法制建设;申不害强调权术和政治手腕;慎到重视权势。韩非子是法家的集大成者,他综合了三家理论,进一步提出了法、术、势相结合的法家理路,并以此作为一个领导者

---

① 《论语·子张》。
②③ 《论语·子路》。

应该具备的领导素质。

第一，韩非子认为，领导者要有用"法"的能力。韩非子认为，领导者治理国家，第一任务就是能"明法"，即颁布法律，申明法纪，"使人臣虽有智能，不得背法而专制；虽有贤行，不得逾功而先劳；虽有忠信，不得释法而不禁"①。并针对领导者如何做到严格执法提出了一系列的原则。

第二，领导者要有用"术"的技巧。韩非子所谓的"术"，是指君主任免、考核、赏罚各级官吏的一系列统治手段。韩非子把"任人以事"提高到"存亡治乱之机"②的高度，这是很有政治见的的，因为政治上的成败得失无不与组织措施有关。

另外，关于治奸术，韩非子的论述也十分丰富。如众端参观、挟知而问、倒言反事、审查利害、奖励告奸、因人以知人等察奸术，以及各种各样对症下药的治奸术，在韩非子的《奸劫弑臣》、《备内》、《八奸》、《八经》、《内外储说》等篇章均有论述。这些治奸术多是研究如何玩弄政治权谋。韩非子的这些思想，在中外思想史上都是很少见的。

第三，领导者要有用"势"的谋略。"势"又称"权势"、"威势"、"势重"，它是指一种具有绝对权威的强制力，也就是指至高无上的君主统治权，包括用人之权、赏罚之权等。韩非子认为，只有统治权掌握在手，才是真正的统治者，才能驾驭民众。韩非子的势治要点是：首先，君主不可以把权势借给臣下使用。君主为了控制臣下，必须保持自己的绝对权势，权势是不可以借人的。其次，君主绝对不可以相信任何人，对于自己的妻子儿女也要保持一定的距离，特别要提防亲信和近臣。君主要保

---

① 《韩非子·南面》。
② 《韩非子·八说》。

持自己的独尊地位,不能使臣下太贵重,以防大臣篡权。①

韩非子关于领导者法、术、势三方面的素质理论为建立中央集权的统一国家奠定了政治基础,也成为两千多年来领导者修养的圭臬。在中国两千年的封建社会中,统治者一直通过"明儒暗法"的策略来进行国家的统治和管理,很少有单纯使用法家思想的。这种儒法并重、王霸杂糅的领导策略,在历代统治者身上都有所体现,从而使中国的封建社会得以长期维持。

(二)中国共产党对领导素质的要求和观点

作为马克思主义政党,我们党历来都重视领导者的素质与能力建设。在长期的革命建设和实践中,形成了自己独特的领导素质与能力的理论和政策。革命时期,党的领导干部队伍建设是革命取得成功的重要保证。社会主义建设时期尤其是改革开放时期,领导干部面临的领导环境更为复杂,领导任务更为艰巨,因而对领导干部的素质提出了更高的要求。回顾和总结我党提出的有关领导素质的理论和政策,对新时期进一步加强党的执政能力建设、提高干部队伍的素质具有重要的现实意义。

作为党的第一代领导人,毛泽东始终高度重视领导干部队伍建设,他深刻指出,政治路线确定之后,领导干部就是决定因素,并从思想建设、政治建设、组织建设、作风建设等四个方面对党政领导干部的素质和能力提出了要求,同时始终把思想建设放在首位。此外还提出了"任人唯贤"的选拔任用领导干部的基本标准。

改革开放后,邓小平在深刻回答"什么是社会主义"、"怎样建设社会主义"的同时,还回答了在改革开放和现代化建设条

---

① 《韩非子·爱臣》。

件下要"建设一个什么样的党"和"怎样建设党"的问题。在党的工作重心转移到经济建设上时,及时提出要把党建设成为领导全国人民进行社会主义物质文明和精神文明建设的坚强核心,并在新时期党的领导干部队伍建设上提出要按照"革命化、年轻化、知识化、专业化"的"四化"方针,选择德才兼备的人进领导班子。同时还提出,领导干部在新的形势下一定要符合"四性"的要求,即要做到具有原则性、系统性、预见性和创造性。

在新的历史时期,面对党所处的环境和肩负的任务发生的巨大变化,江泽民发表了《加紧培养和造就一大批适应新世纪要求的中青年领导干部》、《领导干部一定要讲政治》等一系列重要讲话,对领导干部的素质和能力提出了以下几个方面的要求:首先,在思想政治素质、工作作风和道德诚信方面,江泽民首先强调领导干部的党性修养,即坚持清正廉洁,一身正气,经得起改革开放和执政的考验,经得起权力、金钱和美色的考验。同时要求领导干部从思想作风、学风和工作作风三方面来创造性地、务实性地工作。其次,在新世纪新阶段,党政领导干部需要具有国际视野,能够观察世界大势和把握时代要求,能够对实际问题进行战略全局性思考。能够紧密结合国内外形势发展变化,紧密结合生产力发展和经济体制的深刻变革,提高驾驭市场的能力并掌握科学的领导方法。再次,领导干部必须坚持"领导就是服务"的理念,在服务中提高工作水平、增强管理和经营的能力。在业务上需要借鉴国外的有益知识和经验,深入研究中国的特点,切实解决中国的问题,同时还需要对中青年领导干部在实践中进行培养。最后,在提出"三个代表"重要思想的同时,指出党员干部特别是中高级干部,一定要努力成为学习贯彻"三个代表"重要思想的"三个模范",即勤奋学习、善于思考的模范,解放思想、与时俱进的模范和勇于实践、锐意创新的模范。

胡锦涛关于领导干部素质和能力的要求和观点,是一个以能力建设为核心的科学体系。党的十六大以来,以胡锦涛为总书记的党中央领导集体始终高度重视和反复强调加强党的执政能力建设问题,并提出新世纪新阶段选拔任用党政领导干部的标准:坚持把实践"三个代表"重要思想作为选拔任用干部的最重要、最根本的要求,把那些身体力行"三个代表"重要思想的优秀干部选拔上来。对党政领导干部的素质和能力要求首先是思想政治素质,看领导干部在关键时刻的表现,看能不能经受名、利、权、色的考验,能不能做到把党和人民的利益摆在高于一切的位置上。其次要看领导干部的作风,按照"八个坚持、八个反对"的要求对领导干部的思想作风、学风、工作作风、领导作风和生活作风等方面进行全面的考察。最后是全面、客观、真实、科学系统地识别和评价领导干部的政绩,同时还要考察群众对领导干部的公认程度。

由此可以看出,中国共产党提出的关于领导素质的理论和政策充分反映了领导素质本身所具有的综合性特别是时代性的特点。

(三)西方学者对领导素质的研究和认识

1. 西方历史上有代表性的相关研究①。西方国家自古以来就很重视对领导素质的研究。亚里士多德在论述城邦政治时,就多次提到领导者"才德"问题,并指出:"凡是想担任一邦中最高职务、执掌最高权力的人们必须具备三个条件:第一是

---

① 李成言著:《现代行政领导学》,北京大学出版社2002年版,第165页。

效忠于现行体制;第二是足以胜任他所司职责的高度才能;第三是适合于该政体的善德和正义。"①

16世纪的马基雅维利在他著名的《君王论》中指出:"君王必须是一头能认识陷阱的狐狸,同时又必须是一头能使豺狼惊骇的狮子。"②君王之所以会被人轻视鄙薄,那是因为他在人们的心目中总是喜怒无常、轻率浅薄、软弱怯懦、优柔寡断。因此,君王必须像提防暗礁一样保持高度的警惕。他应该努力在自己行为举止中表现出伟大、英勇、庄严、坚定。

17~18世纪的法国启蒙思想家孟德斯鸠则认为作为公共管理的领导者所应具备的素质,应该是法治精神、平等精神、廉洁精神、节俭精神、勤劳精神和品德等。

19世纪法国著名政治思想家托克维尔在《论美国的民主》一书中,从政治和民主问题的角度出发,研究了领导现象,表达了自己对领导素质的基本思想。他认为,领导者必须有才能、德行、诚信和廉洁自律精神,否则就会破坏民主政治、败坏人民的政治道德。

2. 当代西方有代表性的研究。从领导理论变迁的历程看,自20世纪30年代开始,西方一些管理学家、心理学家就对领导者素质进行了大量研究,希望发现领导者与非领导者在个性、社会、智力、生理因素方面的差异,从而比较领导者与非领导者人格特质上的差异,这方面的研究总体上是以失败告终。进入20世纪七八十年代,领导科学的研究在完成一个周期后,人们的注意力又开始回归到素质理论的研究上来。

---

① [古希腊]亚里士多德:《政治学》,吴寿彭译,商务印书馆1965年版,第271页。
② [意]马基雅维利:《君王论》,徐继业译,光明日报出版社1996年版,第97页。

当代，西方理论界对领导者素质的研究主要集中在两个方面：一是领导者与被领导者、高层领导者与基层领导者、有效领导者与无效领导者之间所存在的个人素质的差异到底有没有，如果有究竟是什么；二是领导者个人素质同领导绩效之间的相关性需要进一步得到科学的证实，特别是领导者个人的素质如何发挥作用，其作用大小的量化标准和制约因素是什么。

西方学者特别是美国的一部分管理学家和领导学家实证研究后认为，在人们分别开列出的领导者素质清单中，没有一项素质是任何有效的领导者所不可缺少的。即使确定了某些情境中个人素质与领导绩效之间的相关性，也未必能证实个人素质在一切情境中都有效。如美国明尼苏达大学教授伯德研究若干份素质清单，发现其中一致的并不多，被两份清单同时列入的个人素质仅占16％，被四份清单同时列入的只有4％～6％。当然，他们主要研究的是工商管理界的领导者素质，相对于政府和公共管理部门的领导者，前者的素质差异更大。但即使如此，一些管理学家和领导学家们仍然认为，一系列素质特征确实能使我们区分开领导者与被领导者、有效的领导者与无效或低效的领导者。总之，一个不容争辩的事实是：领导者通过自身努力可以提高自身素质，进而提高领导绩效。

三、领导个体素质

对领导素质的理论和实践的探讨，最终都是要落实到对领导者素质的具体要求上。我们对领导个体的素质结构的描述与建构，要充分考虑到领导素质本身所具有的时代性、综合性和层次性特点，同时还应避免具体的罗列，避免把对领导个体的素质要求降低为或等同为对一般个体、一般工作人员或一般党员的要求，以及避免简单的经验性概括，要具有理论形态的

概括性和一定的抽象性。基于以上考虑,同时在总结以往研究的基础上,领导个体的素质结构主要表现在如下几个方面:

(一) 政治思想素质

政治思想素质是领导者的灵魂,是对领导者具体的、第一敏感的和重要的素质要求。各个国家、各种社会对领导干部都有自己鲜明的、具体的政治思想素质的标准和内容。概括来谈,政治思想素质主要体现在以下三个方面:

1. 政治思想觉悟。包括对政治的认识,对真理的领悟,以及对所处社会的政治理想的自觉投入和积极努力。它可以通过领导者的政治立场和工作态度集中表现出来。对我国的领导者来说,具体体现在对共产主义理想和事业的认识,对党和国家的路线、方针、政策的全面深刻理解和认真执行,以及廉洁奉公、勤政为民、全心全意为人民服务的具体工作行为之中。

2. 政治理论水平。政治理论水平是领导政治思想素质的重要方面,在世界社会形势和领导环境日趋复杂化的今天显得更为重要。主要表现在是否真正按照辩证唯物主义和历史唯物主义世界观的要求来思考问题、解决问题和分析问题,是否系统掌握了马克思主义的科学理论,是否具有敏锐的政治洞察力和政治敏感性,是否能够坚持不断地、自觉地进行政治理论的学习等。

3. 政治思想品质。主要指领导者在政治上的道德完善程度。主要体现在忠诚、正直、民主、谦逊及良好的组织纪律性等方面。

(二) 知识文化素质

古人云:"非学无以广才,非学无以明智,非学无以立德。"知识和文化是智慧的内在根据,是领导干部必备的基本素质。领导者政治素质和领导者业务能力的高低,在很大程度上都与

领导者的文化知识水平的高低有着紧密联系。对领导者知识文化素质的要求,主要表现在以下几个方面:

1. 专业知识的深度。隔行如隔山,领导者只有先成为内行和专家,才能对本行业、本部门的工作发展变化的规律和前沿动态有一个全面的把握,才能与被领导者顺畅沟通、共同努力开创领导工作和事业发展的良好局面。同时,领导者也应深刻认识领导工作本身的专业性特征,不断学习反映领导活动的自身规律及推助领导活动顺利进行的经济学、管理学、法学、领导学等学科领域的知识,进而避免经验主义的倾向以及切实提高领导活动的科学化水平。

2. 社会知识的广度。领导者可能面对和需要处理的问题可谓是包罗万象的,从大的方面会涉及经济、政治、思想、文化等各个领域,从微观的角度,衣食住行、人财物无所不包。领导工作的多样性、全局性和综合性等特点客观上决定了领导者需要有广博的知识。除了应具备扎实的文化基础和精通专业知识外,还需要具备多样化的知识,对天文、地理、工业、农业、商业、财政、金融、法律、科技、教育、文学艺术、体育、军事等方方面面的知识,最好都有所涉猎,从而保证有一个开阔的视野和宽广的思路。

3. 社会生活实际知识的丰富度。主要指直接经验的学习,即通过领导者的亲身实践得到的知识和学问。见多识广、经过千锤百炼的领导可能比起初出茅庐、学富五车、缺乏实际工作经验的领导在一些情况下更能胜任领导工作。所以领导者应多深入生活和工作的实际,了解世事,洞悉丰富多样的生活,读懂社会这本大书,不断丰富自己的人生阅历、积累自己的直接经验。

（三）身体心理素质

1. 生理身体的健康度。旺盛的精力寓于健康的身体之中，健康的体魄是事业之本。正因为身体是革命的本钱，历史和现实中，很多卓越的领导者都很重视身体素质的锻炼。毛泽东年轻时有意识地进行冷水浴、游泳、爬山等体育活动，在强身健体的同时，还锻炼了吃苦耐劳、坚韧不拔的意志品质。伴随着领导者领导职位的升高而来的是更繁重的工作，如果没有健康的身体做支撑是根本就胜任不了的，所以领导者一定要重视自己身体素质的锻炼和提高。

2. 心理表现的协调和完善度。与生理素质同样重要的还有心理方面的素质。心理素质为领导者的领导活动或行为提供了重要的心理的依托、心理的前提或心理的工具。作为领导者，要能够协调好心理活动各个要素之间的关系，并能在认知、动机、人格特征等方面按照领导活动的要求不断完善。在认知活动上，要注意不断优化自己的思维能力、决断力、言语能力等。在动机和人格特征方面，要特别注意在气质风度、情绪稳定性、责任心、自信心、成就动机、自我认知等与领导活动紧密相关的方面不断提高和优化。

（四）能力素质

领导者的能力素质是各方面素质的综合作用和集中表现，是在长期的工作和社会生活实践中逐步养成和发展的。领导者的能力素质表现在多方面，是一个系统性的工程。

按照中共中央组织部颁发的《领导干部选拔任用考试大纲》的要求，对领导干部的能力素质考核包括以下几个方面：

1. 综合分析能力。即通过分析与综合、归纳与概括、判断与推理，揭示事物的内在联系、本质特征及变化规律的能力。在现实的领导工作过程中，在通观全局进行战略决策之时，在对各方面的关系进行协调之时,都需要领导者能够具有一定的预见力和洞察力,能透过现象抓住事物的本质。

2. 言语表达能力。语言,尤其是口头语言,是领导者表达思想、意志的重要工具。作为领导者要能够清楚、流畅、准确地表达自己的思想观点,并力求用语的生动和有一定的感染力。

3. 组织协调能力。领导者在完成工作任务时,能对人、财、物等资源进行合理配置,并能协调好各方面的关系和利益,从而保证工作顺利完成,事情妥善完满地得以解决。

4. 人际沟通能力。领导活动不是机械的具体的操作,几乎所有的工作都是以人为媒介或以人为对象,在实际工作中要与方方面面的人打交道:自己的同事、上级、下级及各种各样的工作对象等等。所以领导者对人际交往的重要性要有充分认识,并在实际的生活和工作实践中不断提高自己通权达变的交往能力。当然,也要注意避免拉关系走后门、请客送礼、溜须拍马等人际沟通和人际交往的庸俗化倾向。

5. 决策能力。决策活动是领导活动的重要内容。当面临问题和机遇时,要求领导者能及时地、准确地进行分析、判断并作出科学决断。在权衡利弊中顺势而断、顺势而谋、因势而动,同时也应克服决策过程中的优柔寡断和好大喜功等不良习惯。

6. 创新能力。即是指发现新问题、产生新思路、提出新观点和找出新办法的能力。

7. 应变能力。表现为领导者面对变化了的情况和突发的事件,能迅速作出反应,采取适当方法和措施予以妥善解决。

8. 激励能力。领导者需要以身作则,但不必事必躬亲。领导者在开展工作过程中,主要是在选准方向、确定好目标后为被领导者规划好远景,并指导协助他们去实施、去创造。对领导者的这种角色要求和职能规定决定了领导者要能充分把握人的行为活动的规律,采取有效的措施,充分调动被领导者的工作积极性和主观能动性。

9.特定职位所需要的特殊能力。不同的领导职位、不同的领导工作性质和内容对从事该工作的领导者的能力要求是不同的。因此,领导者除需要按照领导者能力素质的一般要求来培养和提高自己的能力素质之外,还应在职位分析和工作分析的基础上明确自己所需要具备的一定的特殊能力。

四、领导群体素质结构

领导活动不仅仅是领导者个体的活动,也是一个领导班子或领导群体的集体性的活动。领导群体功能的发挥,不仅仅取决于组成领导群体的单个领导成员的素质和能力,更取决于整个领导群体的素质结构状况。

(一)衡量领导群体素质结构是否合理的标准

什么样的领导群体才能称得上是一个素质结构合理的群体,可以从以下几个方面进行衡量:

1.整体性。领导群体中,每个人都素质高、能力强,但如果"一人一把号,各吹各的调",就不会产生一个具有高素质的领导群体。高素质的领导群体依赖于领导群体中的每个个体所形成的素质的合力。

2.互补性。除了应该从整体的角度衡量一个领导群体的素质之外,还要看到领导群体中的单个领导所具有的素质之间的关系:能不能相互作用、相互补充。在实际工作中应该保证领导群体素质一定程度上的异质性,从而弥补同类人才固有的某些缺陷,同时也适应不同的领导环境和领导任务对领导群体多方面的要求。

3.适应性。任何组织和团体的领导活动都是动态的,相应的领导群体的素质也应该处于一种动态的平衡状态。这就客观上要求根据领导环境和领导任务的变化对领导群体的素质结构进行不断的优化。当然,因为存在一个调整时间的问题,这一过程需要有一定的前瞻性和战略性。

4. 高效性。整体性、互补性、适应性等几方面的有机结合而产生的综合效应即是领导群体素质所具有的高效性。现代社会的飞速发展,领导环境的日趋复杂,迫切要求领导群体形成精干有力、反馈灵活、适应良好、整体高效的科学化结构。

(二) 对领导群体素质结构的具体要求

作为一般性的领导群体,对其素质结构的具体要求主要体现在知识结构、智能结构、性格气质结构和年龄结构等几个方面。

1. 知识结构。领导群体的知识结构主要指拥有不同知识积累和背景的领导成员之间的搭配组合状态。在一个领导群体中,应该既有懂得自然科学技术方面的人才,也有懂得人文科学、社会科学知识方面的人才,既有理论知识渊博的理论家,又有实际知识丰富的实干家。从而使整个领导群体的知识素质结构呈现出较宽的知识平面与精深的专门知识相统一的立体状态。

2. 智能结构。智能是多种因素的有机结合,包括思维能力、表达能力、创造能力、组织能力、学习能力和研究能力等。担负多种功能和任务的领导群体要求有不同智能特点的领导成员进行相互的协调与配合。在一个领导群体中,要有善于组织指挥、善于驾驭全局的帅才,要有善于运筹决策、多谋善断的智多星,要有精通业务、熟谙技术、能够解决具体问题的实干家,还要有表达能力较强的宣传鼓动家和擅长书面表达、口头说理、富于感染力,善于处理人际关系的"外交家"。只有各种不同智能结构类型的领导人才按照实际领导工作的需要科学合理地组合起来,才能形成最佳的群体素质结构,进而发挥最佳的整体效能。

3. 性格气质结构。不同的个体,由于其遗传因素的差异和社会生活环境的彼此差异,在性格气质的表现上形形色色、千差万别。有的人刚毅果断、行动敏捷、作风泼辣,但稳重不足;有的人温文尔雅、勤于思考、办事稳妥,但魄力不足。但就某个个性特征的个体来说,是可以在某些领导事务中发挥良好作用的,但领导活动作为一个群体性很强的工作,还需要考虑到领导群体中不同个体之间的性格气质的合理搭配问题。如果不如此的话,就会产生1加1小于2甚至小于1的后果。在考察和匹配领导群体的性格气质结构时,应充分考虑到领导群体中每个成员的个性特征,做到刚柔相济、扬长避短、合理搭配、相互补充和相互促进,从而形成一个协调一致、朝气蓬勃、和谐高效的领导团体。

4. 年龄结构。对于一个领导群体来说,领导者个体的年龄不仅仅是岁月的标志,更重要的是它包含着不同的特征、经验与阅历。一个科学而合理的领导群体的年龄构成应该是以中年为主体的梯队结构。因为不同年龄层次的个体有着鲜明的年龄特征:年轻人一般对新事物都比较敏感,同时充满朝气和活力,对生活和工作都满怀热情和希望,中年人年富力强,年长者一般都经验丰富、深思熟虑、成熟稳重。一个完善的领导群体,应该既有"老马识途"的长者、"中流砥柱"的中年,又有"奋发有为"的青年。从而构成一个年龄比例合理的综合体,并保持一种动态的平衡。这样一方面可以保证领导群体充满活力、稳重成熟,胜任工作,另一方面又可以把培养锻炼接班人寓于有规律的动态系统之中。但是我们也应注意人在年龄表现上的个体差异性:有未老先衰之人,也有年近古稀但思维敏捷、精力充沛之人。

总之,领导群体的素质结构是一个多维的、动态的系统。在实际的工作过程中,我们应该根据领导群体的工作性质、特点及领导层次等具体情况,确定领导的配备和结构。同时,也应在加强领导干部的选拔、考核、培训等工作环节的基础上,不断加强领导群体建设,不断优化领导群体的素质结构。

第二节 领导素质测评

在自上而下地理清了对领导者个体和领导群体的素质要求之后,为保证领导工作的顺利开展和切实完成,还需要自下而上地切实把握领导者或整个领导群体素质的实际状况,这就有了领导素质测评这一领导活动中必不可少的环节。

所谓领导素质测评是指领导部门和组织人事部门根据领导科学理论、领导素质理论、领导人才理论、领导测评理论和组织人事理论以及相关实践需要特别是领导人才和核心竞争力开发目标,制定相应指标、标准和测量评价工具对领导候选人、领导者或领导班子的素质所进行的测定与评估。①

在理解领导素质测评的同时,我们还应该把它与领导绩效测评区别开来。领导绩效测评侧重对领导者在实际领导工作中的工作质量、实际业绩与成效等方面进行考察。二者的内容、目标和侧重点是不一样的。但领导素质测评与领导绩效测

---

① 邱霈恩著:《领导学》,中国人民大学出版社2008年版,第404页。

评从关联性上来看又是相辅相成的：由于素质测评主要以对领导者任职资格要求为导向，绩效测评主要以领导者或领导群体担负的职责任务要求为标准，领导素质测评便为绩效测评提供了起点与背景，而绩效测评为素质测评则提供了一种实证与补充。此外二者的联系还表现在：在测评的方法上，二者使用了很多相似甚至是相同的技术。

一、中西方领导素质测评的历史回顾

中西方对领导素质测评的理论和实践都是建立在对人类自身的不断认识、社会实践需要的促动和相关学科的发展基础上的。

（一）西方领导素质测评的历史发展

西方领导素质测评是随着对一般的人员测评的发展而不断发展和完善的。19世纪末以前的人员管理还处在传统的人事管理阶段，在"经济人"的人性假设理论的影响之下，当时的管理者和领导者也注意到了工作者的素质有好有坏，也需要对员工进行选择和培训，但其目的是避免工作者的惰性。这个时期的任用测评仅限于简单的面试和甄选，缺乏系统的思考以及对选择的有效性的分析，理论层面上的东西几乎没有。

西方真正的人员测评始于心理学的产生和发展，开始于心理测评的技术在教育（主要用于对智力落后儿童的筛选）和临床医疗领域（主要是对精神病人的鉴别）的应用。之后由于心理测评在第一次世界大战期间为参战士兵的素质筛选立下"赫赫战功"，因而在战后被广泛应用于社会生活的各个领域：用于企业员工的筛选，用于对不同工作领域的特殊人才的评价。

第二次世界大战以后形成的现代人力资源管理理论又极大地推动了人员素质测评理论和实践两方面的飞速发展。从而使得测评的理论越来越完善,测评的方法越来越多样化,测评的程序越来越科学化,测评结果的作用也越来越扩大化。

(二)我国领导素质测评的历史回顾

在我国,领导素质测评的思想自古有之。公元前21世纪,尧历经三年对舜德才方面的考察才把王位传给他。春秋战国时期的墨子也提出"尚贤任能","有能则举之,无能则下之"①。孔子也曾提出"听其言而观其行"②。从隋唐到清末的科举考试制度更是我国古代领导素质测评的典型代表。

20世纪80年代开始,我国才有了科学意义上的领导素质测评的理论和实践。但由于多方面的原因,我国人员测评的实际运用很少,影响力也很小。比如在当时计划制度体制之下,人才流动少,也体会不到对人员进行科学测评的迫切需要。还有企事业单位的领导者和管理者长期以来习惯于传统的选才用人方法,大都不太了解现代人员测评是什么和可以干什么。这就自然导致了这一阶段我国人员测评发展的缓慢,从事此方面理论研究和实践的学者也少之又少。因此尽管80年代中期也有少数的测评专家和学者竭力推广科学测评技术的应用,但最终也未取得明显效果。

我国国家公务员录用考试制度的建立,给领导素质测评的理论和实践发展带来了无限机遇。1989年1月,在中组部和人事部联合下发的《关于国家行政机关补充工作人员实行考试办法的通知》中要求县以上国家行政机关在补充非领导职务的工作人员时,要按照德才兼备的标准公开考试,严格考核,择优录取。这标志着国家机关在选才用人时开始使用现代测评技

---

① 《墨子·尚贤上》。
② 《论语·公冶长》。

术。由于效果良好,从而使得人员测评在社会上引起广泛关注。与此同时,我国在高级领导官员的任用中,各省市在选拔厅局级领导干部的过程中,都开始使用现代化的人员测评技术。这些实践也都极大地推动了测评理论与技术的发展和不断完善。与此同时,随着我国改革开放力度的加大,国外的企业和组织大量涌入中国,他们对科学的人员测评技术和方法的使用也推动了我们具有中国特色的、适合中国企事业人员测评的理论和方法的开发与应用。

再加上全球化趋势的加快,知识经济时代的到来,以及个体主体性的彰显,都由外而内而又由内而外地促动着对个体素质测评的理论和实践的不断发展。

二、领导素质测评过程

领导素质的测评是一项系统工程,从操作的层面上来看,它表现为一个严谨统一的程序。

(一) 领导素质测评的流程与步骤

领导素质测评的过程可分为以下几个步骤:准备阶段、实施阶段、分析和决策阶段和反馈阶段。

1. 准备阶段。由于领导素质的测评的复杂性,在开始阶段要做好充分的准备工作,以确保后续阶段的顺利进行。具体来说要做好以下几方面的工作:

(1) 明确测评目的和对象。对领导素质的测评可以有不同的目的和类型:有些是选拔性的测评,需要从众多的备选对象中筛选出符合要求和领导工作需要的领导者人选或者是把位于低一级领导岗位上的领导者选聘到更高一级的领导岗位上去;有些是配置性测评,主要是按照人事相配、人尽其才、才尽其用的原则把某个体放置在合适的领导岗位上,或从整体性的角度出发去完善一个领导班子的配备;有些是针对领导素质所具有的可塑性和潜在性的特点而进行的开发性测评;有些是为了解领导者的素质现状或为素质开发服务或为领导活动中出现的某些问题从领导的素质方面进行原因查找的诊断性测评。除此之外,还有以鉴定或验证领导是否具备某些素质或具备程度如何的考核性测评。

测评目的是后续的测评过程所遵循的"章",只有明确了测评目的及与之相关联的测评对象的特点,才能使测评工作有的放矢,测评的结果才能更加有效地运用到具体的领导和管理工作中。否则,只会导致测评工作劳而无功,没有针对性,甚至会产生一些负面效果。

(2) 选择恰当的测评方法和测评工具。测评方法和测评工具的选择首先应考虑测评目的的要求和测评对象的特点。根据测评的目的选择需要测评的具体要素指标,再通过详细分析测评要素的内容来确定具体的测评工具和方法。

关于测评方法的特点与使用方法,在之后会详细讨论。在测评工具与形式的选择上,还应考虑到各种测评方法在测评各种素质时的效度和信度方面的表现,从而选择与实际测评对象关联性最大的测评工具。不恰当的选择可能会导致收集到虚假的信息,并进而导致对领导素质测评的不完整和不真实。比如,我们要考察领导者的素质,单纯的纸笔测试或者心理测验是不够的,应选择评价中心之类的形式和方法。美国的两位心理学家曾对当前常用的几种测评方法进行了效度、公平程度、可用性、成本等方面的比较,结果如表5-1和表5-2所示。①

---

① 赵琛徽编著:《员工素质测评》,海天出版社2003年版,第359页。

（3）确定并培训测评人员。虽然领导素质测评的结果与测评方法、测评工具的选择，测评指标的确定及外部条件存在较大的相关性，但作为领导素质测评活动实施者的测评人员也很重要和关键。在测评过程中，要本着公正、专业等原则确定、要求测评人员。在测评人员数量的确定上，按照统计学的原理：测评人员数量越多，主观误差就越小，效度就越高。但具体情况还要依据测评的性质、方法、条件等状况而定。

表 5-1　各类测评方法在四项指标上的评价

方法	效度	公平程度	可用性	成本
智力测验	中	中	高	低
性向和能力测验	中	高	中	低
个性与兴趣测验	中	高	低	中
面谈	低	中	高	中
工作模拟	高	高	低	高
情景练习	中	未知	低	中
个人资料	高	中	高	低
同行评定	高	中	低	低
自我介绍	低	高	中	低
推荐信	低	—	高	低
评价中心	高	高	低	高

表 5-2　各类测评方法预测效度的比较结果

测评方法	预测效度
评价方法	0.43
同行测定	0.49
一般智力测验	0.49
工作样品	0.54
个人材料	0.30
学业成绩	0.14
身体能力	0.30
特殊能力测验	0.27
面谈	0.09
自我介绍	0.15
推荐信	0.23
专家评定	—

为保证测评过程的严谨性和测评结果的客观性、公平性，作为具体实施者的测评人员，需要非常熟悉测评的流程、操作细节、测评中易发生的突发事件及应对技能、注意事项等。因此在实施测评前，有必要对测评人员进行针对性的培训甚至是模拟测评。但如果测评人员是来自专业的测评机构，则就不需要此环节。

2. 实施阶段。在实施阶段，主要做好以下几个环节：

(1) 思想动员。思想动员工作同时针对测评主体和测评对象。对测评对象来说，在此过程中，要让其充分理解领导素质测评的重要性和必要性，同时有针对性地解决一些思想上的顾虑，保证测评结果的可用性和后续工作的有效性。同时，在一些情况下也应把测评中将要运用的具体方法、测评标准、时间安排、注意事项等问题提前告知测评对象，使其做到心中有数。

(2) 选择合适的测评时间和场所。不同类型和目的的领导测评所花费的时间是不同的，比如，对领导某一方面素质的考察所花费的时间可能只需要一两个小时，而以选拔一个高层领导为目的的素质测评可能需要三四天甚至一周的时间才能保证测评的效果。此外，在具体的测评时间的选择上，应该选择最能完全发挥受测人员智能的时间段，比如要避开中午人们容易犯困、身心感到疲惫的时间。同时对测评的次序及多项测评之间的时间间隔也要注意合理安排。

在测评场所和环境的选择上，也应保证测评人员的注意力集中，工作不受外在条件的影响，比如应该保证测评场所宽敞、光照充足、无噪音干扰。同时也应保证测评能在良好的气氛中进行。

(3) 实际实施测评。在实施测评的开始阶段，应包括一个言简意赅的指导语,用口头或书面的方式对测评的目的、流程、注意事项等方面向被测人员做一个整体性的说明。在实施测评的过程中,对被测评者提出的疑问及表现出来的问题,应及时地予以解决和纠正。此外,为保证测评的更好效果,应尽可能多地收集被测评者及测评过程中的各种信息,并通过各种方式(定性的描述、定量的衡量,用纸笔、录音笔、摄像机等)真实、准确、及时做好记录。

3. 分析和决策阶段。即对测评结果进行分析、核实并得出结论。此环节主要是对前一阶段通过各种方式搜集到的关于领导素质的信息进行整理、分析。在一些情况下还要通过调查、访谈等方式对某些信息进行确认与核实,并在此基础上作出评定,或选出理想的领导者,或得出领导潜在素质的结论等,此外还会做一些必要的书面工作,如形成一个完整、详尽的测评报告等。

4. 反馈阶段。即反馈、总结与落实。测评的反馈,即通过书面及口头的形式或大会、小会、个别交谈的方式,将测评结果转达给一定范围的部门和领导、被测评者或一般民众。同时按照有关程序和文件要求对相关材料进行归档,为以后工作之用。此外,在一些测评之后,针对测评中发现的问题,通过诸如召开领导班子成员民主生活会、个别谈话等方式及时总结经验教训,开展批评与自我批评,并有针对性地提出和落实相应的整改措施,以提高领导的素质和工作的效能。

三、领导素质测评方法

在对领导素质进行测评的过程中,我们根据不同的测评目的,按照客观性、动态性、综合性、可行性、规范性、定性和定量相结合等原则,可以灵活选用恰当的测评方法。在实际工作中，可考虑选用以下方法：

（一）书面信息分析法

在一些情况下，我们会首先接触到关于被测评领导的一些书面材料，如推荐信、申请表、履历表、个人档案等，这些都可作为测评的基础，对被测评者的个人素质作出一个总体一般性的评价。

对于推荐信，大多数情况下都有对被推荐者抬高或过于肯定的倾向，所以大多数人都认为推荐信的参考价值不是很大。但如果我们不把关注点放在推荐者对被测评者的肯定态度上，而是关注推荐信所描述的关于被推荐者具体特征的相关内容，推荐信在对领导素质的测评中还是可以起到一定作用的。

申请表由于具有只说明情况、反映信息而没有评价倾向的特点，其所呈现信息的可信度还是很高的。并且当申请表设计得比较合理时，我们也可获得一些很有价值的关于领导素质的信息，比如申请表上显示申请者大学期间是一名品学兼优的学生干部，或有某项爱好，我们都可以从中读出一些关于此人是否具有当领导的实践经验、才能、性格等方面的信息。

此外，被测评者的个人档案、履历表、或传记式项目检核记录表①等，都可以帮助我们从被测评者的生活经历、特定环境中的行为表现、资历等方面对领导素质的表现作出一定的说明。

（二）考试法

考试法也是从古到今常用的领导素质测评的方法，它强调领导主体和组织部门所认定的领导素质的构成、范围及程度，

---

① 萧鸣政等编著：《人员测评理论与方法》，中国劳动社会保障出版社2005年版，第212页。

并以此为依据,通过笔试或面试的方式,对被测评者是否具有某些素质及具有的程度和表现进行评价。

笔试的考察,其操作重点在笔试题目的拟定上。能否通过笔试对领导的素质状况进行真实的评价,关键看笔试的题目能否真正反映我们所要考察的领导素质的内容。只要题目的拟定规范、合理,其他的相关操作如考试的组织、试卷的批阅、成绩的划定相对来说就容易一些。

与笔试相比,面试这一测评方法要显得更为复杂一些。但由于通过面试可以有效弥补笔试测评的不足,可以对被测评者的仪表风度、知识的广度与深度、实践经验与专业特长、工作态度与工作动机、情绪人格特征、品德表现、表达能力、反应能力等任何素质进行灵活、具体的考察,从而获得关于被测评者的大量信息,所以在实际的领导素质测评过程中也经常使用此方法。

面试又可以有不同的方式。有以单一的问答形式进行的问答基本式;有以问答形式为基础,融交谈、辩论、讨论、演讲、情景模拟、实践操作等为一体的操作综合式;有结构化、半结构化、随意面试;还有常用的由多个主试同时主持的小组面试及考察被测评者的机智程度、应变能力、自我控制能力、心理承受力等素质的压力面试等。

不管面试的具体方式有何差异,都存在一些共同的基本的技巧。比如怎样问、怎样听、怎样看、如何评等。要想很好地做好这些,就需要考官具有专业的培训经历和丰富的面试经验。在现实工作中,随着面试实践的形式多样化、考官专家化、结果表格化和定量化等发展趋势,从而使得面试这一测评方式的可用性越来越高。

(三) 心理测验法

心理测验产生于对个别差异鉴别的需要,后来广泛应用于教育、企事业人员的挑选与评价。在对领导素质测评的过程中也经常使用此方法。根据测验的具体内容和对象,心理测验可分为能力测验和人格测验两大类。能力测验可以考察被测评者的认知能力(如观察力、记忆力、逻辑推理及思维能力等)及其他能力倾向(如创新能力、人际沟通协调能力、管理胜任力等)。人格测验包括对被测评者的态度、兴趣、性格、品德等方面的考察。

在长期的心理测验法的使用中,形成了一些成熟的心理测验的量表,如斯坦福－比奈智力测验、一般性向测验 GCT、利克特态度量表、卡特尔 16 种人格因素测验、雷斯特道德测验等。但在具体的领导素质测评中,有时由于测评目的、测评对象等方面的特殊要求,需要量体裁衣,开发新的更合适的心理测验的量表。此种情况下,心理测验题目的编写、组织、测验信效度的检验等都需要很细致和专业的工作投入。

(四) 评价中心技术

一些人认为,在对领导素质进行测评考核时,书面信息分析法的参考价值太小,笔试法太过于刻板,面试法过于直观,心理测验法过于抽象,因此有必要创立一种有别于以上各种方法的新的方法。

评价中心技术被视为现代领导素质测评的一种新方法。它起源于德国心理学家 1929 年建立的一套用于挑选军官的多项评价程序。具体来讲,评价中心技术是指多个主试针对特定的目的与标准,采用多种评价技术,通过多种典型情景的模拟(如发表口头演说、处理公文、紧急情况下的决策等),对与测评对象的领导和管理能力相关的各种素质进行考核的一组评价活动。由于它所具有的综合性、动态性、逼真性、行为性、信息的广泛性等特点,在实际的测评工作中,特别是在对领导素质测评的过程中被广泛使用。

其实在我国历史上,公元前21世纪尧在对舜的才德的考察中所用的方法就很类似于我们现在所说的评价中心技术。当时尧对舜进行了六次情景模拟测评:一是把自己的两个女儿嫁给舜为妻,通过舜对待妻子的态度来考察其德行。结果舜对两位妻子体贴备至,施以礼遇,而且把她们调教得"甚有妇道"。二是让九位男子与舜相处,以观察舜如何对待他人。结果舜"内行弥谨",而使九位男子皆受舜德行的感染而且很尊敬他。三是让舜"慎和五典",管理阴阳术数天文历法官员。舜管理有方,"五典能从"。四是让舜察举和管理有才德者为百官,结果"百官时序"。五是让舜铲除当时的四大劣迹昭著者,舜做到了,远近诸侯闻风而敬舜。六是让舜入山林川泽,经受暴风雷雨,"舜行不迷"。历经三年之后,尧认为舜德才兼备,可以承担帝王重任,就把王位让与他。①

在具体的实施过程中,从评价中心技术所包括的活动内容上来看,主要有公文处理、无领导小组讨论、角色扮演等。

1. 公文处理。公文处理又称为"文件筐"技术,它是评价中心技术中用得最多的一种测评形式。在此形式中,被测评者处于实际领导工作的模拟情境中:在其办公桌上堆放着一摞亟待处理的文件。其中包括信函、电话记录、报告、备忘录等,有些是日常琐事,有些是重要事件,有来自上级的指示,有来自下级的汇报,还有来自组织内部和组织外部的各种问题。规定被

---

① 萧鸣政等编著:《人员测评理论与方法》,中国劳动社会保障出版社2005年版,第187页。

测评者在两到三个小时之内全部处理完毕。之后还要填写行为理由问卷：自己为什么要这样处理。同时主试还可以对不清楚或想深入了解的地方与被测评者进行交谈，并最后给予评分。

2. 无领导小组讨论。此种测评形式是把被测评者分为不同的小组，每组四到八人，小组成员地位平等，不设定负责人，要求就某些具有争论性的问题如任务分配、干部选拔等进行讨论，最后形成小组内的一致意见，并以书面形式汇报。为表明自己同意所作的汇报，每位小组成员都需要在汇报材料上签署姓名。

测评者会通过单向玻璃或电子屏幕观察整个讨论过程，同时通过音频系统倾听成员的讨论内容。在此过程中，测评者对测评对象的考察主要依据他们的以下表现：发言的次数，是否善于倾听和支持别人的意见、敢于发表不同见解、敢于坚持自己的意见，是否善于调节并维护和谐、轻松、民主的讨论气氛，语言表达能力、反应的敏捷性、分析问题的能力、概括总结的能力如何，等等。

相关研究表明，无领导小组讨论对领导集体的领导素质的评价非常有效，尤其适用于对领导决策、解决具体问题等方面的素质考察。但在使用的过程中，也发现无领导小组讨论的一些不足。比如，由于组与组之间成员素质不同、气氛不同，有时难于进行比较。在实际领导工作中都是有领导的小组讨论，因此其外在效度值得商榷等。因此，在测评工作中有时也使用有领导小组讨论（对小组成员的领导职位进行分派）来进行相应领导素质的考察。

3. 评价中心技术的其他测评形式。除了常用的"文件筐"技术和无领导小组讨论之外，在评价中心技术中还会用到用于测评领导者处理人际关系解决人际问题能力、口头交谈技能、应变能力的角色扮演技术和面谈模拟,以及用于考察领导者的业务工作能力的书面案例分析法等。

虽然相比于其他测评方法,评价中心技术有自己无可比拟的优势,但我们也应看到它在实际测评工作中及使用过程中所表现出来的一些局限性。比如它的不经济,在人力、物力、财力与时间投入上都高于其他方法;它的应用范围小,更适合对占领导数量少数的较高层领导的素质测评;对测评者的素质要求很高;由于缺乏恰当的参照效标,其质量难于鉴定;等等。

(五)考察法

考察法也是在实际工作中常用的一种领导素质测评的方法,主要以民主测评、民意调查、投票表决等方式,通过领导者在实际领导工作中的表现和成绩来对领导的素质进行衡量。它可以以某一个领导者为对象,也可以以整个领导班子为对象来进行。

在考察法中,360度评估法被认为是最全面和最科学的考察形式。所谓360度评估,指把与被测评者工作和责任相关的所有人,包括上级、下级、同级、内部工作对象、外部联系和服务对象、社会监督对象等,都纳入评议人的范围,设计一个合理的评议结构并根据不同的责任和利益相关度,设定不同的权重,来对领导者的素质状况进行全方位的考察。此方法除了可以达到对领导素质全面考察的目的之外,在实际使用中还发现,它还会带来领导工作作风改善的附加效果。

四、领导素质测评中的心理干扰及应对

由于在领导素质测评中,无论是测评者还是测评对象,都是有思想、有情感、有充分的主观能动性和丰富心理活动的个体,即使测评的步骤和程序设计得再严谨、测评方法选择时再精心,也避免不了测评者与测评对象的心理因素对测评过程所产生的干扰。在此提出并讨论这一问题,对提高领导素质测评的效果具有重要的理论意义和实践意义。

(一)来自测评者的心理干扰及应对

来自测评者的心理干扰,主要发生在测评实施前、测评实施过程之中。

1. 角色心理和定势效应。所谓角色心理,指由身份的自我意识及潜意识所表现的一种心理现象,是特定的职业责任、道德规范、行为习惯、职业利益等的反映。测评者由于来自不同的岗位和部门,拥有不同的专业背景,在测评过程中,如在设计测评方案时,容易从各自的角色出发表现出不同的偏向和价值取向。比如专家会偏重测评方案的理论依据和科学性,而实践工作者则强调测评方案的可行性。与此相似的定势效应主要受到测评者自身的兴趣爱好、思维习惯、反应惯性等影响而导致只注意或强调测评对象的某一或某些方面的表现。对此,通过测评队伍的合理组织、对测评人员的必要培训、完善规章制度等方式,可以减小角色心理及定势效应的消极影响。

2. 首因效应或近因效应。首因效应指测评对象最先呈现的信息对测评者所具有的更为重要的影响,最典型的表现就是测评者对测评对象最开始形成的第一印象对后续的测评过程所具有的作用。往往是开始印象好的更容易得到更高的分数,而开始印象不好的无论后来表现怎样都不会得分太高。与此相反,近因效应指测评者新近获得的信息对测评对象的评价所具有的更为重要的作用。因此,测评者应保证在整个测评过程中测评行为的客观性、全面性、动态性等。

3. 顺序效应。在领导素质测评中,顺序效应指因测评的先后顺序不同而对测评对象的测评结果产生的干扰。在测评过程中,往往是在开始阶段测评者信心充足、精力旺盛,此阶段的工作往往较为细致、严格,到了后期,由于精力和时间不济,或产生倦怠而使测评工作放宽要求、草草结束。当然,也有在开始时掌握标准偏低,分数普遍偏高,而后又把标准收严的现象。此外,还有大家表现都差不多的"趋中心理"。要解决这些问题,除了在测评工作的各种安排准备上做好工作外,测评者也要在思想上重视,在测评过程中把握好标准并时刻警醒自己。

4. 晕轮效应。又称光环效应,指测评者由于对测评对象的某种特点或某一方面的表现有着更为强烈、清晰的印象而冲淡了测评对象其他方面的表现对测评结果产生的影响。比如测评对象具有很强烈的外貌吸引力,或表现出极强的语言表达能力而使测评者看不到或忽视了其他方面的表现。其结果当然不能对测评对象有一个客观、公允的评判。这就要求测评人员在测评时能保持公允的态度,对每一个测评对象都能一分为二、客观地进行观察和分析。

5. 期望效应。期望效应表现为由于测评者事先对测评对象期望过高、过低或采取无所谓的态度而产生的测评误差。具体表现为当测评者对测评对象过于理想化时,就会高估测评对象的素质水平,相应地也就提高了测评的标准,结果就是对测评对象的表现感到不甚满意,本来优秀的成了合格,合格的成了不合格。相应的,当测评者对测评对象期望过低时,产生的是与之相反的表现和结果。中性的期望相对来说对测评结果客观性的损害不是很大,但也会因此对测评者的工作动机和工作投入状态产生消极影响,进而也会对测评活动产生不良影响。对此,除了从管理的角度强调测评者对测评标准的熟悉和真正熟练掌握外,测评者还要有一定的自我反省意识。

(二)来自测评对象的心理干扰及应对

来自测评对象的心理干扰,可以发生在测评实施前、测评实施过程之中和之后的任何时间。

1．评价恐惧。测评对象害怕对自己进行评价,尤其害怕对自己有不好的评价。由此导致对测评事件的焦虑、紧张情绪,进而影响自己在测评中的正常表现。

2．印象管理。又叫印象整饰,测评对象为了得到一个较高的评价而主动地、有意识地控制自己在测评者面前的表现的现象。这在实际的测评过程中也相当普遍地存在着。

3．合理化。这是自我防御机制的一种方式,表现在测评对象对自己在测评过程中的表现和测评结果的认识上。测评对象为了掩饰自己的缺点和不足,以及在面对不良的测评表现和不佳的测评结果时,寻找各种理由为自己辩护。比如把测评成绩不佳归因为考试程序不合理、测评者不公平等等客观和偶然的因素来为自己开脱。

4．嫉妒心理。嫉妒心理一般是在得知自己的测评成绩不佳时产生的一种心理现象。可能表现为对测评成绩高者心怀不满,故意找茬,当面非难贬损,甚至恶意告状等。

要把测评对象对测评活动的心理干扰降到最小,可以通过提高测评对象对测评工作的认识、采取多种测评形式控制测评效应、创造并维护良好的测评氛围等方面做好工作,从而保证测评工作顺利、有效的进行。

第三节 领 导 心 理

在领导工作实践中,由于越来越切实体会到领导者的心理活动对领导工作的各个环节所具有的或积极或消极的作用,在理论上,由于心理学对领导科学的广泛而深刻的影响,使得我们在对领导科学的研究中,愈来愈重视对领导心理的探讨。

在对个体的心理活动特征进行考察时,一般从能力和人格两方面来进行。能力包括一般能力和特殊能力两大类。一般能力指个体的智力或者说认知能力,如个体的注意力、记忆力、想象力、思维能力等。特殊能力指个体从事某一特定的实践活动所需要具备的能力,如沟通能力、决策能力、创新能力等。人格即为我们日常生活中所说的个性,是构成一个人的思想、情感及行为的特有统合模式,这个独特模式包含了一个人区别于他人的稳定而统一的心理品质。① 人格是一个多侧面、多层次、复杂的统一体。一般认为,人格是受一定个性倾向性制约的心理特征的总和。个性倾向性和个性心理特征(主要包括气质和性格)是人格的两个重要组成部分。②

对于前者我们通过领导素质的相关话题已经直接或间接地进行了讨论。在此主要讨论领导者的个性倾向性及气质、性格等人格特征及相关的领导心理调节的问题。

---

① 彭聘龄主编:《普通心理学》,北京师范大学出版社2001年版,第426页。
② 李铮、姚本先主编:《心理学新论》,高等教育出版社2001年版,第37页。

一、领导者的个性倾向性

个性倾向性是指一个人对现实的态度和行为倾向。它是人格中最活跃的成分,是个体心理活动的动力。个性倾向性一般包括需要、动机、兴趣、理想、信念和价值观。其中,需要是最基本的个性倾向,是形成其他个性倾向性的基础。动机是最直接地推动各项活动的个性倾向,其他个性倾向都需转化为一定的动机,才为心理活动提供动力。[①] 在此,我们将结合领导活动的具体实践重点探讨领导者的需要、动机及价值观问题。

(一)领导者的需要

领导者包括被领导者的需要在领导活动中都具有重要的意义与价值。从一定意义上来考察领导过程时,可以说这一过程是建立在"需要"这一动力机制基础上的。詹姆斯·麦格雷戈·伯恩斯曾指出:"领导是一种领导人与追随者基于共有的动机、价值和目的而达成一致的道德过程——这种一致建立在追随者与领导人一样的'真正'需要的基础上,这包括心理、经济、安全、精神、性、审美或身体的需要。"[②]领导者—成员交换理论在一定程度上也说明了需要在领导活动和领导者与被领导者关系的维系中所具有的作用。

就领导者个体的需要来说,需要的内容、需要的层次对领导活动也都会产生重要的影响。按照人本主义心理学家马斯洛的需要层次理论的描述,个体的需要包括生理的需要、安全的需要、归属的需要、尊重的需要和自我实现的需要由低到高

[①] 李铮、姚本先主编:《心理学新论》,高等教育出版社2001年版,第37页。

[②] [美]詹姆斯·麦格雷戈·伯恩斯著:《领袖论》,中国社会科学出版社1996年版,第40页。

几个不同的层次。当领导者的需要内容不同时,其在领导活动中的追求方向和领导行为的具体表现上也会存在一定的差异性。当领导者个体把物质的需要作为自己的主导需要,把对物质生活富裕的追求作为自己的行为方向时,其工作过程中抵御金钱、美色等的防线必然会比较脆弱,其犯错误的可能性也会更大些。当然如果这种物质的需要是对民众的需要的体察、理解和代言的话,带来的或许是工作上的巨大成就和民众的最大福祉。当然,我们都期望领导者能达到马斯洛所描述的自我实现需要的高度,但这需要领导者自身的修养和觉悟、领导环境的良好支持以及被领导者的理解和协助等各方面的力量。

(二)领导者的动机

对领导者和领导活动具有更大关联性的动机类型是领导者所表现出来的权力动机。

权力动机是指个体具有的某种支配和影响他人及周围环境的内在驱力。在权力动机的支配下,个体会表现出积极主动的参与精神,并有成为某一群体领导者的愿望。高权力动机者,经常会表现出对社会事业的浓厚兴趣,在讨论问题时总是试图以自己的观点去说服别人,在群体中希望处于领导地位,在日常生活中亦表现得比较健谈、好争论。对于领导者来说,一定程度的权力动机对其工作的开展是非常必要的,一个领导者必须情愿获得权力,才有可能对他人和事务产生影响。在有关领导特质的研究中,研究者经常发现有支配欲是成功领导者身上经常表现出的特质。权力动机较强的领导者,不喜欢处于一种追随者的地位,而是会较多地考虑对他人施加影响,努力赢得一场辩论或成为更权威的专家。成功的领导者并不把权力看成是只能争来抢去的,而是可以创造出来并分享给追随者,同时自己的也不会有丝毫减少的东西。当然,也有一些领导者由于对权力的理解过于片面和狭隘,由于权力动机过强而导致的专制型领导风格,从而给领导活动带来消极影响。

从权力动机所激发的个体行为的目标方向上看,又有个人化的权力动机和社会化的权力动机之分。具有个人化权力动机的领导者,寻求权力是为了满足个人的私欲和利益。他们也热心社会活动、热衷于追求权力和地位,但目的是利用这些活动来表现自己,树立个人威望或满足某种私欲或利益。还有的领导者表现为对物质财富的追求,企图通过优厚的物质财富来提高自己的社会地位,进而达到影响他人和控制社会的目的。具有社会化权力动机的领导者,其寻求权力的动机是为了他人。在行为上表现为关心社会、关心他人,以自己的知识、观念、个人魅力等影响他人,或以自己的专业知识和技能为社会服务、维持社会的安全、解除民众的痛苦,即表现为对行使权力后所产生的有利于人民的积极效果的重视。在情绪上具有社会化权力动机的领导者也比那些具有个人化权力动机的领导者表现得更加成熟。他们是从组织利益出发来使用手中的权力,而不是仅仅为了控制别人。这些领导者也不会过于自我封闭,他们会更愿意听取专家的意见,也有更长远的眼光。当然,对领导者来说,我们希望他们都属于后者。但也有一些学者认为,个人化权力动机和社会化权力动机的细致而严格的区分是不必要和不现实的。因为为自己谋利益与为他人谋利益之间的区分,往往依据的是很主观化的标准。

(三) 领导者的价值观

价值观是指个体按照客观事物对其自身及社会的意义或重要性进行评价和选择的原则、信念和标准。它是一个人思想意识的核心,对个人的思想和行为具有一定的导向和调节作用。学者对价值观的类型有不同的划分,其中斯普兰格及格雷夫斯关于价值观类型的划分为我们考察领导者的价值观提供了有益的参考。

斯普兰格认为，个体的价值观有六种类型，分别为理论型（表现为乐于发现真理，凭借观察和推理发现事物之间的一致性和差异性，具有实验的、批判的和理性的爱好）、经济型（强调事物的实用性，凡事以有效与实惠为尺度）、审美型（这种人总是从形式与和谐中寻求最高价值，以文雅、优美、恰当的标准来判断每一种经验）、社会型（表现出利他与仁慈、宽容、富有同情心、无私等品质）、政治型（热衷于个人权力、影响力和声望，即使在政治以外的活动领域中也希望通过竞争、奋斗而获得名誉与地位）、宗教型（工作和生活总是以自己的信仰与理想为准则）。

格雷夫斯提出了价值观的七等级型，分别为反应型（只追求自己基本的生理需求的满足，而不考虑其他人及周围的条件）、宗法式忠诚型（喜欢按部就班地看问题、做工作，依赖性强，服从习惯与权势，喜欢一个友好而专制的监督和家庭似的和睦集体）、自我中心型（表现为粗犷、富有闯劲，为了得到自己想要得到的愿意干任何事情）、顺从型（表现为忠诚努力、尽职尽责、勤勤恳恳、谨小慎微，喜欢任务明确的工作，喜欢安全和公平的监督方式）、权术型（表现为重视现实，有目标，追求功利，喜欢玩弄权术，乐于奉承有奔头的上司）、社交中心型（重视工作集体的和谐，喜欢平等的人际关系，把善于与人相处和被人喜欢看得重于自己的发展）和价值主义型（表现为喜欢自由和创造性的工作，喜欢灵活的职务，重视挑战性的工作和学习成长的机会，把金钱和晋升看做次要的。能高度容忍不同观点的人和模糊不清的意见，对于僵化的制度、滥用权力、空挂职位等能直言不讳）。

领导者价值观的重要性在于它能影响领导者对领导环境和问题的看法，并影响到上下级之间的关系、组织战略决策的方向、决策的质量、人员选拔及奖励系统设计、人力资源开发与管理的策略等领导活动的方方面面。在领导科学中，对领导与管理领域的价值观问题有较多研究，比如关于领导与管理领域的价值观取向、领导者价值观的形成、不同文化背景下的领导价值观的跨文化比较、不同组织体制的领导价值观的不同表现、价值观与工作绩效的关系、领导者个体的价值观与领导集体的价值观等，都取得了具体的、有较高理论和应用价值的研究成果。

二、领导者的气质、性格、认知风格与自我调控

（一）领导者的气质

气质是表现心理活动的强度、速度、灵活性与指向性等方面的一种稳定的心理特征，即我们日常生活中所说的脾气、秉性。个体的气质是由神经系统活动过程的特性所决定的，具有很大程度的先天性。

我们一般把气质分为四种典型的类型：胆汁质、多血质、黏液质和抑郁质。不同气质类型的个体在情绪体验、意志表现、行为特征等方面存在很大差异。比如，胆汁质气质类型的个体情绪体验强烈、爆发迅猛且平息快速，思维灵活但粗枝大叶，精力旺盛、争强好斗、勇敢果断，为人热情直率、朴实真诚、表里如一；但遇事常欠思量，鲁莽冒失，易感情用事，刚愎自用。多血质的人情感丰富，外露但不稳定，思维敏捷但不求甚解，活泼好动、热情大方，善于交往但交情浅薄，行动敏捷、适应力强；但缺乏耐心和毅力，稳定性差，见异思迁。黏液质的个体情绪平稳、表情平淡，思维的灵活性略差但思考问题细致而周到，安静稳

重、沉默寡言、喜欢沉思,自制力强、耐受力高、内刚外柔,交往适度、交情深厚;但行为的主动性差,缺乏生气,行动迟缓。抑郁质的个体情绪体验深刻、细腻持久,情绪抑郁、多愁善感,思维敏锐、想象丰富,不善交际、孤僻离群,踏实稳重、自制力强;但行为举止缓慢,软弱胆小,优柔寡断。在现实生活中,单一的典型气质类型的人并不多,绝大多数都是以一种气质类型为主的几种气质类型的混合型。

气质没有好坏之分,因此不具有直接的道德评价意义。一个人的活泼与稳重不能决定他为人处世的方向,任何一种类型的人既可以成为品德高尚、有益于社会的人,也可以与之相反。气质也不能决定一个人的成就,任何气质类型的领导者,都有可能作出巨大的成就。在从气质的角度去考察领导者的心理特征时,从领导个体的角度只需要考虑领导者所具有的气质类型是否能与其所从事的领导工作完美匹配,能否充分发挥其气质中的优势。从领导群体的角度只需要考虑领导群体成员间不同的气质类型的组合能否保证领导群体工作绩效的最大化问题。

(二)领导者的性格

性格是个体在对现实的态度及相应的行为方式中表现出来的稳定而具有核心意义的心理特征,是由个体的态度、理智、情绪、意志等方面的稳定特征所构成的一个多层面、多成分的系统。性格与气质的不同突出表现在两个方面:一方面,个体的性格是后天获得的,具有一定可塑性;另一方面,性格是个体现实生活中社会关系的反映,因此性格中的许多特征都反映了个体道德品质的好与坏。

依据不同的标准,可以把性格分为不同的类型。如按照性格结构中认知、情绪、意志三种心理机能哪种占优势,可以把性格分为理智型、情感型和意志型；按照心理活动的倾向性，可以把性格分为外向型和内向型；按照心理活动的独立程度，可以把性格分为独立型和顺从型；按照个体的社会价值取向，可以把性格分为理论型、社会型、经济型、政治型、审美型和宗教型；按照性格与职业选择的关系，可以把性格分为现实型、研究型、艺术型、社会型、企业型和常规型等。与气质相似，我们在考察领导者的性格特征时，主要考虑的是领导者的性格与其所从事工作的匹配及上下级之间、领导群体中的领导成员间性格的匹配和互补的问题。

除此之外，也有一些研究者从性别角色（gender role）的角度考察领导者的性格特征及其与领导实践工作的关系。性别角色指社会成员公认的适合于男性或女性的动机、价值、行为方式等性格特征，反映了一定文化或亚文化对不同性别成员行为适当性的期望。它虽是在生物的性别基础上经过社会化的过程发展起来的，但与生物的性别间并不一定相一致或统一，比如某一男性身上可能具有女性化性格，而女性个体身上可能表现出一定的男性化性格。

性别角色表现为男性化性格和女性化性格两种形态。在性别角色对领导者产生的影响上，相关的研究（Russell L. Kent & Sherry E. Moss, 1994）表明：作为成为领导者的先决性因素，性格性别比生理性别更为合适；两性兼有的人与男性化的人拥有相同的成为领导者的机会[①]等。其他的一些研究也

---

① ［美］皮尔斯、纽斯特罗姆著：《领导者与领导过程》（第二版），北京华译网翻译公司译，中国人民大学出版社2003年版，第80～86页。

发现了性别角色的差异对不同性别的领导任务①、对领导风格②所具有的相关性影响。

弗里德曼(M. Friedman)和罗斯曼(R. Rosenman)两位医生在1974年提出了A—B型的性格类型学说。他们发现具有A型性格类型的个体成就欲高、上进心强、时间紧迫感强并富有竞争意识。与之相反,具有B型性格类型的个体性情不温不火,举止稳当,对工作和生活的满足感强,喜欢慢步调的生活和工作节奏。相关的研究表明,A—B型性格的行为与一定的领导行为之间存在相关关系,如:A型性格会影响领导者对组织战略的制定,他们似乎对领导环境有一种恐惧感,倾向于制定带有自己控制意识的挑战性的组织战略;相比于B型性格的领导者,A型性格的领导者通常更愿意单独自己一个人工作并喜欢控制自己工作的各个方面而不愿意授权;A型性格的领导者倾向于制定一些较宏大的目标,对自己及周围的人也存在较高的预期;并且从来不感到和承认自己的疲倦,并对他人缺少工作压力的工作方式感到不可理解。③

(三)领导者的认知风格

认知风格也叫认知方式,是从个体习惯化的信息加工方式的角度来描述个体的人格特征的。如有人喜欢与别人讨论问题,从他人那里得到启发,有人则喜欢自己独立思考等。认知

---

① J. L. Carbonell, *Sex Role and Leadership Revisited*, Journal of Applied Psychology, 1984, 69, p. 44~49.

② R. A. Fleischer and J. M. Chertkoff, *Effects of Dominance and Sex on Leadership Selection in Dyadic Work Groups*, Journal of Personality and Social Psychology, 1986, 50, p. 94~99.

③ A. Nahavandi, PJ. Mizzi and A. R. Malekzadeh, *Executive' Type A Personality as a Determinant of Environmental Perception and Firm Strategy*, Journal of Social Psychology, 1992, 132(1), p. 59~68.

风格与认知能力是两个截然不同的概念:能力是指成就水平,而风格指认知水平;能力描述的是个体的最高行为,而风格描述的是个体的典型行为;能力有高低与好坏之分,而风格没有。

认知风格可表现为不同的类型,依据个体对外部环境(场)的依赖程度,表现为场独立型认知风格(在对信息进行加工时,主要依据内在标准,与人交往时也很少能体察入微)和场依存型认知风格(表现为心理分化水平较低,处理问题时往往依赖外界,相应的与别人交往时较能考虑对方的感受)两种类型。冲动型(多采用整体性的信息加工策略,不管正确与否就急于表达意见或解决问题)和沉思型(采用细节性策略,注重问题解决的质量而不是速度)认知风格的区分则主要表现在对问题解决的思考速度和策略上。

从领导活动的具体方面来考察领导者的认知风格时,认知风格的影响主要体现在领导者所具有的认知风格特点在领导实践活动中能否产生积极的领导效率和绩效。比如,在以人际关系为导向的领导任务中,场依存型认知风格的领导者可能会比场独立型认知风格的领导者表现得更好一些;在紧急情景下的决策活动中,冲动型认知风格的领导者很可能比沉思型认知风格的领导者表现得更好一些等。

(四) 领导者的自我调控系统

自我调控系统是人格中的内控系统或自控系统,包含从自我认识、自我体验到自我控制几方面的任务或环节。它通过对人格的各个成分的调控来保证个体人格的完整、统一与和谐。

从自我调控水平的角度,个体表现出高自我调控和低自我调控两种类型。高自我调控的个体依靠外在的形势因素决定自己的行为而不是依据自己内心的情感、态度或自己的性情。他们对外在社会的变化能敏锐地觉察并进而调整自己的行为以适应形势的需要,也会较多地采用印象管理的策略。而低自我调控的个体其行为似乎是内在决定的,对外界的线索几乎没有反应,不善于表达自己的情感,也很少投入精力去观察周围的情景。相关的研究表明:由于高自我调控的人比低自我调控者进行了更多的建构活动,并且对团队成员的领导形象更敏感并能展示出那些团队成员认为领导者应当具有的行为,因而更有可能成为领导者。[1]

在自我调控的方向上,罗特(J. B. Rotter)把个体的自我调控系统分为内控型和外控型两种。内控型的个体对自己的生活和工作的控制感较强:相信很多事情都是自己行动的结果,成功与失败也都是自己努力的结果;而且内控型的个体更倾向于任务导向,更愿意承担风险,制定较高的目标,对权威的服从较少,并尽最大的努力来达成目标。外控型的个体总是感到很难控制自己的生活,把生活事件都看做诸如运气、有权势的人物等外部因素作用的结果。因此也总是依赖他人的判断,更易服从权威,对外界很敏感,在压力之下也难以振作。内控型领导者和外控型领导者在领导活动中的不同表现已为一些研究所探讨。比如,一些研究者就发现:内控型的个体更可能成为团体的领导者,而且由内控型的个体领导的团体比外控型的个体领导的团体的绩效表现更好[2];内控型的领导者比外控型的领导者更容易选择一些具有风险和创新性的、积极的和未来导

---

[1] [美]皮尔斯、纽斯特罗姆著:《领导者与领导过程》(第二版),北京华译网翻译公司译,中国人民大学出版社2003年版,第80~86页。

[2] C. R. Anderson, C. E. Schneier, *Locus of Control*, *Leader Behavior and Leader Performance Among Management Studies*, Academy of Management Journal, 1979, 21, p. 690~698.

向的组织战略①等。这些研究结果都提示我们,在进行领导选拔之时,在进行战略决策之时,在考察领导者能不能胜任领导工作、决策是否科学合理时,被选拔对象及决策者的自我调控的特点也是一个需要考虑的方面。

三、领导者的心理调适

领导者的工作绩效不仅仅取决于领导者所具有的素质、能力和实践工作经验,而且也取决于领导者的心理健康状况。领导者出现的心理问题如果不能得到及时、有效的调适和解决,就会转化为心理障碍甚至是心理疾病,这自然会给领导工作带来消极影响。

在此重点探讨领导活动中在领导者身上常见的压力与情绪问题,并从不同的角度提供一些有效的应对压力和管理情绪的具体方法和策略。

(一) 压力及其应对方法

1. 压力的一般描述

从心理学的角度来看,压力是由外部事件引发的一种体验。在我们的生活和工作中,每时每刻都发生着与生存发展相关的事件。有些是已被我们意识到的,如工作中存在的意见冲突、同事间的你来我往等;有些尚处在潜伏阶段,如决策可能失败,工程可能不会中标等。从生活事件的后效来看,又有令人愉快的和令人不愉快的之分。但是,不论哪种事件,都要求我们去改变现状,以应对事件带来的新情况,要求我们付出努力,

---

① D. M. Miller, M. F. R. Kets de Wries and J. M. Toulouse, *Top Executive Locus of Control and Its Relationship to Strategy-making, Structure and Environment*, Academy of Management Journal, 1982, 25(2), p.237~253.

去应对环境发生的变化。这样的过程就是我们日常所说的适应。在这一适应的过程中,需要我们体力、脑力和心力的付出,需要对事件的性质和强度进行判断,需要对自己的能力进行评估等。在此过程中,当你感到"好麻烦"或"真烦人"的时候,就说明你已经不能很轻松自如地应对所发生的事件,压力对你来说已成为现实。因此,压力的产生既有外部的原因,也有个体自身的原因,是压力源(构成压力的外部事件或因素)和压力反应共同构成的一种认知和行为体验过程。

2. 领导者的压力源分析

在领导活动中,领导者会面临一些外部和内部的事件或因素,需要付出努力去很好地应付和适应。对于这些在工作和生活中的压力事件,按性质可以分为以下三大类:

第一类是生物性压力源。这其中最突出的是疾病或创伤。由于个体身体素质的原因,或由于某些工作内容和形式对某些疾病的易感性(比如以坐姿为主要工作姿态的个体易患颈椎病及腰椎间盘突出症、需要长时间脑力劳动的个体易患脑神经衰弱症等)。还有由于休息和睡眠时间不足而导致的一定程度的睡眠被主动或被动地剥夺,以及噪音过大、工作环境太局促、工作环境恶劣等也属于此类压力源的范畴。

第二类是精神性压力源。它会更直接地阻碍个体正常的精神需求。如错误的认知结构、个体不良的工作和生活经验、道德冲突以及长期生活经历养成的不良个性心理特征(如易受暗示、多疑、嫉妒、自责、悔恨、怨恨)等等。

第三类是社会性压力源。它包括的内容和类型更为丰富化和多样化。社会性压力是和个体的社会性需要联系在一起的。联系领导工作和生活的实践,可能表现为社会形势的变革(如社会重大方针政策的调整等)、社会事件的突发(如地震、金融风暴等)、人际关系的改变(如与领导或下级的冲突、与家庭成员间的关系问题等)等。

由于三种压力源之间不可分割的内在联系,在现实的工作和生活中,造成个体产生适应问题的压力源大多是综合性的。所以,我们在对领导者的压力源进行分析时,绝不能以简单的思维方式来对待。在此过程中,我们可以借助一些相关的成熟的心理测验,如《社会再适应量表》、《知觉压力量表》等来对领导者的压力源进行全面、客观、科学的考察和掌握。

除了按性质对压力事件进行划分外,在日常的工作和生活中,也经常依据压力源强度的不同表现把压力分为单一性的压力、叠加性的压力和破坏性的压力。

单一性的压力是我们在工作和生活中的某一阶段经常会面临的。其强度不至于让我们崩溃,其后效也不完全是负面的。在适应这类压力的过程中,虽然也消耗一定的生理和心理资源,但它不会让我们产生衰竭感,反而还会让我们积累一些适应压力的经验,并可以提高和改善我们的适应能力。

叠加性的压力是在同一时间里若干压力事件同时发生或两个以上能构成压力的事件相继发生,比如你所领导的企业在产品重组和调整之时正遇上了金融风暴的发生,在你面对地震后百废待兴的工作局面时又传来亲人在地震中丧亡的消息,当你在事业上遭遇问题的同时家庭内部又出现了问题等等。当这种"四面楚歌"或"祸不单行"的情况发生时,给我们造成的压力是很大的,有的人可能就在"四面楚歌"中倒下,有的人可能就会被"接踵而来"的压力所冲垮。

破坏性的压力又称极端压力,如战争、地震、空难、遭受人身攻击、被绑架等。这些强烈的破坏性压力往往会使个体产生"创伤后压力障碍"即常说的 PTSD(posttraumatic stress disorder),个体会表现为精神恍惚、记忆力丧失、回避社会活动、感到缺乏安全感等。

3. 压力对领导者的影响

按照汉斯·塞利(H. Selye)的理论,个体在面对压力时的适应过程包括三个阶段,即警戒阶段(发现了压力事件并引起警戒,同时准备应对或战斗)、对抗阶段(全力投入对压力事件的应对,或消除压力或适应压力抑或退却)和衰竭阶段(消耗大量的生理和心理资源,最后"精疲力竭"),在此过程中会给个体带来不同程度的多方面的影响。

对领导者而言,压力对其的影响集中表现在生理和心理两个方面。个体在面临压力时,会感到强烈的内心冲突及负性的情绪体验。就生理方面的影响来说,当面对压力时,由于交感神经活动增强,个体会感到呼吸急促,心跳加快,体温和血压都会升高,神经系统、消化系统、血液循环系统、内分泌系统等都会出现相应的症状,如紧张性头痛、脱发症、神经性呕吐、神经性厌食、过敏性结肠炎、消化性溃疡、动脉硬化、心脑血管疾病、糖尿病及内分泌系统功能紊乱等。同时机体免疫系统的机能也会有所下降,进而导致恶性肿瘤的发生率升高。这些一旦表现出来,给领导者的工作和生活都会带来诸多的麻烦,产生极大的困扰。这也提醒领导者,当自己的身体出现这些相关症状时应该意识到这些可能并不是原发性的器质性病变,而是由压力所造成的一种心因性的反应。

4. 领导者应对压力的策略与方法

为了保证领导者的身体和心理健康的良好水平,领导者应主动掌握一些应对压力的技巧。在压力面前,我们可以从以下几个方面来应对:

第一,环境调节法。这是通过改变环境来间接地减轻或消除压力的方法。如由于你所在的组织所处的社区治安状况很不好,让你感到很头疼,那就加强一下安全工作,如强化夜间巡逻制度,加强出入管理制度,安装监控、防盗设施等,都可以使你缓解一下这方面的压力。

第二,行为调节法。在面对一些压力的情况下,有时我们可以通过主动地调节自己的行为来避开一些压力环境。如当你所处的环境中由于噪音很大而对你的工作、生活产生了不良影响,让你感到心烦意乱或严重影响了你的工作状态或工作效率,但你又没有办法让噪音停止,选择离开可能是一个让你平息下来的可行的方法。

第三,认知调节法。我们经常说:我们无法改变天气,但我们可以左右自己的心情。我们的思维活动有很大的主动权,当我们被拽去参加一些很无聊的会议或听一场很没价值的报告时,退席是不礼貌的,但我们可以让自己"思想上开小差",可以转移注意力去思考一些自己感兴趣的问题。当你的组织面临一些危机和问题而让你心烦意乱时,从积极的角度、建设性的角度考虑一下问题或许会让你重新感受到希望与活力。

第四,社会支持系统增强法。良好的社会支持系统,可以使压力事件的强度有一个主观性的降低。当面对压力时,寻求他人、其他力量的支持可以让你的抗压能力相对提高。当你的事业出现危机时,主动寻求同行的帮助,当你在工作上遭遇不顺时,主动寻求家庭生活的庇护都可以给你增添应对压力的能量和智慧。

第五,人格完善法。面对压力,个体如何理解、对待和处理,都会受到人格特征的影响。比如,对于外控型的领导者来说,当工作和生活中遇到一些问题时,会感到很无力和无助,因为在他们看来,主导生活和事态发展的力量是外在的。而内控型的领导者,在遭遇到压力事件后很少怨天尤人:抱怨自己运气不好,责怪下属工作不力等。相应地他体验到的压力强度就会比外控型的领导者要低些。人格是个体较稳定的心理特征,但如果领导者能够真实、勇敢地面对自己并能主动、积极地不断反省自己,同时在此基础上不断完善自己的人格,加强人格的修养的话,人格的优化和完善也不是一件不可能的事情。

(二) 情绪及其管理

同其他人一样,领导者在工作和生活中总是处于一定的情绪心理状态之中。由于要接触大量纷杂的事和人,自然会表现出愉快、兴奋、惊奇、紧张、消沉、愤怒等或积极或消极的情绪。由于情绪所具有的动机作用,从而使具有积极情绪的个体会表现出对工作更大的热情,对事物和交往对象的更高的敏感性,进而会产生一个良好的工作效率。而消极的情绪会使一切变得一团糟糕:它不仅会使个体进入不了最佳的工作状态,还会对身心健康带来不良影响。负性情绪的过度积累会给个体的身体健康带来损伤:比如忧愁郁闷时,胃液分泌和肠道蠕动会受到抑制;痛苦发怒时,血压和血糖水平会升高等。同时,长时间或过度地处于负性情绪状态下,会使心理活动的平衡状态被打破而产生一些心理疾病。因此,领导者要善于管理自己的情绪。

1. 紧张情绪及其应对措施。由于领导工作的头绪多、任务重,在工作过程中极易产生紧张情绪:从早到晚、从周一到周末,似乎没有一刻喘息的机会,大脑一直处于一种高速运转状态。身体上也会有腰酸背疼、呼吸急促等感觉。虽然适度的紧张感能使个体保持较积极的工作和生活状态,但如果过度紧张的话,就需要主动地进行调节。

第一,当作为领导者的你感到紧张时,需要先检视一下自己是不是会使用时间,是不是对自己的时间进行了科学的管理。是对今天做什么、明天做什么,这段时间内主抓什么心中有数且严格完成,还是"兵来将挡,水来土掩"地穷对付;是把有限的时间用在集中处理重要事情上,还是见事就管、见工作就做、眉毛胡子一把抓。如果你是后一种情况的话,就需要好好规划一下自己的时间。

第二,当作为领导者的你感到紧张时,需要反思一下自己是不是做到了适当的放权。你在工作中是包揽一切、事必躬亲还是下属应该干、可以干的工作都大胆放心地交给下属去做。如果是前者的话,它不但会使你与下属之间的关系恶化,还会让你觉得累得不行。其实,这种情况的累和紧张是"自找"的,应该学会把自己从不必要的紧张中解放出来。

第三,是否善于休息、会休息也会影响对紧张情绪的体验。在繁忙紧张的领导工作之余,你有没有一些诸如下棋、钓鱼之类的个人爱好,会不会通过音乐、书籍放松自己,能不能从与家人的和谐相处中充分感受关爱与轻松等,这些都会影响到你的紧张体验。

第四,在你感到紧张时如果能主动使用一些放松的技巧,如肌肉放松、呼吸放松、想象放松等,都会帮助你很有效地降低或消除紧张。

2. 愤怒情绪及其管理。发怒也是领导工作中很普通也很常见的情形。由于它是一种烈性的情感,会使对方感到羞辱和难堪,因此无端地和不适当地发怒对工作、对他人、对自己都是百害而无一益的。有相当一部分人认为,领导应该永远是心平气和、稳重端庄、和颜悦色的,因此,有的领导者在工作中即使是碰到了怒不可遏的人或事,也努力地克制自己。其实领导工作中也不是不能愤怒的,发怒也并不总是没有修养的表现。该怒而不怒和动辄就发怒一样,对领导工作都是无益的。在一些情况下,如一些人严重违反原则办事、部下严重渎职等,领导者发怒不仅会对当事人产生强烈的刺激和震动,而且对周围的人也能产生警戒作用,这对问题的解决和工作的推动都是有利的。但如果在此种情况下,领导者还虎气不足而猴气有余,没有脾气,反而对工作不利。

对待愤怒情绪,领导者首先要反思一下:在自己的人格特征中是不是存在易怒的成分。如果存在这个问题,就要充分认识到其中的危害,并努力改善。比如,可以有意识地降低说话的声音,减缓说话的语速,以减少声音对愤怒情绪产生的催化作用,由外向内地进行情绪的控制与调节。

其次,要澄清思想上的认识,运用理智来化解愤怒。要从思想上认识到,你不会得到所有人的赞许、工作也不会总是一帆风顺,总会有一些人一些事不会如你所愿。有了这样的思想准备,你就不会轻易愤怒。同时可以采用"延迟法":当你意识到你要发怒时,提醒自己停止15秒思量一番,要不要把愤怒表达出来然后再行动,通常都会有效的。"转移法"也是可以在此时发挥作用的:人在愤怒时会产生意识狭窄的现象,认识活动的范围缩小,理智分析能力下降,自我控制力减弱。因此如果能使自己的注意力从激烈的情绪中转移开来,也可以较容易地控制自己的情绪和行为,同时避免不必要的后悔。

此外,宽容也能有效地化解愤怒。对他人的冒犯和错误做到大事讲原则,小事少计较,习惯于换位思考,关注他人的难处和局限等。眼界和胸襟的开阔将会创造一个好心情并营造出和谐的工作氛围。

除了紧张和愤怒之外,在领导者的生活和工作中常见的,对工作和生活影响较大的负性情绪还有猜疑、嫉妒、焦虑、失望等。对这些不良情绪的管理,除了通过一些有效的调整情绪的小策略来改善之外,还需要从领导者工作和生活的特点出发,通过处理好一些诸如民主与集中、集权与放权、工作与生活、个人发展与组织发展等方面的关系来促进情绪的改善。当然,如果自己不能很好地化解不良情绪的话,就需要主动寻找他人甚至是专业的心理医生的帮助。

第六章 领导形象与领导魅力

第一节 领导形象的塑造

所谓形象,本是指文学艺术创造者在一定的创作思想的指导下对历史和现实生活进行选择和提炼之后所创造的具有一定思想内容、审美意义和外在形式的具体而生动的艺术典范。在政治和社会生活中存在对"形象"这一概念的广义性的理解,指个体的外貌、气质、风度等方面给他人留下的某一方面或整体的印象。

领导形象是指领导者在领导活动中,公众和下属对领导者的仪表、素质、道德、领导才能、领导绩效等方面的综合性评价及由此所产生的领导者在公众和下属心目中的综合印象,是领导者自身的主观实践活动与社会客观认识相结合的产物。同时由于领导活动的整体性和协调性特征,更存在由领导个体之间的相互配合和影响而形成的领导群体形象及由此而产生的领导群体所在组织的公众形象,并进而成为该组织的组织文化的重要组成部分。

一、领导形象的重要性

士兵经常说这样的话:当我穿上军装时,我就不再属于我自己。对身处领导岗位的领导者来说,也具有相似的情形:当站在领导的位置上时,自己不仅仅是自己。所以,领导者怎么穿、怎么说、怎么想、怎么做等就具有自身之外的更深远的意义。领导形象的重要性,主要表现在以下几个方面:

(一)领导者的良好形象会增强以至成为组织内部强大的号召力、凝聚力和组织指挥力

具有良好形象的领导者会让下属感到领导者是有修养的、懂得领导艺术的,进而会产生对领导者的信任感。同时他们也会强烈地感到:在这样的领导者的领导下,不仅组织的事业会发展,个人也会获得提高,跟随这样的领导者工作,是一种荣誉,是一种自豪,是人生的乐事。发自内心的积极的事业心和主动的工作积极性也就会油然而生。

领导活动不是领导者可以自己来完成的独角戏,而是在一定的领导环境中,和追随者共同努力和协同奋斗的结果。领导者的良好形象,有助于吸引下属,使之追随,自愿接受领导,与领导者一起为组织的发展尽心尽力。在组织和领导者身处困境或遇到危难时,也能顾全大局,挺身而出,主动应对。主动为领导者排忧解难,并努力维护领导者的权威和形象,从而增强领导者工作的主动性。

组织的凝聚力和协调指挥力当然离不开写在纸上的规章制度以及掌握在领导者手中的权力,但仅有这些是不够的,如果使用不好的话,只会造成下属的一时的服从和组织表面上的统一。而领导者良好的形象在其中可以产生另外的一种无形的、巨大的力量,把下属紧紧吸引在自己周围,形成一个具有强

大合力的整体,为组织的事业尽心,为组织未来的发展努力。

(二)领导者的良好形象会营造出组织工作的良好环境

领导者的良好形象,不仅仅会让组织内的成员仿效、追随,也容易使组织外部的个体产生满足感和信任感。具有良好形象的领导者及其领导的组织,很容易会让与其打交道的外部人员感到对方是言而有信的,与之处事是可以大胆放心的,是能获得成功的。即使是组织的竞争对手,也会认为与这样的领导者及其所处的组织打交道是可以令人信服的,甚至会感到这种交往是一件很荣耀的事情。因此,领导者就是本地区、本组织的一张最好的"名片",投资方、合作方从这张"名片"中可以预测到你这一方发展的层次和潜力,最终决定是否与你合作或成交。良好的领导形象在此也作为优秀组织文化的一部分对组织的生存和发展产生着不可磨灭的贡献。

(三)领导者的良好形象会带来良好的领导绩效

领导者的良好形象一旦形成,就会帮助领导者更好地履行领导职能,打开工作局面,保证各种领导方法收到实效。这也是领导形象塑造的最终归宿。

二、领导形象的构成要素

领导形象是从不同角度和侧面对领导者的一种综合性的评价,它通过领导者的一举一动及工作和生活中的细节表现出来,体现在领导者工作和生活的方方面面。一般上来讲,领导形象主要由以下几个方面构成:

(一)思想和价值形象

领导者所拥有的思想境界及所抱持的价值观倾向决定了领导者行为表现的诸多方面,因此思想和价值形象便成为领导形象的内在灵魂,成为领导形象的核心构成要素。

领导者的思想和价值形象首先从领导者的人生观和价值观中投射出来。领导者对人生的态度,是"人为财死,鸟为食亡",还是准备做一个"高尚的人、纯粹的人、脱离了低级趣味的人"。一个全心全意为人民服务、为民众谋福利的价值观会在生活和工作的方方面面和举手投足之间清晰地展现出来。

领导者所具有的政治信念对其思想和价值形象的确立也有重要影响。我们看到在革命战争年代,正是那些领袖身上所表现出来的对民主解放的坚定的政治信念,才使全中国的人民热血沸腾,不顾"小家"和"小我",不顾条件的恶劣与艰苦,英勇作战,奋勇前进。在和平年代,我们同样会从一个坚守共产主义信念、坚信马克思主义理论指导的领导者身上看到坚定的政治信念所产生的无可替代的魅力。

领导者在工作和生活中所展现出来的责任意识、合作意识、集体意识及大局意识等,也都会反映出领导者思想境界的高度和水平。一个有责任意识的领导者,会让民众和下属产生信任感、安全感,这些人继而会在这种良好心理感觉和领导者形象的促动下积极配合领导者,大胆、主动、尽心尽力地做好自己的事情。一个具有合作意识、集体意识及大局意识的领导者,会让民众和下属深切感受到领导不愧是领导,进而在领导者这种宽广的胸怀、高瞻远瞩的眼界的感染下抛却私利和私欲,为组织和集体的事业尽心尽力。

领导者的理论形象和知识形象也是思想和价值形象的重要组成部分。领导工作中,经验不可少,缺乏经验的领导者会让工作变得被动和生硬。但理论和知识水平的拥有也会为领导者良好形象的塑造增添力量。特别是在当今领导情景变得更为多样和复杂的情况之下,良好的理论形象和知识形象会让领导者站得更高、走得更快更远。

（二）工作和岗位形象

领导者的工作和岗位形象是其领导形象最主体性和最直接性的表现。领导者在领导工作的各个环节上，都会直接生动地展现出自己的形象。在民众和下属心目中是不是有权威，指挥是不是得当，决策是不是科学合理，监督是不是有力，能不能协调好各方面的利益，能不能处理好各方面的人际关系，有没有时间和效率观念，领导政绩和业绩如何，演讲风格怎么样，会议作风好不好等，都会以不同的味道和风格影响到领导者在民众和下属心目中的形象。

正派公道的领导者以高尚的品德来树立自己的形象。这类领导者，在思想上能自觉运用先进的理论观点、科学的思维方式武装自己的头脑；有正确的世界观、人生观、价值观、荣辱观、政绩观；敢于解剖自己、超越自己，不断清除思想深处的错误观念；在各种诱惑面前时刻保持高度的警觉，不为钱财所动心、不为酒色所忘形、不为权势所丧志，并能切实做到言行一致、表里如一。在复杂的人际关系面前，在邪恶的威胁势力面前，能做到无私无畏、不偏不倚、堂堂正正、大义凛然。

重民亲民的领导者以体恤民情、忧国忧民、联系民众来树立自己的形象。像我们的周恩来总理，以敦厚宽仁、贵和持中、顾全大局、维护团结的宽阔胸怀，廉洁自律、心中无我、光明磊落、襟怀坦白的高尚情操和简朴的生活作风树立了在国际友人、国内民众心目中的光辉形象。还有与在猪圈中劳作的农妇亲切握手，为抬着地震伤员的担架停车让路的温家宝总理，都是重民亲民的良好典范。领导者之所以能够树立这样一个重民亲民的形象，关键是有一个端正的"官念"，首先在思想上对"当官为什么，工作图什么，用权干什么"的问题有很明确的认识。同时，在行动上还能勤政为民，能够做到"为官一任，造福一方",并能够廉洁自律,严格要求自己。

虚怀若谷的领导者以襟怀坦荡、谦虚谨慎的气度和美德树立自己的形象。领导者如果心胸狭窄、鼠目寸光,不能容忍下属与自己有丝毫的不一致,必然会失去方向,无益于成就大事。而若能够虚怀若谷,就能听取他人的意见,就能团结好人、使用好人。但在现实的领导活动中,我们看到有不少的领导者,自以为高明,高高在上,使人畏而远之,最终却丧失了宝贵的"群众基础"。其实,下属寄希望于领导者的,不只是领导者对自己个人生活的关心,还希望领导者能广开言路,愿意倾听和接纳自己合理的意见和建议。因此,领导者应当注意在制订战略计划或部署具体工作时,不应只是单方面地发号施令,而应当让大家有讨论、建议的机会。

开拓创新、与时俱进的领导者以高水平的工作效率、优异的工作成绩树立自己的形象。这类领导者会以"无功即是过"的理念来规划和指导开展自己的工作。在实际的领导工作中,不是偏重发挥个人效能,而是注重整体的配合和集体智慧力量的最大释放和利用;并能够解放思想,重视领导者与民众纵向和横向的联系,重视学习和借鉴其他组织的先进经验,及时捕获、整理、分析和反馈各种信息资源。这类领导者往往具有"一专多能"甚至是"二专多能"的复合型知识结构,而且极具战略眼光,能清楚地认识到本组织、国内外同类组织的过去和现在,并能在此基础上从不同角度进行对比分析,找准组织未来发展的趋势并进行科学决策,从而不断开拓创新,不断开创组织工作发展的新局面。

当然,在领导工作中,由于领导工作的性质、内容、对象不同,对什么样的形象才是最佳的领导者的工作和岗位形象我们不能一概而论。对领导者来说,在遵循领导活动规律和坚守原则的前提下,可以结合自己领导工作的特点和自己的人格特征,尽显不同领导形象风格的魅力。

(三)生活和工余形象

领导者的生活和工余形象首先表现在领导者的人格形象和个性魅力方面。那种生性怪癖、行为乖张的领导者是大多数民众和下属都不敢和不愿恭维的,而那些热情、开朗、亲切、充满活力、精神昂扬的领导者往往会比较容易走进民众和下属的心中。

是否具有幽默感也是领导者生活和工余形象的重要内容。幽默是调味品,是润滑剂,幽默的语言、表情和动作能给领导者增添别样的魅力。幽默不是低俗、刻薄、笨拙和肤浅,也不是鹦鹉学舌和油腔滑调。真正的幽默是一种高雅的风趣,是深刻思想内涵的自然表现。因此,领导者的幽默感也是以领导者一定的文化和思想修养以及较高的智力情商为基础的。

领导者的家庭形象也是领导者生活和工余形象的重要内容。家庭是社会的细胞,是幸福的温床。幸福美满的家庭生活是领导者增添力量的加油站,是成就工作业绩的保护伞,更是缓解压力的妙药仙丹,家庭生活对领导者意义更大。当然,对领导者来说,事业的成功是领导者价值的最重要的体现,但当领导者全身心地投入工作时,也要学会把家庭生活搞得像工作一样井井有条。在实际的工作生活中,我们也目睹了一些领导者因为一心工作而与家人疏远而导致的痛苦状:不仅家人不满意,而且耗费了自己的精力,也严重影响了自己的工作情绪和状态。家庭和工作由于相互的影响、促进和制约而使我们很难分清孰轻孰重。其实对领导者来说,家庭和工作是同样重要的,和家人在一起不是浪费时间,反而能保证领导者更全心全意地投入工作。所以,领导者能不能在家庭中扮演好为人父、为人夫、为人母、为人妻、为人子女的角色,能否按时回到家中,可否与家人一起团聚、沟通和玩耍,都会对其领导者的形象产生重要影响。

领导者的仪表风度是领导者生活和工余形象的最突出和最直观的表现。良好的领导者形象,会通过很多外在的细节表现出来,当出席不同的场合时,衣服的款式、颜色、风格是不是合时宜,包、腰带、首饰等的搭配是否恰当,站立、行走、就座的姿势是否得体,用餐、乘车、会晤、参观等不同场合的表现是否符合基本的礼仪规范等都会影响到领导者在他人心中的形象。

三、领导形象的塑造

领导者要想获得民众和下属的认可,为自己领导工作的顺利开展营造一个良好的环境,就需要注意形象的塑造问题。而领导形象的塑造,不是靠在思想上勾画、在言语上宣讲就可以的。领导良好形象的塑造,要靠领导者切实、优秀的领导行为来表现,不是想出来的,也不是讲出来的,而是做出来的。领导者在"做"的过程中,要注意以下几方面的问题:

第一,领导形象的塑造要坚持"内"与"外"的统一。领导者的良好形象最根本地来源于领导者良好的素养,内在具有的东西会自然地表现于外,呈现在他人面前。所以,领导者要塑造良好的形象,最根本的还是要"苦练内功",多读书、多看报、多反省、多思考,不断提高自己的内在修养。同时,也应有内外兼修的态度,多观察、多体验,主动学习一些基本的礼仪规范,注意自己的外在形象,从而达到良好内在形象与外在形象的完美结合。

第二,领导形象的塑造要坚持细节性与整体性的统一。领导者的形象是民众和下属感受与意见的归纳和综合,是从不同角度和侧面对领导者的表现所作的评价,是民众和下属在与领导者的有限接触中,从某一方面感受到的。比如,当因为有事务要解决走进领导的办公室时,发现办公桌上收拾得整整齐齐,室内明亮洁净,当领导者看到你走近时,赶忙放下手中的工作起身相迎等等,这些虽然和领导工作没有直接关系,但我们从这些细微之处对领导者会有更直观和更深刻的认识。所以领导者在塑造自己的良好形象时,要特别注意细节,如在工作细节、个人生活、待人接物等方面的具体表现。但领导者同时也应注意不要让自己一味地"沉迷"于细节,给民众和下属一种琐碎、管家婆的感觉,在细节之外,要有一个统领的核心,要有一个精神的支撑。这些,就要靠领导者的领导魄力、思想和理论修养、良好的工作业绩等更深刻的东西来充分发挥威力。

第三,领导形象的塑造要坚持"第一印象"和后续表现的统一。理论和实践都告诉我们:第一印象很重要。当第一天就职,第一次与下属见面,第一次以某某领导的身份公开讲话、参加会议或其他公务活动时,一定要慎重。穿什么,说什么,做什么要十分注意,因为"第一次"往往会让他人永久性地记在脑子里。因此,领导者要在此时尽力表现自己的长处,展示自己的风格特点,从而产生良好的"首因效应"。所以我们经常看到"新官上任三把火",如果领导者能把"火"烧得恰如其分的话,对自己形象的塑造,对自己以后领导工作的开展,无疑是开了个好头。但领导者要想树立自己的良好形象,仅靠最初始的"三把火"是不够的。如果在"三把火"之后没有了工作的热情和干劲,没有了原则和方向,没有了显著的工作业绩,最初的良好形象也会"一败涂地"。领导者的形象表现在第一次,更表现在后续的更长期的工作过程中。因此,领导者要"善始善终",重视整个领导过程,从而保持良好形象的连续性。

第四,领导形象的塑造要坚持"日常"与"非常"的统一。这是从领导形象塑造的时机和时间上来说的。领导工作一定程度上来说是一个长期性的工作,一任领导在其领导岗位上工作的时间,通常都不是以天来计量的。所以,在领导者良好形象的塑造过程中是不能急躁的,要以一种踏实的态度,做好每一件工作,处理好每一件事务,良好的形象自然就会涌现出来。但同时,领导者也应看到,良好形象的塑造也是"有机可乘"的。在你接受媒体的采访时,在大型的庆典上发表演说时,当工作中遇到突发的危机事件需要马上处理时,你如果表现良好的话,你的良好形象在"一夜之间"就会人人皆知,家喻户晓。所以,领导者踏踏实实地在日常工作中展现自己的同时,也应把握好时机,借助于媒体和大众等更广泛的力量迅速、真实、大范围地在下属和民众中树立并传播自己的良好形象。

第五,领导形象的塑造要坚持"塑"与"护"的统一。领导者在用心塑造和展现出自己的良好形象之后,还存在维护与创新的问题。领导者形象的展现与相应的民众和下属对领导者形象的认识是一个动态的过程,领导者在树立了自己的良好形象后,不可能是一劳永逸的。因此,领导者要时时"勤于"维护自己的形象。同时,领导形象也是很脆弱的,就像"负晕轮效应"所描述的那样:完美的形象对瑕疵的容忍度是最小的。不经意的疏忽和大意,一个细小的龌龊动作、一个微微的蔑视的眼神、一个不恰当的用词等都可能使原本良好的形象毁于一旦。因此,领导者不但要重视形象的塑造,也要把形象的维护时时放在心上。

第二节 领导魅力

"魅力"(charisma)一词源于希腊语,意为"天赋",最早见于《圣经》圣保罗给罗曼的两封信中,该词用来形容"圣灵"。所描述的魅力天赋包括预言、统治、教化、传道、睿智及净化等。后来,这一术语逐渐用来表示宗教教会组织的合法性基础。汉语中的"魅力"是外来词,包含吸引力和令人愉悦之意,其相对应的英文词汇是 attraction,指吸引、诱惑和让人喜闻乐见。

领导魅力指领导者在实现领导目标、开展领导活动的过程中,在领导者个人魅力与领导行为的结合中,所产生的对被领导者的吸引力、凝聚力、感召力及行为和心理的自愿与愉悦的支持。

一、中西方关于领导魅力的理论解读

西方管理学家和领导学家对领导魅力的研究,最初开始于对领导权威的研究,甚至可以说是领导权威研究催生了领导魅力的理论,如丹尼斯·朗(Dennis H. Wrong)的权威理论。在他的理论中,他把权威分为两种不同的类型,一是表现制度化关系的权威,二是表现非制度化或个人关系的权威。前者是由于个体获得了某种特殊的社会地位、对资源的支配权而产生的较固定的权威关系,后者是由于个人为他人提供的具有魅力的个人特征而产生的权威关系。他所说的后一种个人权威,与我们所谈的领导魅力是直接紧密相关的。可以说,从一开始领导魅力和领导权威就是密不可分的,以至于有人提出领导魅力是领导权威的来源的观点。时至今日,研究者从不同的角度对领

导魅力进行了不同的解读。

（一）关于"魅力"和"领导魅力"概念的阐释性解读

德国社会学家马克斯·韦伯是最先使用"领导魅力"这一词来描述世俗领导者的人物之一。早期的基督徒相信上帝赋予教会领袖特殊的天赋和能力，而韦伯把"魅力"一词从神学中借用过来，对有天赋的领导者的定义进行了延伸，涵括了宗教和非宗教的所有的领导者，这些有特殊能力的领导者通过自己的特殊力量来吸引忠心的下属。

马克斯·韦伯同时最先将魅力与统治方式联系起来，区分了三种合法统治的类型，分别为传统型统治、魅力型统治和法理型统治。其中魅力型统治是建立在献身于某个人以及由他所默示和创立的制度的神圣性、英雄气概或楷模样板的基础之上的。在马克斯·韦伯看来，所谓魅力是指一个人所具有的被视为非凡的品质。它体现为预言家、精通医术或法术的智者、狩猎的首领或战争的英雄身上的那种魔力。他们因魅力而被视为具有超自然的、超人的、任何其他人无法企及的力量或素质，或被视为由神灵差遣的，或被视为楷模，因此也被视为领袖。① 但遗憾的是韦伯没有对领导者这种非凡力量的渊源或者是其精确的本质进行确切的描述。

在韦伯的相关理论中也指出具有魅力的领导者所必须包含的两方面的因素：一方面，作为社会精英的领袖人物本身在人格力量或个人才能上有超人的、非凡的特点而使他不同凡响，具有特殊的感召力和吸引力并从而能够成为魅力型领导者；另一方面，领袖人物的追随者也有拥戴和服从有魅力的领

---

① ［德］马克斯·韦伯著：《经济与社会》，林荣远译，商务印书馆1997年版，第269页。

袖人物的需要,这种心理需要使追随者表现出对领袖人物的盲目服从和狂热崇拜。这即体现了韦伯对魅力的理解:领导者所具有的"被视为"非凡的品质,是以追随者的承认、信赖和崇拜为前提的,领导魅力其实反映了一种表现在领导者与追随者之间的特定的社会关系。

韦伯还提出,一个不稳定的或是危机的情形是领导者大展魅力的必要条件。当领导者以激进的办法化解了危机时,其魅力将大放光彩。

与此相类似,赫尔雷格尔在对魅力型领导者的定义中也表现出类似的观点。赫尔雷格尔区分了广义和狭义的魅力型领导者的内涵。广义的概念单纯从领导者的行为来规定什么是魅力型领导者,在这个意义上魅力型领导者表现为领导者所强调的共同的愿景与价值观,促进共享意识,展现出理想的行为模式,以及展示并创造出自信、勇敢、坚决、乐观及富有革新意识的形象;狭义的魅力型领导的概念是从领导者、追随者及组织情景三者之间的关系来规定什么是魅力型领导者。因此出现魅力型领导者的条件包括领导者的天赋和超群品质,社会或组织环境的危机或令人失望的状况,领导者提出能解决危机的愿景和许诺,追随者被领导者所吸引并开始相信领导者的超凡能力和激进愿景,以及领导者的能力和愿景在成功解决危机的过程中被反复证明。① 其实,在我们现在看来,领导魅力在没有危机的时候同样也能展现出来,比如在企业界,在形势稳定和平静的时期,能鼓舞人心的有远见的魅力型领导者是经常涌现的。

---

① [美]赫尔雷格尔等著:《组织行为学》,俞文钊等译,华东师范大学出版社 2001 年版,第 572~573 页。

(二) 对领导魅力演化的历史性解读

从纵向的历史演进过程来看,在不同的历史时期和历史条件下,领导魅力表现出不同的发展形式。

我国学者朱立言教授对此问题进行了全面深刻的总结,认为领导魅力的演化趋势表现在如下几个方面:第一,从迷信向科学的演化。在原始社会和农业社会中,领导魅力往往包含迷信和传奇的成分,与之相关的是对领导合法性的诸如"君权神授"、"天命论"的解释。领导者在此过程中也往往依凭金钱、权力、血缘等来号召民众以及用宗教迷信来愚弄欺骗民众。而在现代,随着领导环境复杂化的客观要求,随着整个社会文化水平的提高和领导者个人素养的大幅度提升,在构成领导魅力的要素中,盲目与迷信的成分被越来越多的理性与科学所取代。领导者个人魅力的养成中,对学识、教养和经验的依赖表现得愈加明显。第二,从强调暴力手段到追求非暴力手段的演化。在传统的封建社会,为官者的魅力来自他们对刑罚和军事力量的掌握。到了资本主义社会,伴随暴力成分在领导魅力的组成中所占比例的开始下降,金钱和知识成分的比例逐渐递增。在现代以信息为核心的社会,信息在领导者魅力塑造方面的作用越来越重要。第三,从重视领导个人魅力到重视领导群体魅力的演化。由于传统领导事务相对简单,单个的领导者个体掌管全局。之后随着分权化的普及和领导环境、领导事务的复杂化,群体领导的现象就成为一种必然。第四,从重视人治到重视法治的演化。在古代,人比法大,情比法大,领导者往往凭借个人的意志和好恶用人处事。随着人们认识的提高和对社会问题研究的深入,逐渐认识到了法治的魅力和领导者依法领导的魅力。①

(三)对魅力型领导者个性特质和行为特征的描述性解读

对魅力型领导者特质的描述就像领导特质理论一样,多而不一,如豪斯将魅力型领导者的性格特征概括为支配欲、自信、对他人施加影响的需要及确信他们的信仰在道义上的正当性②。纳哈雯蒂将其概括为高度自信、对理想有强烈信念、高度热情和精力充沛、良好的表达与沟通能力及积极的形象和模范作用等五个方面。③ 我国学者常健在综合中西方关于魅力型领导者特质研究的基础上,把魅力型领导者的特质概括为六个方面,分别为:有对未来的美好设想,高度自信,精力充沛、充满热情、自我激励,善于言辞,愿意冒个人风险,对环境的敏感性。④

同时,常健对魅力型领导者的行为特征也进行了综述性的归纳。认为魅力型领导者在行为上一般表现为如下几方面的特征:第一,角色榜样。魅力型领导者通过将自己的角色定型为组织目标的象征,来创造出一种有助于提高兴奋度和积极情绪的组织环境。第二,形象塑造。魅力型领导者通过形象的塑造,来确立追随者对领导者的信任和信心,使追随者相信领导者的正直,从而甘冒职业上的风险去追随领导者的愿景。第三,明确目标。魅力型领导者的工作就是要明确所要发动的运

---

① 朱立言主编:《行政领导学》,中国人民大学出版社2004年版,第124~125页。
② [美]皮尔斯、纽斯特罗姆著:《领导者与领导过程》(第二版),北京华译网翻译公司译,中国人民大学出版社2003年版,第435~436页。
③ 纳哈雯蒂著:《领导力》,王新译,机械工业出版社2003年版,第210~213页。
④ 常健编著:《现代领导科学》,天津大学出版社2004年版,第333~335页。

动的目标,并表明该目标在道义上的正当性,同时以适当的方式将目标及行动方案具体地表达出来。第四,阐明对追随者较高的期望和信心。第五,采用非常规策略。领导者的魅力性特征依靠的是追随者对领导的革命性(既表现在他们远离现实的理想化目标,更表现在领导者在带领追随者实现其理想时所从事的与他们所在的组织、行业或社会的现有规则相冲突的变革行为)和非常规性的认识。第六,个人化的领导。表现为魅力型的领导者主要使用个人权力而不是职位权力来进行领导,并通过感性的及非语言行为的表达来展示领导者的个性魅力。①

一些学者对魅力型领导者特质和行为特征的理论描述也有一些不同意见,认为这些过于以领导为核心。他们的理由是,魅力影响是一种社会心理现象,领导魅力不是由领导者和追随者之间的相互作用和互动直接产生的,而是在追随者心中产生的。其中所表现出的社会心理因素是独立于领导者自身的性格特征和行为而存在的。甚至因此倡导在对领导魅力进行解读时,应将领导者的性格和行为特征排除在话题之外。

(四)对魅力型领导者的追随者及领导情景特征的生态化解读

在中西方关于领导魅力的理论成果中,除了对魅力型领导者自身的特征分析外,也有从领导生态的角度对魅力型领导者的追随者的特征及领导情景特征进行的解读。

我国学者常健在总结国内外研究的基础上,概括了魅力型领导者的追随者的特征:第一,对领导者及其愿景的认同。追随者通过认同魅力型领导者个人,甚至把这种认同内化为自我

---

① 朱立言主编:《行政领导学》,中国人民大学出版社2004年版,第335~338页。

概念的一部分,而使得二者之间的关系超越了上级与下级之间的契约或交易关系。在追随者对自身现状不满但又不能独自提出一个令人满意的解决方案的情况下,魅力型领导者的部分魅力就来自于他能提出一个针对追随者困境的愿景和帮助他们改善现状的有吸引力的设想。第二,高涨的情绪。魅力型领导者会影响追随者的感受,会激起追随者的高涨情绪,这种高涨的情绪状态又导致追随者提高实现愿景的努力程度,这些又会对领导绩效的提高产生积极的影响。第三,愿意服从领导者。由于魅力型领导者身上显示出的超人品质,从而使追随者表现出对领导者毫无怀疑的接受,并一贯地和自愿地服从领导者的权威和地位。第四,获得权力的感受。魅力型领导者通过对追随者寄予较高期望,表达对追随者能力的信心及不断地鼓励和支持追随者而使之产生一定的强大感和权力感,而在此过程中又能同时保证自身地位和优势不会受到丝毫的削弱和威胁,其结果是追随者在有良好的自我感觉的同时依旧表现出对魅力型领导者的服从和追随。第五,与领导者价值观的一致性。领导者所表达的信息与追随者的现有价值观和身份相一致是领导者产生魅力影响的必要条件之一。第六,相比于具有"工具性"工作定位的个体,具有"表达性"工作定位的个体,社交关系方面原则性较强的人,更易受魅力型领导者的影响。[①]

关于魅力型领导者的情景特征的描述,研究者的观点不是很一致。这种不一致主要集中在魅力型领导者是在特殊的危机情况下才出现还是在所有的组织情景下都有出现的可能性。常健在对国内外学者观点综述的基础上,提出了魅力型领导者

---

① 朱立言主编:《行政领导学》,中国人民大学出版社2004年版,第338~340页。

领导情景的一般特征。主要包括如下几个方面:第一,组织任务与追随者价值观的一致。魅力型领导者是通过将追随者的价值观和自己的目标联系起来而产生这种吸引力的,通过努力及追随与被追随的关系达到一种双赢式的各自利益的获得和满足,同时双方又都可以在心理上达到和保持平衡。第二,不利用外部奖惩的领导环境。当追随者在外部环境中找不到一些客观的努力的标准、方向,行为缺乏明确的外部正当性时,其自我概念、价值观及身份就较容易被别人所吸引和利用。第三,异常环境。如为了获得成功或要求高效率、非常规解决问题或要求高水平表现的领导工作环境或危机及动荡不安的环境中,魅力型领导方式更适合。第四,任务的相互依赖性。在完成任务的过程中需要相互配合及共同努力时,更易产生对领导魅力的强烈感受。第五,文化差异。相比于我国文化背景下产生的基于社会等级制度与秩序的要求而建立的领袖与追随者之间的关系,具有先知先觉救世文化传统的国家对领导魅力的接受度更高些。①

(五)对领导魅力作用的辩证化解读

在谈到领导魅力时,我们比较容易看到的或联想到的是基于领导魅力而产生的和谐的上下级关系和高效的工作业绩。但我们同时需要注意的是,在现实的领导活动中也存在由于领导魅力的误用而产生的消极面甚至是阴暗面。

针对领导魅力产生的不同的作用和结果,国内外的学者对不同的领导魅力进行了区分。比如有道德的魅力型领导者和不道德的魅力型领导者之分(也有学者将此称为起正面作用的

---

① 常健编著:《现代领导科学》,天津大学出版社2004年版,第340~343页。

魅力型领导者与起负面作用的魅力型领导者)。道德的魅力型领导者运用权力为别人服务,主动将远景目标与追随者的需要和愿望联系在一起,接受批评,鼓励追随者独立思考及质问领导者的观点,从事开放的、双向的交流,教导、开发和支持追随者,依靠内在的道德标准来满足组织和社会的利益。不道德的魅力型领导者则相反:运用权力只为个人自己的目标,责备批判者及相反的意见,要求毫无疑问地接受自己的决定,单向交流,对追随者的需求没有任何感觉,运用便捷的外在道德标准来满足自己的私利。

对领导魅力作用的探讨除了从积极和消极、正面和负面进行辩证分析外,也有学者从领导魅力与领导绩效之间关系的角度来解读领导魅力的作用,并认为领导魅力和领导绩效之间并不存在绝对的相关关系。

二、领导魅力的提升与培植

魅力不是天生的,领导魅力不是与生俱来的,而是靠后天培养的。纵然一些人天生有领袖的气质和风范,也需要在后天精心地去经营。由于领导魅力是领导者与追随者之间的一种社会心理关系的反映,因此,在领导魅力培植的过程中,要考虑到领导者自身和追随者两个方面的因素。

(一)领导者自身魅力的提升

领导者自身魅力的提升,最根本的是领导者"修炼内功"的过程。领导者要注意从以下几个方面进行全方位的完善:

1. 才识水平的提高。才识可以成为一种魅力,这种由内而外散发出来的魅力让人如沐春风,如饮甘泉,产生"听君一席话,胜读十年书"的愉悦感。而且,才识在某种程度上甚至可以弥补领导者在某些方面魅力的不足。比如罗斯福、林肯、比尔

·盖茨,他们并不是那种一眼看上去就让你感到魅力荡漾的领导者,但他们的聪明才智、远见卓识和对理想的热情赋予了他们一种不同凡响的魅力。在才识对领导者的作用越来越明显的今天,领导者要通过不断的读书和学习来提高自己的才识水平,从而体现出一种内在的持久魅力。

2. 完美个性的塑造。诚然,十全十美的个性是很难达到甚至是不可能达到的。但要想成为一个充满魅力的领导者,对完美个性的塑造应该"心向往之"并尽量追求。宽容、坚强、克制忍耐、乐观、自信等个性特征对领导者来说都是极为重要的。同时,领导者要充分发挥自己个性的优势,克服弱点甚至巧妙地利用弱点来展现自己独特的领导魅力。

3. 领导能力的培养。能力是开展领导活动的必要要素,没有能力的领导者是没有魅力可言的。根据领导环境和领导任务的需要,领导者能不能表现出相应的应变能力、分析能力、适应能力、创新能力等对领导魅力的形成都有着很重要的作用。当然,领导者的这些能力会以领导绩效的方式直观、生动地呈现在民众和下属面前。因此,领导者在能力培养的过程中,在一个良好的"政绩观"或"绩效观"的引导下,也应尽量达到领导过程与领导绩效的完美结合。

4. 领导作风的养成。领导作风是领导者在长期实践活动中形成并表现出来的一贯态度和行为。它是领导者的思想、品格、观念和工作态度的外在表现,是领导者在长期的反复实践中形成的既独具个性特征,又具有丰富性、稳定性的思想、工作和生活特色。在领导活动中领导者是否实事求是、言行一致,是否以身作则、谦逊宽容,能否艰苦奋斗、开拓创新等,对领导魅力的形成都具有直接的影响。

（二）追随者对领导魅力感受的培植

领导者在魅力提升的同时，也应考虑到追随者对领导魅力形成的重要性，通过对自己领导魅力的有针对性的经营，提高追随者对领导魅力的感受。

1. 以出色的业绩吸引追随者。辉煌的业绩往往是魅力型领导者具备非凡能力的有力证据，在很多被视为魅力型领导者那里，我们都会发现他们在成为魅力领导人之前，已经有过辉煌的业绩，而失败往往会在领导者与非凡的领导魅力之间掘出一条鸿沟。当然，一旦领导者已经获得了大家公认的领导信誉，人们会对领导者失败的关注度降低，甚至会把失败解读为一定意义的成功。

2. 用奉献精神赢得追随者。所谓奉献，就是领导者在带领民众和下属为组织的生存、发展和辉煌而奋斗的过程中，不是从自己能得到什么出发，不是以追求自己的卓越个性和才干为目标，而是有为事业、为组织、为下属奉献的思想准备和切实的行为表现，这样才能赢得追随者的充分信任。而且，奉献精神不一定都表现在一些宏大的事情上，诸如亲临工作现场指挥、亲自到一线部门视察等小的举动同样可以展示出领导者的奉献精神。

3. 用积极、同感的情绪感染追随者。领导魅力作为一种领导者影响民众和下属的感召力、吸引力是通过双方的情感传递而发生的。领导者积极的情绪会对民众和下属产生积极的影响。如情绪稳定、乐观开朗的领导者会给下属一种亲近感，坚强忍耐、沉着稳定的领导者会让下属产生必要的安全感。这些积极的影响会转化为民众和下属对领导者追随的直接力量。同时，领导者也需要发自内心地表现出对民众和下属的同感心：能看到追随者的需要，能感受到追随者的困惑，能体会到追随者对自我成长的渴望,从而通过共同认同的组织目标来达到领导者与追随者发自内心深处的情感上的共鸣。当然,在此过程中,领导者应同时保持理性的头脑,要坚持基本的方向、立场和政治思想,不能一味地从情绪和感性出发来考虑问题及处理工作。

(三)领导魅力提升与培植过程中对领导魅力副作用的防范

领导魅力更多地表现为一种非权力影响力,这种影响力有可能会超越法定权力规定的范围去影响下属、民众甚至是整个组织。鉴于领导魅力作用的双向性,在领导魅力培植与提升的过程中,我们也应注意对领导魅力副作用的防范。

1. 领导者自身的防范。当领导者获得了一定的职权,且赢得了追随者充分的信任和崇拜之时,应保持一种谦虚谨慎的心态:正确地评价自己,谨慎地运用手中的权力。违背于此,再伟大的领导者也可能会犯下严重的错误。

2. 追随者的防范。当追随者面对一个具有超凡魅力并领导组织取得巨大成功的领导者时,满怀感激和崇敬是很自然的事情。但追随者应该客观地认识到:这样的领导者也可能是存在缺陷和不足的。在追随魅力型领导者时,追随者在崇敬的基础上保持适度的警觉和理性也是很有必要的。

3. 制度的防范。通过建立和执行科学的决策程序,来保证决策的科学性和民主性,同时通过有效的监督机制来保障领导者权力的正确合理使用。此外,还可以通过建立健全领导者的选举、罢免等制度来确保领导者的目标及活动方向的正确性。

第七章 领导关系与领导角色

第一节 领导关系

一、认知领导关系

领导关系是指领导者在进行领导活动的过程中,相互之间发生、发展和建立起来的一种工作和感情交往的关系,即领导主体在领导活动中与其他领导主体之间发生的工作关系和非工作关系的总和。领导关系的实质是存在于社会成员之间的权力与服从的关系,或者说是行使领导权力的特殊社会行为主体之间的相互关系。领导关系是整个社会关系的最重要组成部分,但在本质上是一种特殊的社会关系。

领导关系作为一种特殊的历史现象,有自身特点。领导关系的特点是对领导关系的历史与现实、对不同领导关系的共同特征的抽象与概括。第一,客观性。领导关系的客观性是指,领导关系作为领导活动过程中人与人相互交往的一种现实结果,其形成及运动,有着不以人们意志为转移的客观必然性。人们对领导关系的认识和调控,归根结底是对领导关系客观存在的反映。一个领导者,首先面对的是业已存在的领导关系。

而且,领导者对领导关系的改变也不是随心所欲的,受到既定领导关系构成的环境的制约。第二,社会性。领导关系的社会性是指,任何时代、任何社会的领导关系都是一种社会关系,是社会成员和社会团体中的权力主体与权力客体之间的关系。离开了社会,领导关系既不能存在,也不能发展。领导关系的社会性表现为:领导关系必然受制于一定历史条件下的经济、政治、思想文化、道德伦理,具有鲜明的社会特征和时代特点。领导关系的社会性,还表现在它与社会环境的相互作用方面。第三,动态性。由于构成领导关系的两极即权力和服从是不断变化的,因而领导关系呈现动态性。导致领导关系发生变化的因素是多方面的,最根本的是社会生产力的发展。随着生产力的进步,生产关系以及与一定社会形态相适应的领导关系也随之改变。此外,领导关系的动态变化,还与领导者素质的改变有关。总的来看,随着社会文化科技的进步、教育程度的提高、个人社会实践经验的积累和社会生活各个方面的成熟,领导关系呈现良性发展趋势。在同一种社会形态中,统治集团为了巩固自己的领导地位,调和领导集团内部、领导集团和人民群众的矛盾,会主动或被动地调整领导关系。第四,强制性。领导关系的强制性主要基于使权力客体服从的需要。不论是何种类型的领导关系,总是伴有一定的强制机制,以保证被领导者服从。当然,并不排除被领导者的自觉自愿服从,也不排除领导者采取非强制手段使被领导者就范。第五,扩张性和渗透性。领导关系的扩张性主要表现为领导者扩张其权限和权力行使领域。权力扩张常常带有侵略性,为了防止其侵略性,需要建立各种法规制度和分权制衡机制,使权力行为不要超过一定的范围,这就是权限。领导关系的渗透性,既存在于正式组织内部,也存在于正式组织与非正式组织之间。在正式组织内部,领导关系的渗透性主要表现为领导者与被领导者之间的非正式影响和"超范围"、"超权限"影响。在正式组织与非正式组织之间,领导关系的渗透性表现得更为复杂和微妙。现实生活中,正式组织的领导者常常把自己的权力和影响渗透到非正式组织中去,以扩大自己的"关系圈"和"关系网"。第六,复杂性。领导活动中的相互关系,除领导关系自身的多样性之外,领导工作的职能交叉、利益得失、人与人的个体差异、外部环境等,使领导关系呈现错综复杂的局面。社会分工不同,就会有不同领域的领导部门和不同类型的领导者。领导关系的复杂性还源于利益的得失。领导关系的主体是各种各样的具体的人,人的个体差异也会使领导关系复杂化。

领导关系是一种将一定范围内掌握权力、权威、人、财、物、信息和机会等领导资源的领导者和领导机构联系在一起的关联渠道和无形制约,是一种以领导资源为实际基础和实质后盾的特定社会体系。领导关系直接影响和制约着领导行为,直接导致某种现实领导结果和社会结果。

从某种角度上讲,领导关系也是一种能动的社会资源。正确地把握和处理领导关系并加以充分合理地运用,有助于领导职能职责的履行和领导目标成功的实现。

领导关系对领导活动的影响分为正面效应和负面效应两个方面。正面效应,就是积极、友好、和谐的领导关系。负面效应,就是消极、庸俗、内耗的领导关系。良好的领导关系对领导活动的积极作用包括:增长领导主体的领导才干,有助于建立畅通的信息沟通渠道和交换方式,激发领导活力,改善领导环境。消极、分裂的领导关系则导致领导环境恶化,阻碍领导活动的顺利开展。①

二、领导关系的类型

按照领导活动展开的不同角度,可以对领导关系的类型作不同的划分。掌握领导关系的本质内容,主要在于运用多种方法维系组织之间、领导者之间、领导者与群众之间的良好关系。其中,维系良好的上下级领导关系应是重点。

(一)处理与上级的关系

1. 关系适度。所谓关系适度,是说领导者在处理与上级关系时,既不要"过分",又不要"不及",而要使自己与上级的关系保持在一个有利于工作、事业以及二者正常关系的适度范围内,形成和谐的工作环境。②

(1)与上级领导心理交往要适度。所谓心理交往要适度,是指领导者与上级交往的积极性要适度。如果存在着"缺度"或"过度",表现得消极或过分积极,都不利于与上级建立和发展良好的关系。第一,"缺度"心灵不能相通。有的人由于自卑心理、蔑视权势心理、清高心理等,不积极主动地与上级进行心理接触,虽然与上级朝夕相处,却形同陌路,心灵不能相通。这样,就很难被上级感知和理解,与上级的良好关系也就无法建立,就会产生失落感。第二,"过度"有时会吃"闭门羹"。领导者要处理好与上级的关系,必须有积极性,但是这种积极性并不是越高越好。根据信息论的观点,信息接受者的思想行为能否发生改变,并不完全取决于信息发送者,而是取决于信息接

---

① 北大在线 http://www.edu.beida-online.com
② 周少岐等著:《处理上下级关系的方法与艺术》,中共中央党校出版社1998年版,第93~96页。

收者。下级交往的积极性能否引起上级的共鸣,能在多大程度上奏效,关键在于上级领导在多大程度上认可你的积极性交往所具有的价值只有你的积极性能够给他的领导工作带来帮助,他才会持欢迎、容纳、鼓励和反馈的态度。在这种情况下,你就可以继续保持和适当强化交往的积极性。相反,如果上级领导认为你的交往积极性是过分的,不能给予他工作上的帮助,就会持观望、徘徊和回避的态度。在这种情况下,就应抑制和削弱交往的积极性,调整角度,端正态度。第三,"缺度"要补足,"过度"要减弱,"适度"要保持。领导者与上级进行心理交往,要以此为出发点,才能使自己交往的积极性与上级领导的实际需要相一致,从而有利于实现与上级领导交往心理的平衡和同步,有利于促进二者关系的协调发展。

(2) 与上级领导角色交往要适度。所谓角色交往,是指以被领导者的角色与上级交往。这种交往的特点一般是感情成分较少,工作成分较大。

上级和下级是社会系统中担负不同社会职能的两个层次。上级居于领导地位,组织、指挥和管理下级,以率领他们实现社会目标;下级居于被领导地位,在上级的组织、指挥和管理下进行活动。二者各自所处的地位以及特点,决定了他们之间必然要进行以工作为中心的角色交往。在这种交往中,作为下级交往频率不能过低或过高。交往频率过低——有些工作该请示的不请示,该汇报的不汇报,会使上级领导感到你目无组织,目无领导。相反,交往频率过高,比如工作中的大小事,该自己拍板的不拍板,动不动就找上级领导,非得上级领导表态不可。短期内上级领导可能会认为你这是对他的尊重,但时间长了,就会觉得你缺乏工作能力,遇事没有主见,或者认为你是在上交矛盾,从而不敢对你施以大胆信任。

(3) 与上级非角色交往要适度。所谓非角色交往,是指以个人的角色身份与上级交往,即私下交往。与角色交往相反,这种交往一般是感情因素居多,工作因素较少。现实生活中,这种非角色交往,对于上级领导掌握下情、密切上下级关系、有针对性地实施领导很有必要,但也不能过度。第一,不能达到取代或排斥角色交往的程度。角色交往以工作为中心,非角色交往以感情为中心,二者相比,前者比后者更重要,应居主导地位。因此,在与上级领导交往时,无论是在质上还是在量上,都不应以非角色交往取代或排斥角色交往。凡事该公办的公办,该私办的私办,公私界限要分明。第二,不应达到不顾原则的程度。上下级之间的私人交往,与坚持交往原则是不矛盾的,是能够相互容纳和补益的,但是,这必须在一定限度之内。超过一定限度,就会走向反面,使以感情为基础的非角色交往吞没或侵害了上下级之间应遵循的交往原则,最后发展到只讲感情,不讲原则,以感情来破坏或否定原则。第三,不应达到彼此相互影响的程度。适度的非角色交往,有利于与上级领导沟通信息,增进感情,而过度的非角色交往,则往往成为双方的负担,可能影响工作,影响学习,甚至影响生活。

2. 等距交往。等距交往就是从工作出发,对上级领导班子成员一视同仁,密疏有度,保持等距。建立和发展与上级领导的良好关系,不应从个人私利出发,对有些上级领导亲密过度,而对另一些上级领导又疏远过分,同为自己的上司却有亲有疏,有热有冷,这无论是对工作、团结,还是对个人的成长进步,都是有害的。

(1) 保持等距要做到三个"一样"。如何做到等距交往,这里既有思想方面的要求,也有行为方面的要求。思想方面的要求,主要包括:要有坚强的党性原则,要有平等待人的思想作风,要有容人之短的胸怀,等等。关于这些,我们姑且不论,仅就具体行为方面,进行阐述。第一,一样支持。作为下级,要一视同仁对待上级领导,在工作上一样支持。只要上级领导所做的工作是服务于人民的,我们就应该给予支持和帮助,而不能因人而异,据感情定态度,视亲疏投放力量,看人下菜。在现实生活中,有个别人却未能做到这点。他们从个人义气或个人好恶出发,对某些上级领导的工作给以积极协助和大力支持,而对另一些上级领导的工作,则袖手旁观,不予协助,不予支持,甚至故意出难题、拆台,这就违背了等距交往的基本要求。第二,一样服从。下级服从上级,是我们党的组织原则,这里的上级是指领导班子,而不是只指某一个或几个人。有的人把上级这个群体概念与个体割裂开来,把服从上级领导变成了服从合自己意的上级领导;而对不合自己意的上级领导说的话不愿听,交办的工作不愿干,甚至公开对抗,拒绝接受。第三,一样对待。对上级领导保持等距,还表现在态度上。有的人对负主要责任的上级领导,对主管自己的上级领导,对认为于自己有用的上级领导,在态度上表现得十分热情,而对非主管上级领导,对认为于自己"无用"的上级领导,则表现得比较冷淡。如此,冷热不均,不仅会让受到冷淡的上级领导对你不满,而且还会使受到热情的正直的上级领导感到难堪。因此,对待上级切忌因人而异,冷热过度。

(2)保持等距就要按组织程序办事。领导人员是分层次的,是有分工的。处于不同层次和履行不同分工的上级,其职权是不一样的。因此,我们请示汇报工作,应按权限和程序办事,属于谁管就找谁,不要动不动就绕开具体负责同志,去找一把手。一般程序是,先找直接上级领导,再找更高一级领导;先找主管领导,再找负责全面的领导。不要动不动就绕开直接领导,去越级请示汇报工作;动不动就撇开直接领导,去找负责全面的领导。有的人凡事好越级,好找"一把手",似乎找的官越大,效果就越好,这样往往会引起直接领导和具体负责同志的不满,有时会事与愿违。

(3)保持等距就不要轻视领导班子的群体作用。我国领导体制中一个基本的原则,是坚持集体领导与个人分工负责相结合,即一些重大问题必须由领导班子集体讨论决定,而不是个人说了算,因此,要注重领导班子成员的群体作用。而有的人往往好把眼睛只盯在个别上级领导身上,而把其他领导成员排除在视野之外,这种非等距交往的做法是不明智的。特殊个体固然有特殊的作用,但他无法替代领导班子群体的作用。只注重个体而忽视了集体,无疑是"拣了芝麻,丢了西瓜",有时甚至连芝麻也拣不着。你只看重个别上级领导,其他上级领导可能鄙视你的为人而不愿给你办事,而你所看重的个别上级领导,也可能感到满足你的要求阻力较大或牺牲太多而敷衍搪塞于你,这就使你在个别领导身上的努力付诸东流。

3. 更新关系。

(1)上下级关系更新有其必然性。上下级之间的关系是一个连续的、持久的过程。这一过程的实现,离不开与外界进行各种形式的思想、信息交流,通过交流,以减少上下级之间的意见分歧和矛盾。第一,更新关系是社会环境的动态性决定的。社会环境中的各种因素,包括政治因素、科学文化因素、道德因素等等,无时无刻不在变化。这些因素的变化,必然会影响、制约上下级之间的关系。为了适应这种社会环境的动态性,必须去调整自己与上级领导之间既有关系的原则、内容或状态。如果还停留在原先的水平上,那么这种关系就会过时,就会被社会发展所淘汰。第二,更新关系是工作环境的动态性决定的。工作环境是制约与上级领导关系的重要因素。工作环境内人员的变动性、人际关系的变动性以及其他相关因素的变动性,都直接或间接地给自己与上级领导的关系以冲击和影响。在这种冲击和影响面前,要想保持与上级领导关系,就必须进行更新。通过更新,使自己与上级领导的良好关系能够随着工作环境内诸要素的变化而变化,不被环境所淘汰和替代。第三,更新关系也是双方自我变化的必然要求。从下级和上级领导本身来说,由于外在影响和内在机制的合作作用,双方也要求二者关系必须不断更新、发展。上级领导要根据工作需要的不断变化向下级提出新的希望,这些都需要我们通过更新关系去解决。不更新关系,二者关系必然出现脱节或摩擦,或由以往的和谐转化为不和谐,或由原来的不太和谐转化为僵化、对抗。①

(2)上下级关系的建设性更新。所谓建设性更新,就是在处理与上级关系的过程中,从建设性目的出发,以原有关系为起点,不断把关系由目前所处的阶段推向更高级的阶段,使其呈现为一维性的前景状态。第一,建设性更新的两个起点。一是指从自己与他人(或集体)构成下级与上级的关系时开始。这个起点可能有许多不同的情况:或刚参加工作接触新的上级,或从甲单位调到乙单位,或某上级刚调到你所在单位与你接触,等等。总之,对于新接触的上级来说,这些都可以看成是与上级关系的起点。二是从现在开始,即以原有的关系为起点,也就是把现在作为过去的终点。因为与上级领导的关系是一个长期的过程,相对于过去来说,现在是终点,相对于今后来

---

① 周少岐等著:《处理上下级关系的方法与艺术》,中共中央党校出版社1998年版,第121~124页。

说,现在又是起点。第二,实现以上下级关系构成之初为起点的建设性更新。建设性更新的两种起点不一样,就会导致二者的发展速度和阶段有时也不一样。一般说来,在与上级构成上下级关系之始,由于二者关系刚刚确立,彼此之间既无特殊好感,也无特殊恶感,除了各自都在履行法律和组织所赋予的义务,遵循组织所通行的法则以及人们在社会实践中所形成的角色规范以外,二者关系基本上是一张白纸,需要靠上下级两个角色在日后的实践中共同去填写。在这种情况下,作为下级,我们应该有意识地使自己与上级的关系由"白纸"关系阶段向务实关系阶段发展,向朋友关系阶段发展,再向知己关系阶段发展,使其呈现出一种逐级升格、拾级而上的状态。社会心理学揭示,人们的认识具有先入为主的规律。因此,实现以上下级关系构成之初为起点的建设性更新,第一印象、首因效应十分重要。如果给上级领导的第一印象是深刻而美好的,就为日后与上级领导关系的良好发展打下了基础。循此前进,就可以不断升华,直至达到知己阶段。相反,如果在这一阶段,给上级领导的第一印象不好,今后再想扭转局面,就需要付出更多的努力。当然,强调第一印象的重要性,并不是去否定以后的印象。第三,实现以现在为起点的建设性更新。以现在为起点,和以构成上下级关系之初为起点大不相同。以现在为起点,必然受过去关系的制约和影响。原有关系的基础状态有别,更新方法也就不同。一是原有关系好的,即经过一段交往接触,已是朋友或知己,这就必须加以珍惜和爱护这种关系,使之不断得以巩固和提高。在现实生活中,有这么一种人,他们与上级领导的关系在达到密切程度以前,还能够努力地追求和建立这种关系,而一旦这种关系得以确立,他们却不大注意对其加以珍惜和爱护。例如,有的人常常打着上级的旗号去办私事,狐假虎威,横行霸道,对上级领导提出越来越高的欲求等等。这些都会导致与上级关系由好变坏,是千万要不得的。二是原有关系一般,即虽然相处了很长时间,但仍是静如湖面淡如水,处于一般状态,无实质进展,这就应该尽快打开局面,把关系向纵深推进。从下级角度来说,与上级领导经常在一起而不能建立感情,大多是由于缺乏交往的主动性和热情。因此,要想改变与上级领导关系的现有局面,就要提高与上级领导交往的积极性和热情,要从激发自己的热情入手。三是原有关系恶化,即因价值观等方面的分歧,两者逐步出现感情冲突,导致关系紧张或恶化,这就必须尽快扭转。首先,要进行自我反思,从价值观到为人处世,从言到行,把自身存在的问题找出来并加以克服和纠正。其次,重新对上级领导进行必要的审视,从上级领导方面找一下原因。但就一般而言,还是应该严己宽人,多强调主体适应客体,多强调自己适应上级领导,而不是相反。如果只强调上级领导的问题,忽视了自我审视,就会产生错误认识,导致错误行为,从而影响与上级领导关系的修复和发展。如果走到这一步,更新关系的初衷就被彻底异化了。第四,建设性更新的核心是开放自我。所谓开放自我,是指下级应该敢于敞露胸怀,倾吐思想,表达感情。从心理机制上说,上级和下级都有彼此互相感知、了解以至丰富和发展感情的愿望。《为什么我怕告诉你我是谁》一书的作者约翰·鲍威尔在谈到关于坦率的重要性时说道:"任何建立在很少坦率和真诚基础上的关系就像是在沙上建房。这种关系不可能坚持并且经受住时间的考验,这种关系中的双方也不会从中得到任何值得重视的好处。"一般而言,当人们更加开放自己的时候,彼此间往往交流进程加快,关系得到加强。相反,若是恪守"逢人只说三分话,不可全抛一片心"的戒条,城府很深,经常掩饰自己的真实感情,彼此间的交流进程就会变慢,关系受到削弱。上下级领导之间也是如此。作为下级大胆地、真诚地向上级领导表露自己,往往会得到与上级领导关系加强的报偿,从而成为一种更新友谊的基础。在现实生活中,有些人之所以容易被上级领导误解,与上级领导关系难以发展,其中原因之一就是封闭自我,不能主动去接近上级领导,不能全方位地向上级领导开放自我,从而影响了上级领导对自己的了解。上级领导经常在不完全、不准确的信息基础上对自己作出判断,从而形成了种种错误印象,甚至产生晕轮效应,形成偏见。当然,开放自我,并不是说可以一放无余,不加约束。自我开放过度,失去节制,往往会造成下列不良后果:与领导的关系向畸形发展,走向庸俗、频繁和没有意义;使上级领导感到吃惊、疑虑,产生戒备和防范心理;上级领导对你的"内部"信息了解过多,有时适得其反。

(二)处理与下级的关系

1. 树立威信

(1)上级领导不能没有威信。威信是上级领导在下级和群众心目中的威望和信任,是威望和信任二者的结合。上级领导有威信才会有权威。一个领导者,由于身在其位,自然有权,有权就可以使下级服从自己的意志和指挥,但却不一定有威信;有权力又有威信方能具有真正的权威,权力也才能得到更有效的运用。一句话,权力是权威的前提,威信则是权威的内在灵魂。

上级领导有威信,才会有号召力,才会有凝聚力,下属才会充满信心,同心协力地工作。而上级领导没有威信,就容易出现各行其是、号令不行、指挥不灵、松松垮垮的局面。

上级领导的威信是靠自身的表现形成的,它不是他人赐予的,不是职务带来的,也不是靠人吹捧出来的。它虽然存在于下级和群众的心目中,却产生于上级领导自身的行动之中。正如周恩来同志所说,领导威信不是从自吹自擂中,而是从埋头苦干中培养出来的。简言之,是靠领导自身的思想品德、工作能力、工作作风、为人处世诸方面的良好表现为下级和群众所认识、所接受以后逐步形成的。

(2)在实践中建树和提高威信。第一,严于律己,以德感人。《诗经·小雅·车辖》中说:"高山仰止,景行行止。"意思是说品德像高山一样崇高的人,就会有人敬仰,行为光明正大的人,就会有人效法。实践证明,能否得到大家的拥戴,人们首先衡量其德行,这是建树威信的核心。我们所讲的德,包括政治觉悟、道德品质、思想作风等方面。首先是政治思想品质即政治素质:坚持四项基本原则,忠于党和人民的事业,是最基本的德。其次是思想工作作风,如严于律己,以身作则,坚持原则;秉公办事,作风扎实,深入实际,密切联系群众;认识问题、处理问题坚持一切从实际情况出发,勇于开展批评和自我批评;顾全大局,维护团结;刚正不阿,赏罚严明;表里如一,言行一致等。最后是道德品质修养。工作实践及社会生活中一定要做到不贪财,不贪权,不贪色。贪财、贪权、贪色是领导建树威信之大忌,一旦东窗事发,迅即威信扫地。第二,锐意进取,以才服人。如果说德是决定上级领导威信方向的话,那么才可以影响威信的大小,也就是说德才是构成威信的质和量的两个要素。领导的才,一般包括理论政策水平、文化专业知识、组织领导才干等,集中地反映在上级领导观察问题、分析问题、解决问题的能力上,如预测能力、决策能力、组织能力、协调能力、应变能力、创新能力、交际能力、写作能力、演讲能力等。知识的力量是无穷的,只有技高一筹,方能服人,以其昏昏,何以使人昭昭?有的领导虽忠厚老实,勤恳廉洁,但往往因工作打不开局面,该办的事办不成,使得上司有意见,下属不信服。第三,亲近下属,以情感人。我国古代思想家孔子说:"君使臣以礼,臣事君以忠。"①孟子也说:"君之视臣如手足,则臣视君如腹心。君之视臣如土芥,则臣视君如寇仇。"②而现代人的一个显著特点,就是人人都希望得到别人(尤其是领导)的理解、尊重和信任,哪怕是一次主动的招手,一句亲切的寒暄,都能增加心理相容度。实践证明,凡是谦虚谨慎、联系群众、作风民主、待人热情、宽厚和蔼可亲的领导,其群众威信一般都比较高。相反,有的上级领导工作能力很强,但决策中独断,执行中专行,方法上强迫命令,不关心群众疾苦,不注意与群众交流感情,处处逞威风等等,日久天长势必脱离群众,走向自我孤立。第四,正视权力,以权导人。作为上级领导,除加强修养和能力锻炼之外,还必须掌好权,用好权,以权导人。一是要审时度势,科学而有效地行使职权,不能失时失事,渎职失权;二是掌握分寸,正当用权,不能滥用权力;三是要善于授权,给下级必要的权力和充分的信任,这样,一方面可以摆脱事务主义,另一方面也可以充分地调动下级的积极性、主动性;四是不能玩弄权术,不能揽权越权或以权谋私。

2. 公平对下

(1) 公平是群众心中的一杆秤。③ 公平,顾名思义,含有公正、合理的意思。我们强调在处理与下级关系的过程中应该公平,是说要获得下级的拥护和爱戴,要与下级建立和发展良好的关系,就必须凡事对下级一视同仁,力求做到公正合理,切忌

---

① 《论语·八佾》。
② 《孟子·离娄下》。
③ 周少岐等著:《处理上下级关系的方法与艺术》,中共中央党校出版社1998年版,第137~141页。

厚此薄彼。

美国管理心理学家亚当斯认为,分配结果能否对职工产生激励作用,不仅决定于职工个人所得结果的质和量,而且决定于个人和他人所得结果之比是否相等。如果感到二者相等,就会产生一种公平感,从而激励自己努力工作,以更多的投入来换取更多的所得,即使不增加投入,也仍然能够一如既往。相反,如果感到二者不相等,就会产生一种不公平感,并想方设法来消除它。通常采取的主要方法有四种:一是减少投入,如消极怠工,制造人际摩擦,甚至放弃工作等,以此来实现和维持心理平衡;二是改变比较形象,表现为通过自我安慰来获得公平感;三是改变对自己的看法,即在心理上用认识机制来降低不公平感;四是上述三种方法仍然不能消除心理上的不公平感,下级就可能设法离开受到不公平对待的单位,导致与上级之间感情崩溃,关系出现危机。

亚当斯的公平理论揭示了一个道理,人们都追求公平,总是把公平作为一杆秤来掂量上级领导的人格、水平以及对自己的感情。作为上级领导,只有凡事做到公平,才能得到下级对自己的爱戴和拥护,尤其是在晋级、评职、加薪、分房、选优等方面,更要特别注意秉公办事,因为这些都关系到每个人的切身利益。失掉公平,极易导致下级对自己失去信任,甚至发展为尖锐冲突。

从不同角度去审视,公平既是一个客观意义上的概念,又是一个主观意义上的概念;既是一个理性意义上的概念,又是一个感情意义上的概念。我们强调,上级对下级要公平,就是要坚持这种客观公平和主观公平的统一、合理公平和合情公平的统一。

(2)坚持客观公平与主观公平的统一,要做到两点:一方面必须在客观上切实做到公平合理,不偏不袒,不厚不薄;另一方面又要让下级在主观上真正感受并承认这种公平合理。

第一,客观公平与主观公平的关系。首先,客观公平是主观公平的基础。客观公平存在于领导活动的实践中,主观公平存在于下级的主观认识中。客观公平是主观公平的基础,没有客观公平这个基础,主观公平只能是一种虚假公平。某些上级领导在下级成员中搞亲亲疏疏、拉拉扯扯,在调工资、定职称、评先进以及其他一些具体事务中,自觉不自觉地在背地里搞点小名堂,偏向一些人,排挤一些人,而在公开场合,又千方百计地给下级以公平的假象。这种虚假公平,是缺乏客观性的,实际是一种欺骗。其次,主观公平是客观公平实现的条件。主观公平,就是指得到下级承认并接受的公平。没有主观公平为实现条件的客观公平,只能是一种苍白无力的公平。改革开放以来,人们都注意到一种"怪现象",这就是,"端起饭碗吃肉,放下筷子骂娘",比如调工资,有的人未提级加薪,感到不公平,对上级领导有意见;而有的人提了级加了薪,也对上级领导有意见。这种情况的存在,可能就是由于上级领导没有能够在客观上做到公平。也有一种情况,就是上级领导已经做到了客观公平,下级却未能感觉到这种公平,不承认这种公平,也会产生意见。可见,作为上级领导,一方面必须坚持做到客观上的公平,另一面又必须使自己客观上的公平被下级所认识和接受,从而转化为下级的主观公平,实现客观公平与主观公平的统一。

第二,客观公平与主观公平相统一的满足条件。首先,自身正,让人比。自身正,是指上级领导处理有关报酬、福利、奖励、评先、提拔、进修等各种问题时秉公办事,尽量做到公平合理,经得起下级的检验和品评。让人比,就是允许下级之间相互攀比。不让下级之间进行攀比是不可能的,与其反对攀比,还不如引导下级攀比,通过攀比来确认自己的公平。著名行为科学家徐赦教授说:"攀比是进行比较的一种心理过程,是正常的心理过程,其结果是产生一种相对满足感。"攀比本身并不是坏事,只要标准正确,攀比往往能起到制约不公平因素、促使上下级关系向正确的方向发展的作用。其次,树标准,施帮教。上级领导除应允许下级进行攀比外,还要帮助下级确立正确的攀比标准,对下级进行思想教育,帮助下级协调评价体系,改善评价标准,使下级主观评价标准和客观公平标准统一起来。

第三,坚持合理公平与合情公平的统一,就是既有原则性,又有灵活性。一方面,对那些大量的常规性问题,要从合理的角度进行处理,力求做到合理公平;另一方面,对那些特殊的非常规性问题,又要从合情的角度进行处理,力求做到合情公平。

合理公平是就其法学意义而言的,合情公平是就其伦理学意义而言的。英国学者拉裴尔指出,公正是一个复杂的概念,它是法学概念,也是伦理学概念。合理公平和合情公平的区别在于:前者是从理出发,强调要合理;后者是从情出发,强调要合情。当然,合情不能背理,它是从情的方面来说明理。由于这种公平的分野仅仅是相对的,所以日常生活中人们往往把合理和合情连用,叫合情合理。这两种公平的关系是:首先,合理公平规定和制约着合情公平,比如,按劳分配是我国社会主义初级阶段的分配制度,这一制度是迄今为止最合理、最公平的制度,反映了公平的本质要求,它对消费资料分配的合情公平起着规定和制约的作用。上级领导只有大处基本做到合理公平,才有可能小处做到合情公平。一个在大处不能做到合理公平的人,在小处根本不可能做到合情公平。其次,合情公平是合理公平的一种补充形式,影响着合理公平。合理公平是普遍的、基本的,然而,它又不是唯一的、排他的,需要以合情公平为补充。再以按劳分配为例，根据这一原则，劳动是分配的唯一尺度，然而，对于那些老、弱、病、残者的分配，是合理公平所不能包含的，需要用合情公平来加以解决。

3. 取信于下级。在上下级关系中，上级领导取信于下级，不仅是个原则问题，而且也是个方法与艺术问题。取信是树立威信，确保领导实践成功高效的需要。①

（1）以实取信。上级领导取信于下级，实质上就是以实取信。实则信，虚则疑。以实取信就是实事求是，一切从实际出发，说实话，办实事，动真格；不要搞假大空，不要嘴皮子，不摆花架子，不敷衍下级、应付下级。以实取信，要做到以下三点：一是不轻易许诺、许愿。下级出于各种目的和困难，向上级领导提出各种要求，领导要认真分析，并广泛征求领导班子成员和其他下级的意见，还要看目前的条件是否可能解决，再作出答复。能办到的，就告诉下级可以办；暂时有困难的，就告诉下级以后创造条件办；确实办不到的，也要向下级讲清楚，让下级知道为什么办不到，得到他们的谅解。只有言必信，行必果，才能取信于下级。目前，一些地方党政机关根据条件和可能性，年初向群众宣布办若干件大事、实事、好事，年底又向群众公布落实的情况，请求广大群众监督检查，就是取信于民的好办法。二是秉公办事，不搞小恩小惠和小动作。现实中，得到上级领导小恩小惠的下级可能一时高兴，但你却失信于多数下级；况且，被你拉拢的下级也不乏正直之士，一旦他们看穿你的作风不正派，也会对你保持警惕；即使私心重的人一时对你抱有好感，但他们以后还会得寸进尺，一旦更多私欲达不到，他们也会

---

① 周少岐等著：《处理上下级关系的方法与艺术》，中共中央党校出版社 1998 年版，第 181～186 页。

迁怒于你。所以，搞权术和小恩小惠的领导，迟早会两边不落好，失去下级对你的信任。三是排除私心杂念，不搞名堂。大凡失信于下级者，言与行脱节的上级领导，除认识上的偏差失误和客观情境变化的原因外，其本人也存有私心杂念，怀有不可告人的目的，诸如想出风头炫耀自己，夸张政绩取悦上司，企盼尽快被提拔，想拉山头搞小圈子，培植个人势力，等等。这种做法不但脱离了多数下级，也坑害了小圈子里的所有人，当然也包括领导自己。靠炫耀和搞小圈子建立的信任只能是暂时的、虚伪的、不牢固的。

（2）在感情上亲近。上级领导要取信于下级，就要对下级有一种热情。热情的关键在于感情。如果上级领导自恃清高，高人一等，认为只有自己了不起，下级只有服从自己的份儿，这种冷漠的感情，不正常的感情，既不利于亲近下级，也不利于信任下级，当然也就难以使下级对你产生亲近感和信任感。感情投资是亲近下级必不可少的，它强调的是上级领导对下级的关心、尊重和理解，是提倡互相关心、互相爱护、互相帮助。

（3）在工作中依靠。上级领导要取信于下级，当然必须信任下级，依靠下级。如果连下级都信不过，势必也难以让下级信任自己。怎样使下级真正认识到和体会到你是信任他们的呢？关键在于语言和行动。一是语言上表达信任。无论个别谈话，或是在大庭广众之下，要在语言上表达出领导始终是相信下级、依赖下级、尊重下级权利的。不但在顺境中取得成绩的时候是这样，在逆境中和遇到困难的情况下，也要表现得充分信任下级，相信下级是会冲出困境、迎来光明的，以坚定下级战胜困难的信心，鼓舞其斗志，增强其勇气。尤其应注意的是，上级领导对下级的评价不要口是心非、言不由衷，而一定要讲在当面，不能背后议论。二是工作中体现信任，集中表现为善于虚心听取采纳各方面意见。让下级充分地讲话,把话讲透、讲完,尤其对不符合自己心意的话,对刺耳尖锐的话以及少数人的话,更要耐心听,认真分析,客观公正地予以评价。这样,才能使下级感到你确实值得他们信赖。三是使用上给予信任。一方面不求全责备。由于素质、经历、性格等方面的差异,每个人的思想品格、学识、能力也各有长短。上级领导不能孤立片面地看待下级,而应让他们各尽其才。另一方面疑人不用,用人不疑。上级领导既用人,则不疑,应给予充分的信任,以激发他们的工作热情和献身精神。否则,既任用他们,又不信任他们,处处提防,久而久之领导者就会失去凝聚力和向心力。

(4)在生活上体贴。要关心下属的疾苦和困难,帮他们排忧解难。比如,有的人子女就业问题解决不了,去帮助一下;有人生了病,去关照一下,等等。上级领导应及时了解下级生活中的困难和思想上的情绪,把握下级思想脉搏,既要力所能及地帮助下级解决具体问题,又要及时进行思想政治工作。

(5)非原则问题上宽容。在处理与下级关系时,对于原则问题,应该一丝不苟,严肃对待,从严要求;而对于一些非原则问题、细枝末节问题,则要持宽容态度,不予计较,这也是一种对下级的信任。"人无完人,金无足赤。"上级领导不能用自己的模式去要求下级,不能让下级都套在某种模式里,这是不可能的。只要政治上坚持四项基本原则,遵循党和国家的基本要求,工作积极努力,这就有了大方向和原则上的一致性。至于其他方面,诸如性格、爱好、习惯等差异,则不必过多强求和干预。

第二节 领 导 角 色

一、角色与领导角色

(一)角色的社会学意义

角色一词按其原意就是指演员在戏剧舞台上依据剧本所扮演的某一特定人物。美国社会学家米德首先将这一名词运用到社会学中,认为社会也是一个大舞台,社会中的每一个人也在扮演着各种各样的角色。演员的一言一行必须依据剧本的角色规定去扮演,而一定的社会角色的行为也必须符合社会各种人的行为准则和道德规范。其后,角色一词日益成为社会科学和行为科学的一个重要概念。

在社会学意义上,角色包括两个层面的含义:一是指与个人的某种社会身份有关的、规定了的行为模式;二是指在一个相对较大的社会体系内的附属体系、附属组织或附属结构所具有的功能。由此,可以总结出角色的两个基本特征:一方面它代表了一套与之相关的特定行为模式,另一方面这套行为模式具有特定的功能规定性。

(二)对领导角色概念的研究

领导角色是一个广泛的概念,从不同的学科角度分析,领导者往往扮演着多种角色,形成角色集。[1]

从政治学的角度研究领导角色。从政治的本质和领导的

---

[1] 朱立言、雷强:《公共行政领导角色》,《天津行政学院学报》2002年第1期,第9~10页。

基本职能来看,领导者是利益的分配者,是"分蛋糕的人";领导的权力从政治本质而言,即主管利益和各种资源;各层级领导处于利益分配的各个环节,按其职权范围给下属分配利益;下属对领导的服从实质上是对利益的追求,这种利益包括生活资料、发展资料及物质利益,也包括出于追随领导者而获得的心理满足;领导者必须协调利益分配中的不公平,调解利益纷争。

从社会学的角度研究领导角色。从韦伯科层制的角度来看,领导者是控制者和施令者,制定对下属的各项要求和希望,不断鼓励下属向要求前进。从社会角色理论来看,领导是导演,按政策和实际需要进行"三定",即定职能、定机构、定人员,构思组织发展脚本,并且物色所需演员,使其不断适合表演要求。从社会互动理论来看,领导是信息中转站的信息员,领导掌握更高层次的信息资源,以领导为中心形成信息的广大的传播网络。

从心理学的角度研究领导角色。从斯金纳的强化理论来看,领导者是"双面人",在进行正强化时,能让下属感激不尽;在进行负强化时,能让下属痛哭流涕。从罗杰斯的人文主义角度来看,领导是心理医生,需要尽可能多地了解下属的心理动态,并且对下属的心态进行治疗和调节。

《领袖论》的作者伯恩斯认为,领导角色必须从"外部"和"内部"两个方面来探讨:一方面,社会形势呼唤这种角色的出现,即"外人"需要他的影响,需要他在社会和政治领域推动或阻碍他们的行为;另一方面,他来自一个人对自己在社会关系中地位的认识和理解,一个人所处的地位已不容他不去思考和扮演自己的角色。领导角色由内外两个子系统组成。外在系统,包括领导者所处的时代背景和社会特征,领导者所在的组织环境,领导者和追随者之间的关系,尤其是领导权力的渊源。

这些因素构成领导者外在决定条件,它们支持并且制约领导者的行为,决定领导者的先赋角色,也决定着领导的规定性角色。领导者应该协调好这些角色要素,否则,其角色存在的基础会受到损害,甚至导致角色失败。领导角色的内在系统包括领导者的养成教育、人格特质和自我期望,这些往往是领导者角色扮演的内在质的规定,也构成角色行为的内在动力,促使领导者去努力追求自致角色,更好地扮演自觉角色。许多研究表明,在扮演那些没有严格确定的开放性角色时,领导者的"内在自我"起着决定性的作用。①

综合分析领导角色这一名词,可以看出,领导角色实际上包括两个方面:一是泛指作为领导行为主体的领导者在进行领导行为选择的过程中需要承担的多种角色的总称,它不但包括领导者角色,还包括领导者在一定条件下扮演的传播者角色、问题处理者角色以及服务性角色等;二是特指领导者在领导活动中担当的具有权力和权威的领导性角色。这里,我们选用的是领导角色的广义概念,代表领导者在领导活动中所扮演的角色集。

(三)社会角色的分类及领导角色的归属

1. 从产生原因分,社会角色可以分为先赋角色和自致角色。所谓先赋角色,是指建立在血缘、遗传等先天的或生理的基础上的社会角色,比如,父亲角色、子女的角色等。所谓自致角色就是通过个人的活动与努力取得的社会角色,也称为自获角色或成就角色,比如,教授、法官、律师等。领导角色一般都是自致角色。原始社会的首领,就是凭借威望与能力取得议事

---

① [美]詹姆斯·麦格雷戈·伯恩斯著:《领袖论》,中国社会科学出版社1996年版,第117页。

会公认的社会角色；即使是在奴隶社会和封建社会,国王、皇帝的地位和下属大臣的地位,也不是随意得来的,一般也是凭借武功和才能取得的。当然,奴隶社会、封建社会的世袭制度,也使领导角色有了先赋的特征,但这毕竟是少数人。从整个人类历史看,领导角色大都具有自致角色的特征。自从资本主义社会实行选举制以来,领导角色都具有自致角色特点。领导角色从先赋到自致,标志着社会的进步。但是,现在仍然有些人热衷于先赋角色,试图靠老子的关系而获取某个领导角色,这应该说是一种封建残余的表现。①

2. 从心理状态分,社会角色可以分为自觉角色和不自觉角色。所谓自觉角色,是指人们处于某种角色地位时,明确意识到自己承担了角色规定的一定的权利、义务、责任以及组织的角色期望,并努力通过角色行为感染影响组织人员实现角色期待。所谓不自觉角色,是指人们承担一定角色时,对角色规定的行为模式及其功能缺乏认识,表现出角色模糊。领导角色具有自觉的特征。比如说"新官上任三把火",实际上就是一个新领导者认识到了领导角色地位后的一种作为,是一种自觉的行为。当然,这并不是说所有担任了领导角色的人就都一定具有自觉角色意识,有些人好像就缺乏这种意识。比如,如果当领导时间长了就容易忽视自己的特殊角色,有些领导就开始为所欲为,想怎么干就怎么干,忽视了角色对领导的要求。因此,实行领导任期制就有利于克服领导者的角色模糊意识。

3. 从社会角色规范程度上分,社会角色有规定性角色与开放性角色。所谓规定性角色是指社会角色具有严格的行为规范,对此种角色的权利与义务,都有明确的规定,比如,教师

---

① 北大在线 http://www.edu.beida-online.com

职业道德规范,公务员行为规范等。所谓开放性角色,是指那些没有严格明确规定的社会角色,比如,亲戚、朋友、同学、顾客等。领导角色则是具有严格职能行为规范和个人行为标准的规范性角色。从这一点出发,就要求领导者的所作所为,必须要符合领导行为的规范。

4. 从追求目标上分,社会角色有功利性角色和表现性角色。所谓功利性角色是指以追求效益和利益为目的的社会角色,比如,商人就是以营利为目的的社会角色。所谓表现性角色是指不以获得经济上的效益或报酬为目的,而是以表现社会制度与秩序,表现社会行为规范、思想道德、价值观念为目的的社会角色,比如,法官、学者、艺术家等。领导角色有突出的表现性角色特征,他们不以获取利益为主要目的,特别是社会主义国家的领导者,其角色是人民的公仆,应该全心全意为人民服务。即使是企业领导者,在社会主义社会里,也不是以片面追求自己的经济利益为目的,他们追求的利益,也只能以社会效益为标准。领导角色的表现特征,就要求领导者要奉公守法,廉洁从政。目前社会上的那些贪赃枉法行为、权钱交易行为,根源于领导角色的错位意识,其结果必然导致角色失败。

(四) 领导角色的特征

领导角色往往不是单一的、孤立的,而是多种角色在一个人身上的集合,称为角色集。在领导活动中扮演好各种不同的角色,是领导者处理好各种复杂关系的前提和基础。领导角色的特征主要表现为以下几个方面:

1. 导向性。领导角色的主要特征是率领和引导下属朝着一定目标前进,即发挥导向性作用。在领导活动中,这种导向性作用具体体现为领导活动目标的科学制定、领导方法的把握、领导决策的追踪修正、领导过程中的变化调整等。

2. 服务性。领导角色的服务性特征,不仅要求领导者全心全意为本群体成员服务,而且要求领导者通过为下属完成任务、创造有利条件来实施领导。在美国的企业界有一种"经理助手说",认为经理如果把帮助下属工作视为重要职责去考虑,他就是一个有效的经理。下级要完成上级的任务,往往必须有上级给予的支持和帮助。

3. 感染性。领导者的领导效力,不仅取决于权力的运用、才智的发挥,而且领导者的一些习惯、嗜好也会在群众中产生很大影响,因此,英国萨里大学的教授约翰·艾德欧认为,领导就是榜样。领导角色的感染特征,一方面要求领导者必须敏于行,慎于行,善于行,另一方面要求领导者时时努力提高自己的素质,借以形成自己的人格凝聚力、渗透力、组合力和向心力。

4. 非我性。领导者要想胜任领导角色,必须首先完成自我的超越。任何一个领导者,并非是天生的领导者,他们走向领导岗位,只能说是一种社会角色的变化。领导角色要求他在才能、气质、作风等方面,都必须超过以往的"自我",不断进行自我完善和提高,对领导过程中的各种情况作出科学的反应。领导活动既体现领导者个人的意志,又不以领导者的个人意志为转移;既允许领导者个性的存在,又不容许危害群体的个性存在,否则将被群体淘汰。

5. 多重性。领导角色本身是一个"角色丛":当他与下属成员发生联系时,他的角色是"领导";当他与其他社会成员发生联系时,他的角色是"公民";当他与上级发生联系时,他又成为"被领导者"。即便在与本单位群体组织成员发生联系的过程中,他也是一个"角色丛",同时充当多种角色,每种角色对领导者都有着为社会心理所接受的独特的规范要求。①

二、领导角色知觉与角色性格

(一)领导角色知觉

领导者是进行领导活动和建立领导关系的特殊行为主体,领导者扮演的角色是一种特殊的社会公众角色。领导者不是天生的,领导者要想成功地扮演领导角色集,首先要"入戏",即要有明确的角色知觉。所谓领导角色知觉,就是在取得领导地位以后,领导者对领导角色在权利、义务、职责和社会期望等方面的自我意识和自我认识。

角色行为的效果,在很大程度是受角色承担者对角色内涵意义的自我意识和理解决定的,也就是说,角色知觉在一定程度上影响甚至决定了领导者的角色行为选择。不同的角色行为选择引起不同的行为后果,也必然形成不同形态的领导关系。因此,领导角色知觉的建立是维系和优化领导关系的前提和基础;同时,友好和谐、积极进取的领导关系也有利于领导角色知觉的发展和提升。

(二)领导角色性格

领导关系是领导者在特定情境下扮演不同角色的过程中发展和建立起来的一种工作和感情交往的关系。在领导行为理论中,把领导行为分为工作绩效和团体维系两个维度。由于领导关系的确立和发展是在领导角色的领导行为选择中实现的,因此可以把领导关系相应分为工作绩效和团体维系两个层面。

领导角色是领导行为选择的主体,根据不同层面领导关系

---

① 北大在线 http://www.edu.beida-online.com

侧重点的不同,领导角色的角色性格也需要有所区别。比照对领导关系层面的划分,可以把领导角色性格分为工具性的和伦理性的。工具性角色性格指领导者作为领导活动的主体,为了完成组织工作、实现领导目标而需要具备的潜在状态和行为选择;伦理性角色性格指领导者作为与人交往的个体,为了融洽气氛、增强团体凝聚力而需要具备的潜在状态和行为选择。

领导角色的不同性格与领导关系不同层面的关系如下:

工作绩效的层面,是完成团体目标的职能。领导关系的这个层面需要领导者在实施领导行为的过程中,根据工作性质和工作目标制订周密的工作计划和明确的职责规范,建立和完善严格规范的领导关系。这种领导关系又称为刚性领导关系,可以为随后的领导活动提供技术层面上的支持,它主要体现领导角色的工具性角色性格。

团体维系的层面,要求通过对下属的关怀体恤和激励支持缓和工作中的对抗,增强成员之间的交流沟通,建立和发展友好和睦的情感性领导关系,又称为柔性领导关系。在一定条件下,这种柔性领导关系还可以进一步发展成为独立的组织文化。柔性领导关系主要为随后的领导发展提供人文意义和文化意义方面的支持,它主要体现领导角色的伦理性角色性格。

领导角色的工具性性格体现了领导角色对组织发展的工具性价值,这种价值使组织得以维持;领导角色的伦理性性格则侧重于领导角色对组织发展的伦理性价值,它确保社会组织的持续发展和良性运转。在建立和优化领导关系的角色实践中,工具性性格和伦理性性格是紧密结合的。

三、知识经济条件下领导者的角色定位

以近代社会为背景,或者说是以工业文明为背景,领导者

主要是利益尤其经济利益的分割者,领导者和下属的关系以命令—服从为主。知识经济的兴起大大扩张了人类的能力,科层制组织走向扁平的网络结构,由正规化向非正规化转变,组织的物理空间将与建立在网络基础上的虚拟空间共同存在,领导者与下属的距离逐渐缩小。权力的渊源以知识为主,权力正在由领导者向下转移,授权和分权已成为时代潮流。随着教育的发展,下属受教育程度普遍提高,其参与意识和参与能力更加强烈,直接参与民主将取代间接参与民主。这个时期领导者的角色多是自致角色,这些角色多是开放性角色,领导者也有更多表达自我的机会。这些都已引起一场"领导的革命"。无论是公共行政领导者还是工商行政领导者都必须关注下属,其行为必须符合社会公众的需求。工商行政领导者要承担一定的社会责任,公共行政领导者更应该承担社会责任,实现公共领导的公开、公平和公正。

知识取代资本成为领导权力的渊源,领导者是知识的拥有者,领导者应该在知识和信息的生产、分配和使用过程中起主导作用。最新研究表明,领导者应扮演以下三类角色[1]:

(一)知识、经验和智慧的传播者,这种新角色被称为"教师"、"师傅"、"教练"和"导师"

在传统社会,领导者就已经扮演这类角色。伯恩斯认为,教师和领袖在实质上有着相同的意义,"从根本的意义上,教师和领袖已经变得密不可分"。在当代,领导者作为"教师"的作用非同以往。知识经济不仅引起生产方式和生活方式的变革,也引起教育方式的变革,在传统的"在校教育"的基础上,将更

---

[1] 朱立言、雷强:《领导角色论》,《成人高教学刊》2002年第1期,第5~6页。

加强调"在职教育",大学公司化,组织大学化,学习的意义更加广泛。有的研究者认为,"数字时代"的领导者不再是去下达命令,而是要负起学习的职责,建立起有利于学习的组织氛围,保持组织的竞争优势。

领导者扮演"教师"这个角色时,视下属如学生,帮助下属认识学习的重要性,建立正当的学习动机,确定学习的目标;并且,领导者要尽量鼓励下属,培养竞争和合作的学风。在教学的过程中,领导者把知识和智慧传授给下属,并督促他们敢于应用这些新知识,然后总结实践的经验与教训。通过教育和实践,领导者将提高下属的能力。

把领导者比做"教练",是由于"赛场"和"职场"之间有很多共同之处。领导者和教练一样,必须通过他人获得成功。作为教练或者领导,都应该有全局观念,都要通盘考虑和合理调配组织的全部资源。要达到这个目的,他们要熟悉下属并根据其特征而使用,扬长避短。作为教练,领导者需要指出并帮助队员改正缺点和不足之处,乐于给队员以工作和进步的机会。尤为关键的是,他们都注意培养团队精神。当然,把领导比做"教练"还有强调实践和训练重要性的一面。

领导者是下属的"导师",甚至应该是公众的"导师"。领导者作为"导师"更应该侧重在价值观念、心理状态以及精神信仰等方面引导下属,这要求他们必须具有正确的价值观念,如坚持正义和公平,在精神上、思想上引导社会公众和追随者。

领导者作为"师傅"则更强调领导者的单个传授、言传身教和耳提面命。这要求领导者精通业务,能够在下属需要时进行示范,纠正下属所犯的错误;要求领导者熟悉下属的优缺点,能够容忍下属的缺点,并在恰当的时候给予帮助。

(二)组织的设计者和控制者,这类角色常被称为"设计师"、"社会建筑师"和"组织缔造者"

在今天,国家和社会逐渐融合的趋势要求领导者不仅要关注国家和政府的需要,而且要关注社会的需要,这样才符合"公共性"的需要。领导者在改革过程中既要符合国家和政府大局的需要,又要结合本部门的实际情况,进行组织的设计和创新,做到"为人民服务"。

作为"社会建筑师",领导者在领导活动中,要考虑到公民和社会的道德风貌、精神文明等因素,公共组织设计要符合社会公众和追随者的需要。在组织缔造之时,领导者要预想其规模、结构、战略、技能、人员、作风,尤其要设计与追随者相同的愿景。同时,要关注组织的工作流程和制度建设,注意信息交换和共享,强调公开和民主。当代社会,知识以惊人的速度发展,组织也必须跟上这个速度并持续变革。

作为"设计师",领导者应该熟练设计组织,善于解散组织和重构组织。彼得·圣吉认为,学习型组织能够达到上述目的,组织设计师不仅要设计出组织的政策、策略和系统,"重要的设计工作包括整合愿景、价值观、理念、系统思考以及心智模式这些项目,更广泛地,就是要整合所有的学习修炼"。面对变革所带来的混乱,作为设计者不能抱着应急的想法,头痛医头,脚痛医脚,而是要从长远的角度来考虑组织的各个方面。组织设计师不是设计一台机器,也不是再造组织金字塔,更不能把追随者和下属看成"经济人",而是从多个角度去设计组织:不仅要设计组织的表层,如结构、战略和奖励系统,而且要考虑组织的深层,包括文化、价值观和精神。正如彼得·杜拉克所说的:"组织并不局限于法约尔结构中的机器功能,它超越由市场成效决定的经济性能。组织最主要的是社会性的、人文的功能。"作为设计师,领导者可以从团队组织、虚拟组织、无边界组织、女性化组织等新形式中获得启发,进行创新,设计出更有弹性更加灵活的组织。

(三)传播领导技能,做未来潜在领导者的培养者,这类角色被称为"领导铸造者"、"栽培者"和"超级领导者"

在历史上,有"事必躬亲"型领导者,也有"垂拱而治"型领导者。前者事无巨细必躬行,以至日理万机,这往往影响下属的积极性和创造性,绩效并不见得好;后者"劳于求人而逸于治事",无为而治,下属会努力把工作做好。安德鲁·卡内基颇精此道,他的墓志铭对他作了如此总结:"长眠于此的逝者曾将更优秀的员工吸引到其服务之中,而不仅仅是其个人本身。"

培养下属使之得到晋升和发展的人可以称为"领导铸造者",对于组织来说,这是一个重要的职衔。他应该创造更好的环境让追随者成长,使其成为新的领导者。要达到这个目的,领导学学者班尼斯认为要让下属接触各种领导模式,从好的和坏的领导者的对比中学习,从那些做事极端的领导者身上学习,熟悉领导技巧。在适当的时候,分派给下属以挑战性的任务,以适度的压力促进他们成熟。通过这种过程,领导者可为组织铸造大批领导者,以便减轻领导者的负担,使领导者从日常繁琐的杂事中解脱出来,集中精力和时间思考重要的问题,这样,领导者就分身有术了。有了一支强有力的领导队伍分布在组织的各个层面,领导者就能"任凭风浪起,稳坐钓鱼船",从容面对纷乱的变革,进而追求卓越。

把领导者比做"栽培者",是由于两者在许多方面都很相似。栽培者播下种子,精心养护,会有更多收获。领导者把那些潜在的领导者视为"种子",加以栽培,使其能顺利成长为未来的合格的领导者。对于未来领导者的发展问题,有两种观点:一种是达尔文式的选择观点,让潜在的领导者"物竞天择,适者生存",这容易造成过度竞争的局面,扼杀人才,造成领导人才的断层,不利于组织的长远发展;另一类观点是农业式的培养观点,认为领导能力是可以学习的,领导者先确定那些"能从经历中学习的人",然后教会他们所必须学的,给他们以挑战性的任务并帮助他们成功。培养"种子领导者",可以保证领导者代际之间的稳定性。当领导者缺任时,"薪尽火传","种子领导者"已经能承担重任,这对于维护组织的长远竞争优势是很关键的。

在组织中,不可能所有成员都能走上领导岗位,成为领导队伍中的一员。对于一般的追随者,领导者也应注意培养其领导能力,让下属自己领导自己,自我激励,自我监督,自我评估,自我设计职业生涯和事业发展道路,促使追随者由依赖外部领导向独立转变,这就是"自我领导"。在这个意义上,领导者就成了"超级领导者"。超级领导者并非要取消领导者,而是充分发挥追随者的积极性和创造性,让他们分担领导者的部分职责,而领导者则从日常琐事中解脱出来,做更有意义的事情。这样更能扩大领导者的业绩,强化领导者存在的合法性。

领导者也要成为"领导铸造者",因为组织和社会事务千头万绪,不能依靠领导者一人日理万机,而需要更多的下级领导者来分担工作。作为"超级领导者",公共行政领导者如果能让下属自我领导,不仅能够调动他们的积极性、主动性和创造性,而且可以减轻自己的负担。领导者如果能使社会的自治能力增强,公众的自我领导的能力增强,如社区和中介组织的发展,不但可以把社会事务管理得更好,而且可以精简机构,促使管理社会化。领导者作为"栽培者",培养下一代领导者,也是管理的需要,因为许多事业需要一代又一代人的不懈努力。

由于信息技术高速发展,网络将会在社会中发挥重要作用,网络组织将成为一种重要的组织形式。未来的领导者将通过网络进行领导,这为领导角色创新提供了机会。在以上三种角色之外,领导者还要扮演其他的角色。

领导者应该扮演"签约人"的角色。"从本质意义上讲,今天'组织'意味着人的群体将聚在一起——他们可以是独立的合同人,可以是来自这儿、那儿的小型组织。"领导者和外部组织签约,和下属签约,通过契约建成虚拟组织。领导者与外部组织所签之约为"商业"契约,以实现商业目的。对于下属,契约不仅有简单的商业目的,还有心理认同等作用,这种契约是"心灵契约"。

领导者应该扮演"权力营销者"的角色。在新的组织中,权力将不再源于法律的赋予,而源于领导者的营销行为。领导者更像是今天的生产商或服务商,下属更像是顾客,领导行为类似"顾客导向"的营销行为,只有领导提供的"商品和服务"被下属认同,领导者才会赢得权力。这样,领导者给予下属以很大的自由,这种自由抓住了权力悖论的核心:最好的掌权办法就是放权,这种自由还把权力和责任分散到顾客所在的地方。

新的领导角色对于领导者提出很多要求,需要我们不断地进行研究,但只要领导者坚持为人民服务的宗旨,坚持公正、公平、公开原则,不断地突破自身的局限,是能够赢得追随者和公众认可的。

第八章　领导决策与领导用人

第一节　领导决策

所谓领导决策,是指领导者为了实现组织目标,制定和选择行动方案的过程。领导决策过程既是领导者依靠科学的程序和方法制定决策的过程,也是领导者充分利用相关智囊机构的作用,体察民情,听民意,聚民智,尊重客观规律以提高决策的预见性、科学性和代表性的过程。

一、领导决策的程序与方法

领导决策程序是指领导决策过程中的逻辑顺序和基本步骤。领导决策的基本程序可概括为五个阶段:

(一) 问题界定

问题是预期、要求与实际满足状态之间的悬殊,每个决策都以发现问题作为起点。领导决策问题是被领导者所认知并被认为有必要采取措施加以解决的社会问题。任何领导决策问题都不是一种毫无联系的、静态的存在,而是与其他问题相联系并处于不断的变化和发展之中的。

一般来说,领导决策问题的界定要经过以下基本步骤:

1. 分析症结。在问题筛选的基础上对问题产生的时间、地点和条件,问题的性质、结构等进行多维剖析,以形成对问题本身的全方位认识,评估其在领导活动中的作用和影响。

2. 找出原因。依据已有的经验和知识,运用科学的方法和技术手段如实对问题产生的原因进行评估、核实,主要包括纵向分析和横向分析两种方式。纵向分析是从问题的表层入手,由表及里,由浅入深,层层分解进而得出结论;横向分析是对同一层次的各种原因和相互关系进行分析、比较、综合,找出最主要的原因并加以核实。

3. 表述准确。对问题症结的"现实"与"理想"及两者的"差距"作准确的定量概括,对差距和原因作出判断和表述。

(二)目标确立

领导决策的目标是领导通过决策实施希望达到的状态。领导决策的目标也像领导活动中的其他目标一样,具有如下特点:

1. 层次性。决策目标是由总目标、子目标、二级子目标等从总到分、自上而下组成的一个多层次的目标体系。总目标、分目标之间既相互联系,又相互制约,构成了一个层层相互牵制的目标体系。

2. 多样性。领导决策内容的广泛性和复杂性决定了决策目标的多样性。从内容上看,有政治目标、经济目标、社会目标等各领域的目标;从范围和数量上看,有宏观目标和微观目标、单目标和多目标;从期限上看,有长期目标、中期目标、近期目标;从重要程度上看,又有主要目标和次要目标。

3. 隶属性。层次性、多样性的目标并不是相互并列的,局部的、低层的、近期的目标要从属于整体的、高层次的、长期的决策目标。各种具体目标要隶属于总目标,受总目标节制并根据总目标进行修改和调整。

目标确立是决策程序的一个重要阶段。目标不但规定了方案的方向,为判断方案提供了标准,而且又是检验决策实施结果的基本标准。为了避免"制定了正确的方案,解决了错误的问题",确保目标的准确性,确立目标阶段必须要遵循一定的原则:第一,针对性,即目标必须具体问题具体分析,有的放矢,切中要害,选择好突破口。第二,可操作性,即目标必须是在现有条件下通过一定的主观努力可以达到的。第三,系统性,从整体着眼,对目标进行层层分解,将其系统地归纳并综合为一个有机的目标体系。第四,规范性,即目标必须要符合一定的社会法律、政治和道德规范,符合人们的价值观和信仰。第五,具体性,即目标的表达要准确清楚,含义单一,有明确的时限、范围、约束条件及具体指标。

(三)方案设计

领导决策方案指一个或一组解决问题、实现目标的行动准则,它具体规定实现决策目标的步骤、途径和方法。方案设计就是在明确决策目标的基础上,经过调查研究,运用适当的技术与方法,设计或者规划诸种实现决策目标的备选方案的行为或过程。方案设计是领导决策的中心环节,也是决策咨询系统参与最多的环节。

决策方案的设计一般可分为轮廓设想和细部设计两个步骤:

1. 轮廓设想,即从不同角度、多种途径出发,尽量大胆提出多种多样的方案设想。其主要内容有两个方面:一是为实现既定的决策目标,大致可提出多少个决策方案;二是将各种方案的轮廓,如行动原则、指导方针、发展阶段等,大致勾画出来。轮廓设想阶段主要要求方案要尽可能多样化并具备整体上的完备性,各个方案之间相互排斥。轮廓设想阶段也是运用创造性思维最多的一个阶段,要求设计者敢于打破陈规,用新的思维方式和技术来创新。

2. 细部设计。即对轮廓设想阶段所产生的备选方案进行初步筛选,淘汰那些明显不可行的方案,留下一些较为可行的方案并对其进行精心的细部设计。淘汰阶段的主要工作是在重新进行决策目标分析的基础上,通过对可行性方案与目标的比较来去掉那些偏离决策目标的方案。而细部设计则要对每一可行方案进行方案扩大,根据决策对象的性质将决策方案分解为一些更具体的规定。

(四) 后果预测

后果预测是为了对领导方案进行评估和完善,而对决策方案实施的客观条件的变化和方案在各种可能的客观条件下预期效果的预测。后果预测在领导决策中的地位由领导决策本身面向未来的特征所决定,是方案评估和优选的前提。

后果预测的基本步骤:第一,收集材料,即对预测对象的相关材料进行全面的搜集、整理和去伪存真,为准确的预测提供真实可靠的依据。第二,确定方法。根据预测对象的性质、指标和收集的资料,选取相应的方法和模型。有时为了提高预测的精确性,还需选取几种不同的方法相互验证。第三,计算和分析。根据掌握的材料和确定的方法对预测对象进行具体预测,对关键变量进行综合和汇总。第四,评审结果。将预测的结果输入决策系统,对预测的结果进行分析和检验,评审和确认预测活动的精确度。

(五) 方案抉择

方案抉择是指决策中枢系统中享有决策权的领导依据其权力、经验和科学知识,在对各种备选方案进行比较权衡的基础上,选择或综合出一个最优或最满意的决策方案。

方案抉择的主要环节:

1. 确定标准,即确定一套对方案进行优选的价值准则,包括:符合国家和社会的总体战略,能最大限度地实现决策目标,消耗的资源尽可能少,实现目标的风险尽可能低,实施方案的副作用尽量小。由于决策对象和内容的复杂多变,一项具体的决策方案往往很难同时满足上述标准,实践中经常采用的方式是:按照满意标准,遵循有限理性的原则,选择一种相对较优的方案。

2. 可行性分析,即对决策方案在现实中实现的可行性作出分析和估量。一般包括政治可行性、经济可行性、法律可行性、行政可行性和技术可行性。

3. 合法化。方案确定之后,提交给有关的部门立法和审批,通过一定的规则和程序使之合法化,然后以法律、法令或政策的形式颁布,付诸实施。

在领导实践历史上,人类已经积累了很多有利于决策的方法。在此,我们重点介绍以下几种方法:

1. 头脑风暴法,是指依靠一定数量的专家的创造性思维来对决策对象未来的发展趋势及状况作出集体的判断。头脑风暴法分为直接头脑风暴法和质疑头脑风暴法两种形式。

直接头脑风暴法又称畅谈会议法和智力激励法。它是由美国著名工程学家奥思本于1939年发明的,英文为Brainstorming,意为"头脑起风暴",用来形容精神病人的胡言乱语。最早它用在广告花样创造上,后来发展为人们自由发表意见的一种会议形式。在会议上,成员可以无拘束地发表想法,无需顾虑,通过相互启迪和思想交流产生思维共振,从而引发更好的更多的创造性设想。

质疑头脑风暴法也是一种协作产生设想的方法。与直接头脑风暴法的区别在于：它需要先后召开两个会议，第一个会议完全遵从直接头脑风暴法的原则，第二个会议则是对第一个会议提出的已经系统化的设想进行质疑。

2. 德尔斐法。德尔斐是 Delphi 的译名，它原是古希腊的一处遗址，即传说中神谕灵验并可预卜未来的阿波罗神殿所在地。后人借用德尔斐来比喻高超的决策能力。20 世纪 50 年代，美国兰德公司与道格拉斯公司合作，研究一种如何通过控制反馈更为可靠地收集专家意见的方法时，以"德尔斐"为代号的德尔斐法由此产生。其实质是采用函询调查，即请有关领域的专家对决策对象分别提出意见，然后将他们所提出的意见予以整合，匿名反馈给各位专家，再次征询意见，随后再加以综合和反馈。如此多次循环，最终得到一个比较一致的并且可靠性较强的意见。

3. 竞赛式决策制定法（AHP）。竞赛式决策制定法，又称"阶层分析程序法"（Analytic Hierachy Process，简称 AHP），它是由美国匹兹堡大学沙迪教授提出的，于 20 世纪 80 年代在许多国家得到推广运用。这种方法是将决策中相关联的各种要素采取阶层结构的方式加以排列分析，这些因素可能是相互对立或排斥的，它们各自对决策方向发生着不同角度的牵制作用。竞赛式决策法便把这些因素及其所指的决策方案排列出来，互相比较或进行"优劣比赛"，以此选择一种最优的决策方案。

4. 模拟决策法。模拟决策法是指人们为达到对某一事物的准确认识的目的，建立一个与所需要研究和领导的实际结构的系统、功能相类似的模型即同态模型，然后运行这一模型并对各种条件下的模拟运行结果进行评估、分析和选择优化，从而为领导决策提供可靠依据。

5. 方案前提分析法。方案前提分析法不直接探讨备选方案本身,而是注重对方案的前提假设进行分析。其依据是:任何方案都有几个前提假设作为依据,方案是否正确关键在于这些前提假设是否能够成立。如果前提假设成立,则说明这个方案所选取的目标和途径大体上是正确的。

6. 决策树法。决策树是决策过程的一种有序的概率的图解表示,它把几项可选方案及有关随机因素有序表示为一个树形。决策者根据决策树所构造出来的决策过程的有序图示,不但能统观决策过程的全局,而且能在此基础上对决策过程进行合理分析、计算和比较,得出结论,从而作出正确的决策。

二、智囊机构与领导决策

智囊机构,即所谓的"智囊团"、"头脑公司"、"思想库",是一种专门为领导机构或决策者服务的高级咨询性质的综合研究机构。20世纪40年代以后,随着"三大"(即大科学、大工程、大企业)陆续兴起,依靠单个人或领导团体的智慧和能力,已经不能适应现代日益复杂的决策活动的需要。相对独立的咨询机构应运而生,使现代决策体制出现了"谋"与"断"的分工。这样,智囊机构的产生和发展就成为历史的必然。

(一) 智囊机构的类型

1. 根据智囊机构与政府的关系,可将它分为官方的、半官方的、民间的三种类型。官方的智囊机构是通过立法或者惯例存在于政府体系内部,为领导者决策服务的咨询机构。它们中有的是法律明确规定的行政机构或立法机构的组成部分,职能是为高层领导者提供决策咨询;有的是在最高行政官员或机构的主张下建立的并且地位日趋稳固的智囊机构。它们大体上又可以分为以下几个种类:(1)最高行政长官的智囊机构,如美国总统的经济顾问。(2)较独立的智囊机构。许多国家有一些比较独立的智囊机构,它们不属于某个政府部门或者领袖,是政府内部独立的机关,但对国家的行政、立法、司法等都有重要作用,而且机构的经费主要来源于财政拨款。法国的经济与社会委员会就是一个典型。(3)部门的智囊机构。很多国家政府部门专门设置了为单位服务的智囊机构。在法国,部长办公厅下设数名技术顾问,分别负责联系各个司、局,不仅为部长收集信息和资料,而且还提出一些建议和意见,专门供部长决策时思考。官方的智囊机构一般都有法律依据,有的是在宪法中明确规定的,有的是议会专门通过有关设置官方智囊机构的法律而设立的,还有的是通过行政组织来设置的。它们的咨询功能不仅是被需要的,并且也是法律规定的,既是其权利也是其义务。

半官方的智囊机构独立于政府体系,但又与政府保持非常密切的关系。它一般分为三种类型:(1)政府资助的智囊机构。西方国家通过财政资助来扶持一些研究机构和团体,部分智囊机构因为主要资金来源于政府,成为半官方的智囊机构,如美国的科学基金会。(2)主要业务对象是政府的智囊机构。这种类型的智囊机构主要与政府进行合作,每年的研究课题中很大份额都是政府做的,每年大部分的合同是与政府签订的,而它们每年的总收入中大部分来源于这些合同收入。美国的兰德公司就是这一类型的代表。(3)与政府部门对口的智囊机构。有的智囊机构因为在某专业方面与政府的部门一致,往往直接与该部门发生合作关系,虽然政府的财政补贴只占很小的比例,但是它们与政府具体部门的合作密切,经费大多来自于和政府的合同收入,所以实质上也成为政府的智囊机构,只不过服务的对象是对口的政府部门,如与美国国务院对口的"对外关系委员会"。

民间的智囊机构通常是赢利性的,主要为企业单位或者个人服务。它们是独立的法人,拥有绝对的自主权。它们与半官方的智囊机构不同,它们与政府的合作并不是其业务的主要部分,其收入中来自政府的部分占少数,它们与政府的合作不是长期的、经常性的和固定的。

2. 从智囊机构的研究范畴来看,智囊机构可以分为综合性的和专业性的两种类型。一般而论,综合性的智囊机构主要研究宏观的和综合性的课题。综合性智囊机构的人数众多、机构庞大、涉及领域广。其特点是:(1)综合性,由多学科研究人员构成;(2)高智能性,组成人员具有较高的文化层次;(3)全方位性,研究活动注重现状研究和对策研究的统一,定性研究和定量研究的统一。而专业性的智囊机构指的是擅长某一特定领域并且为政府和领袖决策作出贡献的智囊机构。专业性智囊机构研究的大多是具体课题,从事的领域单一,规模小,人员不多。

3. 从智囊机构的活动区域来看,可将之分为国内的、地区的、国际的三种类型。各国的智囊机构主要为自己国家的公共决策服务,一般不为别国政府服务,涉足的研究课题也多是国内问题。地区性的智囊机构主要是为特定地区内的政府和领袖服务的智囊机构。它们的主要业务集中在一定地域内的国家和地区,既可以研究此地区内各个国家的问题,也可以研究带有地区特色的课题。国际的智囊机构关注的是国际性的课题,包括各国各地区的政府或者其他组织建立的全球性的智囊机构,也包括由一国智囊机构发展而成的国际性智囊机构。

4. 从智囊机构的经济性质上看,可以分为赢利性和非赢利性两个类型。赢利性的智囊机构一般是以公司的形式存在，以追求利润为目标，在为政府服务的同时也以追求经济效益为目标。赢利性的智囊机构一般而言不是政府的主要委托对象，它们往往更多的是为私人或企业出谋划策，用研究赚取利润。而非赢利性的智囊机构不以追求利润为目标，而是以研究促进公共政策的正确制定为宗旨，为大众谋取公共利益，经费方面主要接受各种基金会或者私人的赞助。它们在帮助政府和领袖决策时，不会把赚取利润作为目标。

（二）智囊机构的特点

1. 集体性。智囊机构是由多人组成的，这是现代智囊机构区别于古代智囊人物的一点。因为古代的智囊人物是以个人的足智多谋而著称的，而现代智囊机构则注重发挥团队智慧和发扬集体精神，它把具有不同知识结构、不同经验的专家集中在一起，使之互相启迪和协作，为领导者科学决策服务。

2. 科学性。这是现代智囊机构不同于古代智囊人物的又一点。古代的智囊人物一般是凭借经验和一般逻辑推理以及个人的天赋与智慧为领导者出谋划策，而现代智囊系统是以科学的知识、方法和技术手段为领导者科学决策服务的。

3. 相对独立性。与古代智囊人物相比，现代智囊机构具有明显的相对独立性。古代的智囊人物一般是隶属于某个领导人，而现代智囊机构则是一种相对自主的机构，它们能按照科学的分析得出自己的结论。在西方国家，许多智囊机构与政府合作是按照商业程序进行的，当它们与政府或者领袖发生关系时，是基于合同的合作。智囊机构由此成为知识商品化的一种载体。正是基于这样一种操作体系，智囊机构能够保持一种相对独立性。

（三）智囊机构对领导决策的作用

1. 为领导决策提供咨询。对决策问题的有关方面提供咨询是现代智囊机构的作用之一。领导者在决策过程中，难免会碰到自己难以处理的问题，应当就这些问题及时向智囊机构征求意见和建议，必要的时候召开专家会议进行"会诊"，找出问题的症结，寻找解决问题的途径。咨询实际上是领导者与智囊机构进行密切配合的过程，反映了现代领导活动的一个重要发展趋势。具体包括以下几部分：

第一，对问题进行科学预测。预测的准确度是决定决策活动能否成功的关键因素。智囊机构不仅拥有丰富的专业知识，还掌握广泛的信息，完全可以运用现代化的科学技术手段和理论对决策问题进行预测。预测已经成为一个智囊机构能够在其所属的领域具有优势地位的前提条件，如1950年美国在发动朝鲜战争的时候，兰德公司就曾预测到中国军队会跨过鸭绿江，但这一预测并没有引起美国政府的重视。科学预测已经成为决策必不可少的一部分，它已经成为评判领导活动的一个重要标准。

第二，帮助领导发现问题，确定决策目标。发现问题、确定目标，既是领导者的首要职责，也是智囊机构的重要任务。发现问题、确定目标是决策最为重要的一个环节，它对人们的知识结构、战略眼光和预测能力要求很高。由于决策者在时间、精力、能力和知识上的局限性，它们不可能包揽整个决策过程，这就需要智囊机构发挥辅助作用。智囊机构通过广泛深入的调查研究和对信息系统输出的信息的分析，找出对全局工作具有指导意义的重大问题，然后制定较为准确的决策目标。

第三，为决策者列举、评价备选方案。现代决策一般都是多方案决策，而备选方案一般来说都是由智囊机构提供的。它们依据科学的分析和完备的知识结构,对决策所涉及的问题考虑较为全面,然后在预测的基础上,有针对性地制定出备选方案。

第四,对决策方案进行具体设计并对其进行详细分析和论证。决策方案的具体设计是一项专业性、技术性较强的工作,领导者的职责在于组织决策方案的制定,而不是完全由自己来具体设计方案。决策方案的分析论证和具体设计一般都是由智囊机构来完成的。

第五,对决策的实施情况进行反馈分析和进一步检验。表现为对决策方案的实施过程中的信息进行分析,并就反馈信息的问题提出相应的对策,将对策及时提供给领导者,以便进行决策修正。

2. 为领导决策提供综合认识。智囊机构的另一作用体现在对各种问题的综合认识和整体判断上。现代智囊机构的综合认识作用,突出地表现在对社会决策背景的认识上,一般决策所涉及的内容和知识都是相当广泛的。任何决策的成功都需要多学科的知识、多维视角、"全方位"的考虑并对众多因素进行相关分析。由于智囊机构是由多学科的专家组成,因此它们的综合分析可以弥补决策者自身的不足,为决策者提供一种宽阔、开放的视野。

3. 为领导决策培养和输送决策人才。现代智囊团不同于古代的智囊人物,它是一个聚集了一大批专家学者的机构,故它的一个重要作用就是承担培训和输送人才的任务。首先,有很多智囊机构有自己的教学机构,可以承担培养人才的任务,如兰德公司在20世纪70年代就成立了兰德研究学院,专门培养高质量的研究咨询人员。其次,还承担培养国家公务员的任务,如美国大西洋委员会就负责为国务院、国防部和国际交流总署培训高级人才。最后,现代智囊机构还是储备人才的地方。许多外国政府高级官员离职后,都到这些机构去从事研究工作,比如前美国总统国家安全顾问基辛格,前美国总统福特和他的财政部长西蒙等。同时,智囊机构中的研究人员也常常准备进入政府,将政策观点变为实际政策。现代智囊机构如同一个人才宝库,它不仅为人才价值的实现提供了适当空间和渠道,而且还为领导决策的科学性提供了保证。

4. 为领导决策起着宣传和传播作用。智囊机构因其独特的科学、中立面目而成为有效的宣传机构。无论是哪种类型的智囊机构,都多多少少起着宣传和传播作用。一般来说,智囊机构的宣传作用都是通过大众传媒得以实现。非官方的智囊机构有时会通过制造和左右舆论来影响领导的决策,使其决策更有代表性和科学性。

三、领导决策的科学化与民主化

决策是领导工作的中心环节,是领导科学中一项重要的内容。决策科学化、民主化是有效领导的保证。江泽民曾提出:"领导决策的科学化、民主化是实行民主集中制的重要环节,是社会主义民主政治建设的重要任务。领导机关和领导干部要认真听取群众意见,充分发挥各类专家和研究咨询机构的作用,加速建立一套民主的科学的决策制度。"[1]作为领导,要想作出科学的决策,必须要以正确的判断作为前提,而正确的判断则来源于对客观实际周密的调查研究。同时,要充分发扬民主,鼓励大家畅所欲言,各抒己见,认真对待异议、歧议,集思广

---

[1] 江泽民:《在纪念党的十一届三中全会召开20周年大会上的讲话》,《人民日报》,1998年12月19日。

益,博采众长。这样作出的决策,才不会出现大的偏差。

(一) 领导决策的民主化

领导决策民主化就是指决策主体在决策过程中与社会公众保持密切联系,最大限度地让人民群众参与决策,使人民群众能够通过各种有效的信息渠道,充分表达对各种决策选择方案的意见和建议,达到决策体制符合民愿、决策目标体现民情、决策方式考虑民力、决策过程尊重民意、决策结果顺应民心,最终实现最广大人民群众的根本利益。具体而言,决策民主化的基本内涵是:

1. 决策价值取向民主化。决策价值取向民主化就是指以反映和实现人民群众的利益作为决策的根本宗旨。它要求在决策过程中深入人民群众,广泛听取人民群众的意见,了解人民群众就决策所要解决的重大问题的意向和愿望,作出符合最广大人民群众利益的抉择。决策能否保持正确,就取决于决策主体能否始终以反映和实现人民群众利益作为决策的根本宗旨。

2. 决策社会参与机制民主化。人民群众广泛参与决策过程,是社会主义民主政治的基本要求。为了保证人民群众参与决策权利的实现,确保决策符合人民群众利益,应通过法律形式赋予人民群众对重大决策信息的知情权和参与权。目前我国政府领导进行决策一般是保密的,应借鉴国际通行做法,建立、健全政府行政决策信息公开、行政决策听证等制度,进一步拓宽社会参与的渠道与方式,便利人民群众清楚了解政府决策信息,广泛参与决策过程,有利于推进决策的民主化进程。

3. 决策制定程序和执行程序民主化。决策制定程序民主化就是要在决策过程中广开言路,集中广大人民群众的智慧,使决策成为人民群众的共识。它要求决策制定的每一步程序、每一道环节、每一个方案都符合民主化的要求。决策执行程序民主化就是要把正确的决策变成人民群众的自觉行动,及时掌握决策执行中的反馈信息,不断用人民群众的实践检验、补充、修正和完善决策,真正形成深入了解民情、充分反映民意、广泛集中人民群众智慧的决策机制,更好地为人民群众服务。

(二)领导决策的科学化

领导决策科学化,就是指决策主体要坚持实事求是、一切从实际出发原则,尊重客观规律,充分发挥主观能动性,运用科学的理论、方法和手段进行决策,正确处理决策主体与决策客体的关系,使主观的决策活动符合客观事物的实际,最终解决实际问题。其具体内涵是:

1. 决策制度科学化。决策科学化,要求决策要遵循反映决策规律的各项决策制度,充分发挥决策系统各个组织的作用,防止决策方式的主观随意性和独断性,避免一些复杂的、重大的决策失误,从而实现决策制度的科学化。

2. 决策方法和决策手段的科学化。现代科学技术的发展,系统论、信息论、控制论的广泛运用,提高了决策的速度和效率,更为科学决策提供了可能。对一些重大复杂的问题,可以利用电子计算机进行计算、推理和论证,运用系统分析和科学预测的方法对各种决策方案进行选择和评估,从中选定最佳方案。

(三)领导决策民主化与决策科学化的关系

1. 决策民主化是决策科学化的保证。作为领导者,最艰难、最浪费精力的并不是决策本身,而是如何推动大家去理解、补充、执行决策。决策过程的第一步,是调查研究、拟订方案。这一过程就是发动群众,依靠群众议论、讨论、集思广益的过程,也就是充分发扬民主的过程。凡是有关方向性、全局性、涉及面广、时间跨度较长的问题的决策,必须采用多种民主形式,才能保证决策的正确性,并保证决策的实施与反馈的科学化。

2. 决策科学化是决策民主化的必要条件。只有深入调查研究,才能有准确无误的决策。正确的决策来源于正确的判断,正确的判断来源于对实际情况的深入的分析和对客观规律的遵循,只有这样才能做到决策的科学化、准确化和果断化。作为一个决策的谋划者和决断者,主要的是要善于取人之长,补己之短,化群众智慧为自己的智慧。只有这样才会有扎实的群众基础,才会受到群众的拥护和支持,从而推动决策工作的顺利进展,使决策的过程更加民主化。

总之,决策民主化与决策科学化是相辅相成的。离开了决策民主化,决策科学化就无从谈起;离开了决策科学化,决策民主化也就没有意义了。因此,领导者在决策过程中要坚持按照严格的程序,认真贯彻落实民主的精神,抓住"民主"这一关键。经过每个程序的层层约束选择,决策的目标就会越来越明确,越来越集中;决策方案就会越来越具有可操作性,越来越可靠;领导者的主观意愿就会越来越靠近客观实际,领导决策也就更加科学。

第二节 领导用人

领导活动的科学化主要体现在决策方面,而要使领导科学决策付诸实践并取得预期的目标则取决于领导的用人水平,因为决策目标的实施必须通过某个人去贯彻和执行。"治国之道,在于用人","为政之本,在于任贤",所以领导的用人行为便成为实现领导决策目标的关键性的中介环节。唐朝之所以能够开创历史上"贞观之治"的大盛局面与李世民善用房玄龄、杜如晦、魏徵等贤臣良将是分不开的;刘邦之所以能成为天下一代帝王与他善用张良、萧何、韩信等人也是不可分割的;刘备能与曹操、孙权形成"三足鼎立"之势也与他任用诸葛亮、关羽、张飞、赵云是分不开的。可以说一个领导成就的大小取决于他用人水平的高低。做领导的不必样样精通、事必躬亲,但是一定要心胸宽广,善用人才。所以,是否会用人就成了领导活动的关键所在。

一、领导用人的理论基础

领导活动不同于其他社会活动的一个特点就是,领导者自身的行为与领导者自己制定的目标之间存在着极大的差距。目标不是领导者本人单独可以完成的,相反,是依靠用人和调动下属的积极性共同来实现的。因此,领导者的活动就集中体现在如何用人为核心的艺术化过程中。

(一)中国传统社会的用人理论

中国传统的用人理论较为丰富,但是没有发展成为系统化的理论,不过对中国传统社会用人理论的考察却会帮助当今领导者提高自己的用人水平。

1."明君"应忙于求贤用才而不应沉溺于日常之事。这一原理源自《吕氏春秋·士节》"贤主劳于求贤,而逸于治事"这句话,意思是说高明的领导者应该把主要精力放在寻求贤人和用人上,而不是过多沉浸在具体的琐碎事物当中。这鲜明地揭示出了领导与管理的区别,即领导偏重于决策和用人,领导是指引和影响个体、群体或组织来实现所期望目标的各种活动过程,是关于组织发展方向的宏观战略方面;而管理则侧重于执行决策,组织力量完成组织目标。虽然中国传统社会没有领导学和管理学的系统体系,但是这一古老的命题真实地揭示出了领导学和管理学的研究对象。

2. 人才与环境相协调。这一原理出自曹操《论吏士行能令》的"治平尚德行,有事赏功能"这句话,意思是说,当社会安定和谐发展时要崇尚德行,但在多事之秋则应该重用能建功立业的人。这则原理表明,用人应该视环境的变化而变化。在国家平稳发展、社会一片祥和时首先强调的是遵纪守法和良好的德行;而在社会动荡变革的年代,首要的任务是恢复社会秩序,在复杂的环境中打开局面,这时起作用的人自然应该是建功立业者。当然"有德之人"并非一点才能都没有的人,"有能之人"也并非德行极差的人。这要求领导者在实际的社会生活当中用人时要审时度势,使人才与环境实现最佳的结合。

3. 用人用其长。这一原理出自唐太宗李世民《帝范·审官篇》中的"智者取其谋,愚者取其力,勇者取其威,怯者取其慎"这句话,其意思是讲,对聪明的人要用其谋略,对愚钝的人要用其力气,对勇猛的人要用其威猛,对胆小的人要用其谨慎。这一原理提出了一种极为重要的领导理念,即"人人能用"。人人能用是领导者用人的一种极高的境界,他要求领导者不要凭借主观臆断而将若干人才排除在用人的体系之外,做到人人都能用人人都可用。在这里对这种用人境界暂不赘述,稍后我们将在领导用人境界这一问题中专门讨论。

(二)西方国家的用人激励理论

激励就是刺激需要、引发行为、满足需要、实现目标的一个动力过程。它一般是指有机体在追求既定目标时的愿意程度,含有激发动机、鼓动行为、形成动力的意思。激励是个体和环境相互作用的结果,它是通过高水平的努力实现组织目标的意愿,而这种努力以能够满足个体的某些需要为条件。激励这个概念中包含三个极为重要的因素：努力、组织目标和需要。努力因素是强度目标。当一个人被激励时，他会努力工作。但是高水平的努力不一定能带来高的工作绩效，除非努力指向有利于组织的方向。因此，我们不仅要考虑努力的强度，还必须考虑努力的质量。指向组织目标并且和组织目标保持一致的努力才是我们所追求的。①

西方关于领导用人激励的理论成就比较显著，其代表性人物的理论各自独成体系，有的曾轰动一时，有的时至今日仍有可借鉴之处。在此难以一一概述，所以简要介绍一下他们的代表性激励理论。

1. 泰罗的经济人理论。泰罗被誉为"西方管理学之父"，生于美国宾夕法尼亚州的杰曼顿，早年受过良好的教育。1879年至1890年在米德维尔钢铁厂期间，系统地研究和分析了工人的操作方法和劳动所花的时间，形成"科学管理"的理论和方法，后专门从事企业管理的咨询工作。其主要著作有《计件工资制》、《工厂管理》、《科学管理》等。他指出："构成科学管理的不是任何一个要素，而是各种要素组成的体系。"泰罗的激励理论包括以下几点：

（1）人都是经济人。人都是需要金钱作为物质利益和刺激的。企业主以"经济人"的身份追求自身最高的利润，工人则以"经济人"的身份追求最大化的工资。

（2）将激励的法则与员工结合起来。要想将激励的法则与员工结合起来，就需要在领导者、管理部门与员工之间建立良好的合作关系并实行奖励制度。泰罗特别强调任务和奖金

---

① 刘建军编著：《领导学原理——科学与艺术》，复旦大学出版社2005年版，第271页。

两者的激励作用,他认为,任务和奖金构成了科学管理结构上的两个最重要的要素。也正是由于泰罗过于偏重技术和管理,强调高工资、低成本和物质刺激,而忽视了对于影响人的行为和生产效率的社会因素和心理因素,所以梅奥的社会人理论才会诞生。

2. 梅奥的社会人理论。乔治·埃尔顿·梅奥出生于澳大利亚的阿得雷德,先后在当地的圣彼得学院和阿得雷德大学受教育,获逻辑和哲学硕士学位,后在昆士兰大学任教。1922年移居美国,从事研究工作。1926年进入哈佛大学工作,任工业研究教授,直至退休。在此期间进行了著名的霍桑试验并在此基础上提出了人际关系理论和方法。主要代表作有《工业文明的人类问题》、《工业文明的社会问题》等。在霍桑试验的基础上,梅奥于1933年在《工业文明的人类问题》一书中提出了人际关系论。其主要观点如下:

(1) 人都是社会人。与泰罗的观点相反,梅奥提出了"社会人"的论点。他认为,每个人都是独特的社会动物,只有使自己完全投入集体中,才能实现彻底的"自由"。人们的行为并不单纯出自金钱的动机,还有社会方面、心理方面的需要,即追求人与人之间的友情、安全感和受人尊敬等,而且后者更为重要。因此,不能单纯从技术和物质条件着眼,而必须首先从社会心理方面考虑合理的组织与管理。

(2) 正式组织与非正式组织。霍桑试验的结果表明,企业中除了存在着为了目标明确规定各成员相互关系和职责范围的正式组织之外,还存在着非正式的组织。非正式组织的作用在于维护其成员的共同利益,使之免受其内部个别的疏忽或外部人员的干涉所造成的损失。为此,非正式组织中有大家共同遵守的观念、价值判断、行为准则、道德规范以及自己的核心人物和领袖。

（3）新的领导能力在于提高员工的满足度。梅奥认为，基于"社会人"和"非正式组织"的观点，在决定组织效率的因素中，工作条件和工资报酬只是第二位的，置于首位的因素是士气。士气取决于员工的满意程度，满意的程度源自员工个人需要的满足和良好的人际关系。因此，领导能力在于有效地满足员工的需要，创造良好的人际关系，提高员工的满意程度，提高士气，从而提高工作效率。

3. 麦克格雷戈的X—Y理论。道格拉斯·麦克格雷戈在马萨诸塞州技术研究所教心理学，除当了6年的安第奥克学院院长外，直到逝世他都在这个研究所工作。

1953年，麦克格雷戈开始系统地阐述其管理概念，认为人就总体而言是懒散、不值得信赖的。在1960年发表的《企业中人的方方面面》中，他将这一观念扩展为人的本性与人的行为是决定管理者或领导者行为模式的最重要的因素的假定。管理者基于他们关于人的本性的假定，按照不同的方式对人进行组织、领导和控制。第一类假定为X理论，它所代表的是"关于指挥和控制的传统观念"。其假定如下：

（1）管理人员要为了经济的目的而把生产性企业的各项要素——金钱、物资、设备、人员——组织起来。这是一个指挥员工、激励员工和控制员工的活动，也是一个矫正他们的行为，使之适合组织需要的过程。

（2）如果管理和领导人员不积极地干预，人们会对组织的需要采取消极的甚至是对抗的态度。因此，必须对他们进行说服、奖励、惩罚。领导者需要通过指挥和控制员工来把事情做好。

（3）人天生懒惰，他们总是尽可能地少做工作。

Y理论的假定如下：

（1）工作中所耗费的体力与脑力实质上与玩或者休息所耗费的体力与脑力是一样的，一般人并非天生不喜欢工作。

（2）外界控制与惩罚的威胁并非是导向组织目标的唯一手段。人只要作出承诺去完成一项工作，他就会自我控制和指挥。

（3）对任务所作的承诺与完成任务后所得的回报成正比。

（4）在特定的条件下，人们都明白人们不仅仅是接受责任，而且要寻求责任。逃避责任、丧失进取心、强调安全感通常是后天经验的结果，并非是人的本性。

（5）解决组织问题时，相对而言，水平比较高的想象发明和创造的能力在员工中分布很广，而不是很窄。另外，在现代工业生活条件下，一般人的智力潜能只是部分得到了利用。

从以上可以看出，X理论需要完全依赖对人的行为的外部控制，而Y理论则非常重视自我控制及自我指挥。当然他的理论也具有其局限性，就Y理论来说，它所坚持的所谓"心灵激励"本身就带有很强的理想性特征。

4．马斯洛的需要层次理论与优势需要理论。需要层次理论与优势需要理论是美国行为学家亚伯拉罕·马斯洛提出的。他在威斯康星大学获心理学博士学位，留校任教五年后迁往纽约，在哥伦比亚大学和布鲁克林学院任教。他的主要著作有《人类动机理论》、《动机与人格》等。其中在《人类动机理论》一书中，他把人类的各种需要归纳为五大基本需要：生理需要、安全需要、爱的需要、尊重的需要、自我实现的需要。

以上五个层次的需要给领导者在用人时提供了一套基本的方法和程序，即领导者必须对下属需要的层次有着十分清晰透彻的了解，从而有的放矢、分门别类地进行激励活动。当然，马斯洛的需要层次理论仅仅为领导者运用激励方法提供了一个基本的理论假定。在付诸实践时,这一理论衍生出来的另一优势需要理论,对于领导者科学、灵活地实施激励具有特别重要的意义。

除了上述提到的几种理论之外,还有赫兹伯格的"保健理论"又称双因素理论,爱尔德弗的 ERG 理论,麦克莱兰德的需要理论以及认识评价理论、目标设置理论、强化理论、公平理论、期望理论等等,在这里限于篇幅不再一一阐述。

二、领导用人的原则与标准

选才的目的在于用人,人才用得好,就会事半功倍,否则就会降低工作效率,影响领导者和组织的形象。因此合理地使用人才,是领导者的必修课目。

(一) 领导用人原则

1. 量才任用,就职设人。量才任用,就职设人的原则,要求领导者就事择人,就能授权,使得组织内人事相宜,做到人尽其才,事得其人。要做到这一点,一是要设计科学合理的职位,二是要掌握干部的类型,三是要对号入座,授以职权。① 领导者要做到这一点不仅需要对下属的能力了如指掌,将最合适的人派到他最能够胜任的岗位上去,还需要采用职务分析的方法,将组织的人事管理工作纳入以事业为中心、因能授权的科学轨道上去。

2. 扬长避短,各尽其能。俗话说:尺有所短,寸有所长。用人首先要用其所长。领导者应该十分清楚每个下属的特点

---

① 王乐夫编著:《领导学:理论、实践与方法》,高等教育出版社、中山大学出版社 2002 年版,第 177 页。

和能力，知道他的长处是什么，他能做且做得最好的工作是什么。决不能用非所长，勉为其难。其次，要容人之短。任何人有其长必有其短，完人是没有的。在现实生活中，有的人不拘小节；有的人可能个性较强，不易相处；有的人爱挑毛病。这一类的缺点或弱点只要不涉及原则问题，就应该容忍并给予一些帮助，不要因求全责备而埋没人才。

3. 明责授权，用人不疑。领导者用人还要讲究明责授权，用人不疑的原则。领导者对经过充分的了解考察之后选拔出来的人才，要给予他们充分的信任。所谓充分信任，就是在他们工作范围内授予一定的职权，做到有职、有权、有责，使其放手工作，充分发挥聪明才智，努力去实现预定的目标。

一个人才，既然决定使用他，就不能轻易地、毫无根据地怀疑他，如果对他还存在疑问，那么在未弄清楚之前，可以先不用他。而一旦决定用了就必须做到充分放权、充分信任，万不可半信半疑。试想，一个人一方面在承担责任，另一方面又时时感觉到领导在怀疑，其心态如何，干劲如何是不言而喻的。所以领导者一定要做到"信而不疑"，一定要正确对待谗言，采取实事求是的态度，一切以事实为依据，在没有查证落实之前，不能轻易地怀疑你所用的人。

4. 用养并重，举才荐贤。从领导学上来讲，人才不仅仅只为领导做事，而且还需要领导的培养。这不单是单独的物质上的"培养"，更重要的是在思想上、能力上的培养。人才的使用有一个才能的输入和输出的过程。《汉书·李寻传》上说："马不伏枥，不可以趋道；士不素养，不可以重国。"这就是说，如同马要驯养才可以上路一样，有能力的人要有平时的培养才能为国家发挥出重大的作用。所以作为一名领导者要十分重视人才系统的输入，重视人才的培养。除有计划地让他们进行系统的学习进修外,还要采取多种形式,在实践中进行培养和锻炼,不断完善和加强其适应飞跃发展的新形势的能力。否则的话,只注意用人,而忽略了人才的培养,那无异于竭泽而渔。每一个领导者都应该防止这种短视行为。

从历史的角度来讲,我们每一个人都处于历史的特定时代当中,人类社会的发展是永无止境的。所以优秀的领导者,不仅要善于发现人才、使用人才、培养人才,而且还要有推荐人才的美德,为社会、国家培养未来的接班人和栋梁。这就要求领导者在实际的工作当中,要随时随地注意发现人才,把强于自己的人才推荐到上级或其他领导岗位上去。特别是由于年龄、身体等多种原因致使不能适应自己承担的工作的时候,要有勇气让胜过自己的中青年干部及时来接班,并热情地鼓励、支持他们的工作。邓小平早在1980年就指出:老干部要把选拔和培养中青年干部,作为第一位的庄严职责。别的工作做不好,各自要做自我批评,这项工作做不好,就要犯历史性的错误。可见举才之重。

(二) 领导用人标准

选取良臣贤将是每位领导的心愿,一个组织或单位的实力也是由拥有人才的数量和质量决定的,那么人才的科学标准是什么呢?

在古代,"人才"二字即"人之才"的意思。人才通常是指"有学问的人"、"德才兼备"的人或有某种特长的人。人才是才能较高,以其创造性的劳动成果对社会发展和人类进步作出进一步贡献的人。另外人才还具有社会性、广泛性、层次性、专业性、进步性和动态性。人才的标准综合起来讲,就是"德"、"识"、"才"、"学"、"体"。

"德"就是人才在工作、学习、生活中表现出来的意志、兴趣、情感、性格和专注力品格。优良的品德应表现为高度的责任心、吃苦耐劳的精神、坚忍不拔的毅力。

"识"是指人才从事工作所具备的专业知识和专业能力，即观察问题、分析问题和解决问题的能力，也就是所谓的真才实学。具有才识能力的人，能够入木三分地把握和认识事物的本质；能一针见血地抓住事物发展的关键环节；能得心应手地驾驭各种环境和条件；能在关键时刻坚定果断地拍板；能冲破习俗观念的束缚，大胆地另辟蹊径。

"才"是指一个人认识客观和改造客观的能力，包括记忆能力、观察能力、实际操作能力、组织管理能力、表达能力和想象能力。

"学"即学问、知识，包括直接知识、间接知识、理论知识、经验知识等。人才的知识结构主要有两种：一种是由基础知识、专业知识和前沿知识组成的塔式结构；另一种是以专业知识为基点和骨干，以其他与之相邻相近的知识做补充交织而成的网络式结构。

"体"是指身体素质。身体是事业之本，不管你的才能有多大，如果疾病缠身，缺乏旺盛精力，那就无法适应现代社会的工作节奏，也无法发挥出自己的才能。

人才的德、识、才、学、体，五位一体，密不可分，互相制约，相辅相成。其中，德居首位，是人才的灵魂，是其他四者之根本；识具有决定性作用；才是必备条件；学是智能方面的基础要素；体是人才成长的物质基础。当然这五条标准是总的要求，但是也决不能将其绝对化、理想化。要根据实际工作的特点加以具体化，区别对待。同时，德与才的内容和标准，是随着社会发展的形式和任务变化而变化的。在不同的历史时期可能有不同层次、方面的人才需求，但是人才的基本素质和能力是不变的。

三、领导用人的境界

从本质上来讲,领导活动归根到底是动员下属、激励下属去实现组织目标的一种社会活动。所以,能否合理地用人选才是体现领导水平高低的标志。在现实生活中,领导者用人的境界往往能够折射出一个人是否具有高超的领导艺术,但不管领导者在用人技巧、用人偏好上有何区别,其领导境界在本质上都是相通的。具体包括以下几点:

(一)让下属心甘情愿地接受组织目标

领导者在实现组织目标的过程中,首先是要采取各种措施、方法使下属主动地、心甘情愿地接受组织目标并为之奋斗,否则组织目标便不能很好地得以实现。所以领导者用人的境界首先在于他提出的组织目标能不能使下属乐意接受,能不能转化为下属共同认同的奋斗目标。总体来讲,无论是什么样的领导者,他们都是在谋求下属的支持和认同,如果只是通过强制性的措施迫使下属完成工作目标,那就违背了领导学的基本原理。领导者的动员支持,既包括对下属群体的动员支持,也包括对个体的动员支持,所采用的动员方法是多种多样的,如目标激励、物质激励、荣誉激励、感情激励、许诺激励等。宗旨就是通过各种动员性措施使下属乐意接受组织目标并为之而奋斗。

(二)超脱个人感情好恶,理性做事

领导虽然是领导,但是也无法完全避免个人情感对他的影响甚至控制。因为领导毕竟也是生活在社会和群体中的人,领导者首先是有血有肉的人而后才是领导,也具有普通人所具有的一些弱点和不足,这就注定了他在用人时难免不受个人主观感情好恶的影响。但是从领导的特性来讲,领导者是居于一种超脱性地位的控制者和组织者,在工作当中是不能带有个人好恶偏向的。而应该洞察全局、控制感情,在最大的程度上超脱个人感情。这样就出现了一个贯穿于领导活动始终的难以解决的矛盾,即领导者自身的个人属性与角色所要求的特性之间的矛盾冲突。这就要求领导者必须将个人感情控制在相对最狭小的范围与限度之内,尽量将其排除在工作之外,以一种冷静、客观的态度履行各种职责。

(三.) 任用比自己更强的人为自己工作

中国古代一代帝王刘邦在谈到自己之所以能够战胜比他强大的项羽时所作的分析也是相当深刻的:"运筹帷幄之中,决胜千里之外,吾不如子房(张良);镇国家,抚百姓,给饷馈,不绝粮道,吾不如萧何;连百万之众,战必胜,攻必取,吾不如韩信。三者皆人杰,吾能用之,此吾所以取天下者也。"可以说刘邦王图霸业的建立是与他善用比自己更强的张良、萧何、韩信分不开的。我们知道,领导者不是万能的,领导者之所以成为领导者,不在于他无所不知、无所不能,而在于他能够通过组织、协调,使有限的资源通过一定的规则聚合在一起释放出更大的能量、效用。正是从这个角度来说,领导也是生产力的一个构成要素,领导也是人类社会最为稀缺的一种资源。可见一个领导者境界高低的关键在于他是否善用比他更强的人才来为他工作。

(四)人人都可用,人人都能用

上述中国传统用人理论的原理之三,即"智者取其谋,愚者取其力,勇者取其威,怯者取其慎"的用人原理,就是一种很高的用人境界——人人都可用,人人都能用。它要求领导者不要凭借主观臆断而将若干人排除在用人体系之外。如何将这一用人境界贯穿于领导实践当中呢?①

1. 着眼长处。对一个人,是着眼长处,还是挑剔短处,效果大不一样。正如观察一个装着半瓶水的瓶子,有的人看到后说"这个瓶里有半瓶水",有的人看到后说"这个瓶子是空的"。

2. 短中取长。领导者在用人时,不仅对一般人要着眼长处,而且对短处明显的人也要努力短中取长。其实短处明显的人往往有一种自卑感。对这种人,领导者如果能做到短中取长,必定会使他们异常感激,对自己从事的工作投入百分之百的精力。

3. 避短用长。任何人都有长处和短处,就算是一个人们所说的一无是处的人,也有其长处可用。因此,领导者应该对所用之人的长处和短处有清楚的认识,扬长避短,把人才放到能充分发挥其长处的位置上。这样,各种人才就能避短扬长,形成合理的人才结构。

综上所述,领导者只有依靠人才才能有效地实现组织目标。用人并没有一定的规则和程序可循,这也正是体现领导艺术魅力的奥秘所在。

四、领导用人的心理误区

(一)领导用人注意避免几个方面的心理误区

当前领导用人过程中产生心理误区的原因是极其复杂的,对于领导者来讲,大部分时间里都拥有理性的、合理的、优化的心理品质,但是也会有偏激、不足的时候。因此,领导者始终要保持健康的用人心理,极力避免走入自己的心理误区。领导者

---

① 刘建军编著:《领导学原理——科学与艺术》,复旦大学出版社2005年版,第270页。

常见的心理误区主要有：

1. 亲亲避仇心理。"亲亲"心理有两个层面的内涵，第一个层面就是在古代就已经存在的任人唯"亲"心理，即是指领导者在选才用人时，总把自己的亲属和朋友作为首要人选的一种心理倾向。不能够从实际出发，以才能为标准来选拔人才，这样长期下去就会造成下属对领导的不满，从而影响领导的形象和组织的发展。第二个层面是指领导者对那些以前有恩于自己的人在选才用人的问题上给予特殊的关爱和照顾，并以此作为回报的心理倾向。领导者没有客观公正地选择使用人才，而是被自己的这种主观的不健康的心理倾向所驯服。所以领导者在工作当中应该极力防止自己的这种心理状况，时刻监督、审问自己是否犯了这样的主观错误。

"避仇"的意思是指领导者视那些曾经伤害过自己的人为仇人，找各种理由、借口进行无端的压制和打击，并进行报复，这种心理反映了领导者褊狭的性格特征。领导者在做这些事情的时候根本没意识到自己的错误所在，而是一味地沉浸在自己的这种因报复而得到的不健康的心理快乐当中。

2. 以己度人心理。这种心理误区是指领导者在选才用人时偏重于用那些在各方面都顺从自己意愿的人，不是从客观实际出发来考察人才，而是从自己的喜好，依自己的行事标准来选择人才。实际上这样会使组织形成一种不良的风气，会造就一大批阿谀奉承的小人，他们做事专门按照领导的偏好、意愿行事，不从组织的发展、事情的实际状况出发，从不跟领导提出异议，即使领导做错了他们也假装不知道。长此以往，就会形成小人当道，人才走空的悲惨局面，严重影响组织的发展。

3. 嫉贤妒能心理。嫉贤妒能心理就是指领导者因害怕他人胜过自己，憎恨他人优于自己，故在工作当中将别人视为对自己的最大威胁，在选才用人时专挑那些各项能力比自己弱的人，以此来显示自己能力的"超群"，有时甚至会故意打压、打击那些能力强于自己的人，以使他们不能超越自己。这是一种极其恶劣的用人心理品质和可怕的用人心理误区，它是压制和毁灭人才的毒气和癌细胞，常常会使一些有真才实学的人被有意识地埋没掉。

4. 崇"名"洋"外"心理。"名"指的是领导者在选才用人时过于注重在社会上有一定名望、名气的人，如有的人是社会的"榜样"、"劳模"，有的人获得了这样那样的国家或社会授予的荣誉，有的大学生拥有名牌学校的毕业证等等这些外在的东西。对于这样的人，领导者要坚持以才取人，坚决不能以"名气"取人，不然的话领导者就会使自己陷入不利的境地，并且往往容易埋没人才。这是一种形而上学的观点，作为领导者一定要注意克服和避免。

洋外心理与崇名的心理本质一样，被外在包裹的假象所迷惑。这是指领导者总是对曾经留学国外的人另眼相看，在用人的问题上往往对"海龟"给予格外的偏爱和照顾，盲目地认为只有"洋人才"才是真正的人才。

5. 论资排辈心理。论资排辈心理就是指领导者总是以下属的年龄大小、资历深浅和辈分高低为首要条件进行选才用人的心理倾向。虽然年龄、经历、阅历与能力有一定的关系，但绝不能画等号，"有志不在年高"就是提醒领导者在工作当中要避免走入这种过时的、传统的心理误区。

6. 大包独揽心理。这种领导者在工作当中总是大权独揽，所有事情都是自己一个人说了算，不给下属一点自主的权力。领导者的这种心理也是受传统文化影响，害怕自己放权以后会丢掉权力、荣誉、尊严。这样就不能做到真正的民主之上的集中。所以拥有这种心理的领导者往往在组织内形成强权式的管理方式,把权力都集中在自己的手中。

与大包独揽心理相反的极端心理就是过分的"民主"心理。这是指领导者在选才用人时往往过分注重民意测验和民主测评的结果,进而完全丧失自身独立性的一种心理倾向。它是对民主精神的歪曲和极端化,是一种没有集中的绝对民主。

领导者产生以上各种心理误区的原因是极其复杂的,这些心理误区是多种不良因素长期混合作用的结果。领导者是人而不是神,心理、人格和道德对于具体领导者个体而言,都只是一个与普通人一样的中性概念,即领导者的职位级别状况并不一定与领导者的心理、人格、道德状况呈正比关系。别人容易产生的心理问题,领导者也会产生,某些方面恐怕更甚,同样需要关心和帮助。所以我们应正确地认识和看待领导者们的这些心理误区。

(二) 塑造健康的领导用人心理品质的基本途径

随着社会的发展变迁,当代领导者的用人心理也随之而改变。对此我们一方面应实事求是地肯定其所取得的成绩,另一方面我们也不能过分地夸大我们当前领导者的用人水平。所以正确的态度是对领导者的用人水平实事求是地加以辩证的分析和判断。针对上文提到的领导者的用人心理误区,可通过以下途径帮助领导者克服。

1. 与时俱进,提高自身道德素质和修养。提高自身道德素质和修养,可以从以下两方面做起:

第一,在理论上提高自己的文化理论水平。用人心理误区往往与领导者较低的文化水平和理论水平有关。凡是知识渊博的领导者,大都志向远大,高瞻远瞩,心胸宽广,品德高尚,在用人方面则表现出健康的心理品质。因此,领导者应该努力不断提高自己的文化和理论水平,掌握人事管理和人才培养方面的知识,树立正确的人才观和用人心理。

第二,在实践当中,客观认识自己,避短就长。领导者没有通才,他不可能什么都懂,什么都会做,因此他必须要正确认识自己。发现自己的不足之处,进而改正,对于自己的长处要在实践中加以完善、发挥。要了解自己,领导者可从自己的工作经历和切身体会出发,通过对自己历来工作的成败进行分析,就能看出自身的优势和劣势。此外,通过倾听他人对自己的评价,也会正确地认识自己。任何领导者都有其自身的长处和短处,关键是如何扬长避短,这就要求领导者善于从用人工作的实践中总结经验教训,经常进行自我剖析,不断调整自己的心理并使其优化。只有如此,才能将选才用人工作做好。

领导工作是需要经常与人打交道的工作。人的经历、阅历、品性、文化、职业、年龄、出身、所处环境不相同,就会出现素质、修养上的良莠分别。所以领导者在日常工作当中经常会遇到与自己的思想、观点产生极大分歧的人,有时甚至会产生极大的不愉快,领导者在面对此类情况之时,千万不能感情用事,而要理智地控制自己的情绪,保持情绪的稳定。

2. 培养"尊重知识、尊重人才"的工作氛围。轻视知识、轻视人才的社会风气和社会心理环境,是领导者用人心理误区赖以产生和存在的基础。由于受封建传统的影响,中国历史上曾经一度把知识分子划为社会下九流的行列,科学技术被视为歪门邪道、雕虫小技,轻视知识、轻视人才的思想非常泛滥。现在的有些领导者也深受其害,没能及时转变观念,树立正确的"尊重知识、尊重人才"的思想观念,而这对于一个领导者来说是至关重要的。所以领导者应当转变思想观念,培养"尊重知识、尊重人才"的工作氛围以谋求组织的长远发展。

3. 将人才选拔制度化。领导者在选拔、使用、培养人才方面无章可循、无法可依的现象是用人心理误区形成的一个重要基础。克服用人心理误区仅靠道德、自觉是不行的,必须有必要的、有效的法律制度和组织纪律来保证。从制度上规范选才用人的程序和做法,防止领导通过各种非正当途径随意安排人员,从而防止人才流失,提高人才待遇,保障人才权益,规范人才流动。

4. 完善考核监督机制。要想有效地克服领导者的用人心理误区,仅靠领导者自身的修养是不够的。因此加强对领导者的培训教育,完善考核监督机制是塑造健康的领导用人心理品质的重要外部条件。

第一,应加强对领导者的培训和教育。通过多种渠道和各种方式对各级、各类领导者进行有针对性的培训,使他们通过不断更新知识来学习和掌握领导者必须具备的知识和才能。培养他们科学的人才观念,回答和解决他们思想上产生的对人才价值的取向问题。在培训的具体形式上,要针对性地加强一些专门训练,让缺乏用人经验的领导者参与到特定的群体结构中从事领导用人实践活动,培养健康而有效的用人心理品质,全面提升领导者的用人能力和用人水平。

第二,要完善领导者选才用人的考核监督机制。对领导者的用人活动要严格要求、严格监督,健全对领导者自下而上的内部监督制度,制定切合实际的用人绩效考核办法;同时还要拓宽外部监督渠道,充分发挥下属的监督作用。

第九章　领导文化与领导伦理

第一节　领导文化

一、一般意义上的文化分析

在对"文化"进行概念性解读的过程中,由于文化研究中的多学科交叉,不同学科、不同学派对文化内涵、外延的理解是不同的。就国内的研究来看,对文化概念内涵的界定主要有以下几种:指人们受教育的程度,指人类精神生产领域,指不同社会群体的人们独具一格的生活风尚和行为样式,是人类实践能力、方式及成果之总称,指人与自然、人与世界全部复杂关系种种表现形式的总和,文化就是人化。

文化外延的界定主要有两分法(物质文化和精神文化)、三分法(物质文化、精神文化和制度文化)、四分法(物质文化、精神文化、制度文化和行为文化)以及硬文化和软文化等观点。

这种文化类型和研究目的、方法、手段的不同,遂使文化成了一个含混、模糊、立体、多面的系统。这不仅为研究者给文化下定义造成极大困难,而且使已经形成的概念和定义也失去了原有的指称范围和作用。之所以会这样,与文化本身的特征是不无关系的。

　　文化的特征首先反映在由于文化的历史演变而呈现出的变化性上。伴随着人类社会的经济、政治、学术思想的发展及人类社会的重大历史变迁,作为人类认识改造客观世界的结果的文化在不同的历史时期也就自然地表现出不同的内容和形式。比如,我们可以很明显地感受到作为文化主要构成要素的符号(如语言)、价值观、规范(包括社会习俗、民德、法律等)和物质文化(包括机器、书籍、工具、衣服等)等在史前社会、在狩猎文明和农耕文明社会、在工业化社会、在信息化社会中的巨大差异性。

　　文化在变化中还呈现出明显的连续性和发展性。任何类型的文化,都是以往存在的文化的某种延续、继承或扬弃,同时又都具有时空上的推移性,暗含着渗透、转移和演变的可能性。因此,从量上来看,文化的延续是无限的,其发展是不可间断的;从质上来看,优秀的文化最终将沙里淘金,得到继承、弘扬和发展。

　　文化的另外一个突出特征表现在由于文化的普遍性和差异性并存而呈现出的统一性上。由于人类个体在生理上的相似性,由于人类社会生活的一些共同的基本需要,由于一定的环境所允许或限制的范围等,使得所有的文化都表现出相同的社会结构和文化意义的基础。同时由于地理、气候、人口等自然因素和技术水平、信仰等社会因素的差异,而使不同的文化表现出具有适应意义的差异性。这种统一性,其实在一定程度上也暗示着不同文化之间相互借鉴、融合发展的可能性。

　　　　二、作为特殊领域的领导文化

　　领导文化是文化的一般性在领导领域的特殊表现。领导活动在本质上表现为人的活动,由于领导者个体身上所自然具有的意识、观念等文化要素在一定领导群体中的集聚,在领导活动过程中就会自然而然地创造出领导者普遍认可的价值观念、行为规范和态度作风等。领导文化便由此形成。

(一) 领导文化的涵义

确切地说,领导文化是领导成员在领导活动中产生并通过后天学习和社会传递形成的反映领导实践的观念意识,是客观领导过程在领导成员心理反映上的积累或积淀,是领导成员普遍认可的价值观念、共同信守的行为模式和广泛流传的态度作风,包括领导意识、领导观念、领导态度、领导价值观和领导行为模式等。①

在对领导文化进行认识的过程中,我们需要把它和一些相关的概念与情形严格区分开来。

首先,领导文化与政治文化和行政文化的区分。由于在国家存在的社会形态下,领导活动与政治活动紧密相关,伴随着国家产生的政治文化及行政文化与领导活动之间就存在着一定程度的交叉。当然,行政文化和政治文化包含的内容也很丰富和广泛,而其中的行政领导文化和政治领导文化就属于和领导文化具有交叉性的内容。

其次,领导文化和管理文化之间的关系。由于管理和领导两个范畴之间的包含与被包含关系,就决定了领导文化从属于管理文化。当然,在企事业组织中,领导文化和企业文化、组织文化之间也存在相似的关系。

最后,我们还应该明确的是,虽然领导文化是领导身上所

---

① 王乐夫编著:《领导学:理论、实践与方法》,高等教育出版社、中山大学出版社 2002 年版,第 290~291 页。

体现的文化现象,但体现在领导身上的文化现象不一定都属于领导文化的范畴,领导成员在进行与领导活动无关的活动时所体现的文化现象就不能一概纳入领导文化的范畴。

与此相类似,由于领导文化是领导成员普遍认可的,并表现在切实的行动之中的,因此那些个别领导成员身上表现出的领导行为,或仅仅是领导者挂在嘴上的领导价值观、领导态度等都不能称为真正意义上的领导文化。

(二) 领导文化的作用

领导文化从功能上来说,可分为正功能的领导文化和负功能的领导文化。当然,我们都希望领导文化对我们实际的领导活动产生的都是积极的正向作用。良好的领导文化对领导活动实践产生的作用集中表现在如下几个方面:

1. 限定和塑造领导人格。领导文化直接产生于领导活动之中,但当领导文化产生和形成之后,便具有自身相对的独立性,这种独立性就体现在对领导活动所具有的规范作用上。一定系统中的个体一旦扮演了领导这个社会角色,其价值观念、态度及行为表现等就必然会受到此系统中形成的领导文化的制约,从而使领导者养成与领导文化相对应的人格特征。同时也会使特定的组织系统表现出一定的秩序性和高效运转的可能性。但这种限定不同于诸如法律制度等硬性的约束,主要靠领导者个体的自觉体悟、自我约束与实际践行来实现。

2. 引导和调节领导活动。领导文化对领导活动的直接导向作用,表现在领导活动的方方面面。在制定领导工作的战略重点时,在多种可能情况下进行决策时,在对下属的工作方面的某些表现进行是非判断时,不同的领导文化指导下的领导者领导工作的战略方向,领导工作的具体方式都会各不相同。我们在实践活动中也都看到,在此过程中有些领导者把民众和下属领到了山沟里,而有些领导者则把民众和下属领到了风光秀美、宝藏丰富的山顶之上。

3. 示范和感染领导对象。一定的领导文化不仅对领导者自身、对领导活动的过程和效率产生影响和作用,对民众和下属也会产生重要影响。在一个积极、乐观、不怕困难、勇于开拓创新的领导文化的熏染下,民众和下属也会信心满怀、干劲十足。在一个充满自豪感和荣誉感的领导文化氛围中,民众和下属也会表现出同领导者一样的强烈的主人翁意识和对工作的极大热情。

(三) 在中西方领导文化的相互借鉴中推进我国领导文化的现代化

1. 对中西方领导文化的对比性分析

在整个人类历史的进程中,伴随着社会的政治、经济、文化等各方面的发展,中西方领导文化的发展表现为一个具有阶段性发展特征的不断演进过程:从原始社会的图腾崇拜领导文化到奴隶社会和封建社会时期的专制统治领导文化,再到之后的经验领导文化,最后是标志领导文化走向成熟的 20 世纪中叶以来的科学领导文化。[1] 在中西方领导文化发展的共同轨迹中,由于政治、经济、文化发展的状态和速度等方面的差异性,使得中西方领导文化在共同发展的过程中又呈现出各自鲜明的特点。

中西方领导文化的差异,首先表现在权力对领导者的限制上。在中国,以传统中国的集权政治为典型代表,"普天之下,莫非王土,率土之滨,莫非王臣",皇权在上,皇权中心。权力对

---

[1] 王乐夫编著:《领导学:理论、实践与方法》,高等教育出版社、中山大学出版社 2002 年版,第 301~302 页。

于领导者几乎没有限制,领导者可以率性而为,随意使用手中的权力。在此过程中,虽然也逐渐形成了结构完整、运行有序、控制有力的官僚制领导体制,但由于领导活动对领导者个体的高度维系与依赖,领导者个人是否英明有为决定了领导活动所带来的社会的或"治"或"乱"结果。这样导致的后果就是无法保证领导活动的理性化和有效性,领导者对领导活动的社会基础关注不够,不能摆正民众和下属在领导活动中的应有位置,因此就有了"官本位"思想的普遍和突出表现。民众和下属也在此过程中"逆来顺受"地表现出较高的权力距离接受度(对权力分布和地位差异的接受程度)①,而他们自己的需要、思想、力量也在这种逆来顺受中被压制或湮灭。这样就以牺牲作为领导活动重要主体之一的被领导者的利益和地位为代价,而使领导活动主体之一的领导者的地位在相对之中被抬高。由于力量的不完全,即使领导者的道德再高、能力再强、本领再高,所产生的领导绩效也不是最优的。同时,由于领导者的自我膨胀,领导活动不能有效发挥领导群体的整体优势而出现一些不必要的矛盾和问题。在领导环境日趋复杂的今天,这一问题的存在对领导活动效率的发挥是非常有害的。当然,在此过程中,中国传统领导文化中表现出来的对领导素质的强调,对领导活动体制化的摸索,在现代社会中仍具有积极意义。

不可否认,西方领导文化中也存在明显的缺陷,如权利压倒义务,科层压倒一切,角色优先于一切等,但其对民主的强调,对分权制衡原则的贯彻,对领导权力制度化的运作,对我们的领导文化的建设和优化都具有重要的借鉴意义。

---

① 王重鸣著:《管理心理学》,人民教育出版社 2001 年版,第 123~125 页。

2. 领导文化现代化的内涵式建构

相对应于传统文化的现代化问题,领导文化也存在现代化的客观需要。福柯在《什么是启蒙》一文中谈及对现代化的理解时曾经指出:我们不应该将现代化仅仅看成是一个处于前现代与后现代之间的时代,而更应该将其看成是一种态度,是一种既不应固执于偏见,又不保守于传统的态度。鉴于传统中西方领导文化的特点及现代领导环境和领导活动的要求,领导文化的现代化至少应涵括如下的内容:

首先是领导与被领导关系模式的现代化。传统的领导观念凭借领导者的强大权力或高尚道德强调领导者对下属的命令与统驭及相应的民众对下属的服从与接受。中国传统领导文化中虽然也有"德"与"法"的同时存在,但这种存在只是一阳一阴,一外一内,并未达到一种很圆润成熟的结合。当领导者从塔尖上走到民众和下属中间,并成为同心圆的圆心时,这一领导系统的各个组成部分之间就会通过相互的影响与融合产生更佳的领导效果。

其次是领导工作态度的现代化。传统的领导理念中往往强调为民求主、为民做主,但往往由于民主监督的不力,为民做主就客观上演变成了做民之主。当领导者树立了为民服务的态度之后,这样的问题便会迎刃而解。行政领导文化中所倡导的服务型政府的创建就具有这样的意味。

新型领导文化的建构,是一项艰巨浩大的工程,既需要在兼综古今中西中总结、反思、借鉴、学习,又需要在领导活动的现实实践中摸索、建构、创新和提升。对领导文化现代化的思考,我们需要继续深入进行。

第二节 领 导 伦 理

领导伦理是领导活动中经常遇到的问题,也是领导者与被领导者都感到困惑的问题。为了使社会在运转过程中的秩序达到最优,无论是东方还是西方,哲人与学者都对领导伦理进行了诸多研究。直到今天,领导伦理依然是政府和学者热论的问题。

一、伦理与领导伦理

在中国古代的典籍中,"伦理"这个词最早见于《礼记》。"伦"、"理"原本也是两个词,"伦,辈也。从人,仑声。一曰道也"①。可见,"伦"字的意思是辈、同类之中的不同等级,在指涉人社会关系时,本身就有伦常、纲纪的意思。"理"的原意是"治玉","玉之未理者为璞,剖而治之,乃得其鳃理"。前一个"理"是动词,意指"分析精微",后一个"理"字为"纹路、秩序"之意。"伦理"中的"理"当取后一种意思,即秩序或规则。"伦"、"理"合用始见于《礼记·乐记》:"乐者,通伦理者也。"郑玄注"伦,类也;理,分也",意思是"事物之伦类各有其理"②。因此"伦"、"理"合在一起即为"群道",指的是在群居生活中人们所遵循的道理、习俗、规则,以及由此而形成的秩序,即相当于古代汉语中的"伦常"一词。

---

① 《说文解字·人部》。
② [南宋]陈澔注:《礼记集说》,《四书五经》,北京古籍出版社1995年版,第867页。

在西方典籍中,据考证,"伦理(ethos)"一词最早出现在古希腊名著"荷马史诗"中的《伊利亚特》一书中,本意指一群人共居的地方,后来引申为共居的人们所形成的性格、气质以及风俗习惯。通过这些风俗习惯,人们逐渐形成了某些品质或德性。在亚里士多德的名著《尼各马科伦理学》第二卷中说:"德性分两类:一类是理智的,一类是伦理的。理智德性主要由教导而生成、由培养而增长,所以需要经验和时间。伦理德性则是由风俗习惯沿袭而来,因此把'习惯'(ethos)一词的拼写方法略加改动,就有了'伦理'(ethikee,ethics)这个名称。"[1]由此可见,伦理这个概念是与人是群居的、社会性的动物有关,是人在社会生活中与他人相处而形成的处理人与人关系的某种习惯或品行。

伦理是研究道德的学问。领导伦理以领导者的道德现象作为研究对象,研究领导者的伦理规范,即领导者在领导活动过程中应遵循的基本道德原则,为领导者处理好各种关系,培养领导者忠诚、爱民、尚公、正直、廉洁和勤奋的美德,实现领导过程的伦理价值及领导者的道德完善,提供正确的道德原则和实现途径。一般认为领导伦理是指领导者在其全部活动中,为保持协调、和谐的人际关系必须遵循的价值理念、人伦准则和相关规范的总称。领导伦理在领导活动的要素体系中居于最基础、最原创、最本质的地位。

在中国现代社会中,领导伦理与一般伦理规范既有共同点,又有所不同。其共同点表现在,领导者的道德,也是社会主义精神文明建设的重要内容,它遵循发生论的一般规律。其不

---

[1] [古希腊]亚里士多德著:《尼各马科伦理学》,中国社会科学出版社1999年版,第27页。

同点:一方面表现在领导干部道德规范具有比一般道德规范更高的要求,领导者的道德构成必然是基于长期倡导的社会公德、职业道德、家庭美德之上,同时又要高于社会基本道德体系;另一方面表现为领导者道德规范具有超前性的特点。社会一般成员的道德行为,更多地体现为道德规范的现实性要求。而领导者的道德应具有更高层次,体现道德发展较高要求的超前特征。此外,领导者的道德甚至会影响整个社会的精神风貌。

二、我国的领导伦理思想

中国作为一个以伦理本位的社会①,在领导活动中也蕴含着丰富的领导伦理思想。

(一)中国古代的领导伦理思想

中国五千多年的领导活动史,就是一部领导伦理道德的进化史。1988年1月,全世界的诺贝尔奖得主集会巴黎,发表的《宣言》说:"如果人类要在21世纪生存下去,必须回首两千五百四十年前,去吸取孔子的智慧!"言下之意是:以《论语》为载体代表的中国古代领导伦理与道德思想体系,是全人类共有的宝贵精神财富。

儒学是关于修身、齐家、治国、平天下的学问,孔子是儒学的创始人,而孟子、荀子则是儒学发展史上的两位重要人物。在孔子、孟子和荀子的著作中,领导伦理是一个非常重要的主题,他们提出的许多领导伦理方面的命题,言简意赅而又震撼人心,先秦之后历代封建王朝的领导伦理理论基本上都是对先

---

① 梁漱溟著:《中国文化要义》,上海世纪出版集团2005年版,第70页。

秦儒家领导伦理理论的继承与发展。不仅如此,先秦儒家的领导伦理理论,至今仍为人们所乐用,常令当代人叹为观止。汲取孔、孟、荀学说中珍贵的领导伦理思想并赋予其时代内容,对于促进当代领导伦理和官德建设是很有意义的。

1. 为政以德的领导伦理思想。季康子问政于孔子曰:"如杀无道以就有道,何如?"孔子对曰:"子为政,焉用杀?子欲善而民善矣。君子之德,风;小人之德,草;草上之风必偃。"①"君子之德,风;小人之德,草"是对道德力量的比喻。用"风"和"草"来比喻"君子之德"和"小人之德",当风吹过来时,草必然会倾倒,也暗示高尚的道德力量必战胜邪恶的"小人之德",从而显示巨大的力量。这也是孔子反对使用杀戮的手段,主张为政以德的理论根据。

于是,孔子在目睹"礼"的破坏和"刑"的滥用,社会出现大动乱的局面时,他提出了新的改革主张:一方面把礼从至高无上的地位上拉下来,使"礼"也下到庶人,以扩大其作用范围;另一方面主张"道之以德,齐之以礼",承认奴隶和平民这些劳动者也是人,同样有道德感情,也可以学习和掌握道德观念,达到所谓"有耻且格"。他试图用道德作为一种统治手段,以代替或补充原来奴隶制社会里习惯使用的暴力手段。"为政以德,譬如北辰,居其所而众星共之。"②实行德政,臣民就能像群星拱北斗那样归服,显示了德政的伟大力量。他还论述了实行德治会产生法治所没有的效果。子曰:"道之以政,齐之以刑,民免而无耻;道之以德,齐之以礼,有耻且格。"③孔子认为,单用政令、刑法来治理国家,虽然有效,但并不完美,如果以道德来治

---

① 《论语·颜渊》。
②③ 《论语·为政》。

理国家,则能达到"有耻且格"。

由此可见,孔子主张德政,反对以杀戮无道使国政趋向清明的"霸道"。虽然他的这种主张更大程度上是为了维护当时统治阶级的统治,但是客观上缓和了那个历史时期的阶级矛盾,维护了当时相对的社会稳定,促进了社会的发展。如果排除孔子德政思想中的阶级成分,其思想对于促进领导干部的政治道德建设,维护社会的稳定,仍然有着重要的借鉴意义。它从根本上要求领导干部为人民掌好权,用好权,全心全意地为人民服务,要有爱民、为民、富民、利民、安民的意识。

2. 坚持正义,公平理政的领导伦理思想。从政者能否坚持正义,公平地处理政事,关乎国家利益和民心向背。孔、孟认为,要在领导过程中做到正义性和公平性,必须从道义上制约领导者个人裁量权的随意性,为此,他们提出了"从道不从君"这一著名命题。孟子说:"君有大过则谏,反覆之而不听则易位。"① 荀子在论"臣道"时对此作了详尽的论述,认为:"从命而利君,谓之顺;从命而不利君,谓之谄。逆命而利君,谓之忠;逆命而不利君,谓之篡。不恤君之荣辱,不恤国之臧否,偷合苟容以持禄,养交而已耳,谓之国贼。"② 主张做臣子的对君主有害于国家、人民的"过谋、过事"要敢谏、敢拂,如此方是臣之道、民之福、国之宝。

3. 忠于职守,敬业勤政的领导伦理思想。"忠"在中华民族传统道德中占有非常显要的地位,它在儒学中一直与"公"和"正"联系在一起,是孔、孟、荀领导伦理思想中的重要科目。孔、孟、荀把从政官员忠于职守、忠于社稷、忠于人民摆到重要

---

① 《孟子·万章下》。
② 《荀子·臣道》。

位置上,《孟子·梁惠王下》中有一段孟子与齐宣王的对话很能说明这个问题:"孟子谓齐宣王曰:'王之臣有托其妻子于其友,而之楚游者。比其反也,则冻馁其妻子,则如之何?'王曰:'弃之。'曰:'士师不能治士,则如之何?'王曰:'已之。'曰:'四境之内不治,则如之何?'王顾左右而言他。"另在《孟子·公孙丑下》里记载了孟子对失职者的谴责与抨击,他认为任何人包括君主、士师大夫、持戟者、牧牛羊者等都要谨慎地履行职责、忠于职守,否则就是失职不忠。这些记载充分表明孟子十分强调官吏的忠诚尽职。荀子在《王制》中对各种官员该做什么、负何种责任讲得非常明白,指出:"故政事乱,则冢宰之罪也;国家失俗,则辟公之过也;天下不一,诸侯俗反,则天王非其人也。"他还主张"官人失要则死,公侯失礼则幽",即对玩忽职守、不忠于职任的官员严加惩治。孟子对大禹治水"八年于外,三过其门而不入"的敬业勤政精神给予高度评价,他特别反对做官的对于政事的怠惰拖沓习气,认为"民事不可缓"。荀子则一再强调"百吏官人无怠慢之事",劝诫为臣做官者要敬业尽职。

4. 为官要节用裕民,清正廉洁的领导伦理思想。为政清廉是孔、孟、荀领导伦理思想中的一个基本思想。孔子力倡"见利思义"、"义,然后取",指出"放于利而行,多怨"①,说明他对利的态度是"不义而富且贵,于我如浮云"②,强调从政者要明辨义利关系,以义取利,不贪图不义之财。孟子则说:"可以取,可以无取,取伤廉。"③"焉有君子而可以货取乎"④,"非其义

---

① 《论语·里仁》。
② 《论语·述而》。
③ 《孟子·离娄下》。
④ 《孟子·公孙丑下》。

也,非其道也,一介不以与人,一介不以取诸人"①。主要是说不可贪得苟取,获得的或给予别人的哪怕是一点点利益,都要分辨是不是合乎道义。荀子则强调"以公义胜私欲"、"临财毋苟得",他痛斥为官者妄取贪得是愚不可及、非常可耻的行为,"为人臣者,不恤己行之不行,苟得利而已矣,是渠冲入穴而求利也,是仁人之所羞而不为也"②。

5. 修身为本的领导伦理思想。在中国古代,人们尤其把修身视为官员道德养成的一个极为重要的方面,即"修身为本"。官员良好道德的形成,一方面需要接受道德教化,另一方面也需要自身的修养与锻炼。孔子、孟子、荀子对修身都极其重视,认为这是领导者应具备的最基本的前提条件,是"内圣外王"的核心环节。

孔子提出了"正人"与"正己"的理论,指出:"其身正,不令而行;其身不正,虽令不从。"③孟子也非常重视修身。在孟子看来,"尽心知性"是成为尧舜这样"圣人"的一个必要途径。"尽心"和"知性"二者关系密切,"尽心"是"知性"的前提条件,只有做到"尽心",才可能实现"知性"。至于如何实现"尽心知性",在孟子看来,就是要在"寡欲"、"内省"、"养气"这三方面上下工夫。"寡欲"要求淡泊物欲,"内省"要求反求诸己,"养气"要求养心。其中,"寡欲"、"内省"是道德修养的初级阶段,"养气"则是道德修养的高级阶段,"养气"的目标是"养吾浩然之气"④。

荀子专门作《修身》来论证道德修养的重要性。荀子认为:

---

① 《孟子·万章上》。
② 《荀子·强国》。
③ 《论语·子路》。
④ 《孟子·公孙丑上》。

道德修养是关系个人安危、国家安危的大事。他以符合礼义为良好道德修养的准则,强调"人无礼则不生,事无礼则不成,国家无礼则不宁"①。

作为儒家经典的《大学》对修身的论述最为透彻:"古之欲明明德于天下者,先治其国。欲治其国者,先齐其家。欲齐其家者,先修其身。欲修其身者,先正其心。欲正其心者,先诚其意。欲诚其意者,先致其知。致知在格物。物格而后知至,知至而后意诚,意诚而后心正,心正而后身修,身修而后家齐,家齐而后国治,国治而后天下平。自天子以至于庶人,壹是皆以修身为本。"在这八条目中,修身处于内与外的连接点上。向内,修身需要做到从低到高分别为格物、致知、诚意、正心。这四方面都有前后顺序,前者是后者的前提条件,只有做好了这四者,修身的目的才可以达到。这即是所谓的"内圣"。向外,依次为齐家、治国、平天下,以自身良好的道德修养和日趋圣人的综合素质,从小到大,从易到难,由内而外,由己及人,由家到国,即先把自身及家事治理好,然后才谈得上国与天下。正是在这一意义上,人们肯定了修身在政治生活中的根本地位。对于领导者来说,修身与治国是双向关系。一方面,修身是施行德治的前提;另一方面,德治也是修身的必要条件。国家治理得好,正义在社会中占主导地位,有德之人才能在社会中行得通;否则,一个不尚理不尚德的社会,不能给人提供修身的条件,即使修身做好了,在社会中也一无用处。而双向关系的实现都离不开领导者的开明。

(二)中国共产党的领导伦理思想

从毛泽东到胡锦涛,中国共产党的历代领导人都很重视领

---

① 《荀子·修身》。

导者的伦理问题,都有相关的精辟论述。

毛泽东同志是我党从理论与实践的紧密结合上,最早思考与研究领导伦理和道德问题的伟大先驱,也是最深刻、最富于成果的探索者。在《毛泽东选集》中,关于领导伦理与道德问题的文章占了很大篇幅。由此,也形成了他的一整套的领导理论。时至今日,人们从国内外形势的一系列剧变中,更加深刻地感到毛泽东领导理论在社会主义革命和社会主义建设中的价值。

毛泽东领导思想的伦理基点的核心是去私奉公,完全彻底地为人民服务。同一切剥削阶级的"利己主义"的伦理观相反,无产阶级和共产党人将"利他主义"、"为人民服务"作为自己的伦理基点。毛泽东同志作为无产阶级革命家,他的全部领导思想和理论,都出发于这一基点。也正是这一基点,培养和武装了一批批共产主义领导者,使得他们在全党全军和全国人民中形成巨大凝聚力,一种不可战胜的凝聚力。完全彻底地为人民服务的共产主义道德观是由我们党的无产阶级先锋队的性质决定的。毛泽东同志在《为人民服务》一文中说:"我们的共产党和共产党所领导的八路军、新四军,是革命的队伍。我们这个队伍完全是为着解放人民的,是彻底地为人民的利益工作的。"在《一九四五年的任务》一文中,毛泽东进一步地谈道:"我们一切工作干部,不论职位高低,都是人民的勤务员,我们所做的一切,都是为人民服务……"他在《论联合政府》一文中,又指出:"全心全意地为人民服务,一刻也不脱离群众;一切从人民的利益出发,而不是从个人或小集团的利益出发;向人民负责和向党的领导机关负责的一致性;这些就是我们的出发点。"

邓小平同志一贯重视领导干部的道德问题,在他的著作中包含有十分丰富的领导伦理思想,而且他身体力行共产主义道德,展示了他高尚的领导人格力量。

邓小平同志提出了"领导就是服务"的著名论断。邓小平同志认为,"党的全部任务就是全心全意地为人民群众服务","每一个党员必须养成为人民服务、向群众负责、遇事同群众商量和同群众共甘苦的工作作风"①。在我们的社会主义国家,人民是国家的主人,党的干部是"人民的勤务员"。领导者必须把全心全意为人民服务作为自己一切工作的出发点和最高道德标准。在此基础上邓小平同志进一步概括这一本质,提出"领导就是服务"的著名论断。

邓小平同志十分重视领导道德教育问题。他说:"要教育全党同志发扬大公无私、服从大局、艰苦奋斗、廉洁奉公的精神,坚持共产主义思想和共产主义道德。"②邓小平同志的领导道德教育思想包含四个方面的内容:其一,领导者存在道德教育问题;其二,道德教育要从青少年抓起;其三,道德教育要常抓不懈;其四,领导道德教育方法要把提高自身修养和加强道德立法结合起来。邓小平同志着眼于培养千百万合格的社会主义接班人,他说:"我们要大力在青少年中提倡勤奋学习、遵守纪律、热爱劳动、助人为乐、艰苦奋斗、英勇对敌的革命风尚,把青少年培养成为忠于社会主义祖国、忠于无产阶级革命事业、忠于马克思列宁主义毛泽东思想的优秀人才。"③

江泽民同志在全国宣传部长会议上提出了"以德治国"的战略决策,把道德建设提到与法制建设同等重要的地位,要求

---

① 《邓小平文选》第一卷,人民出版社1994年版,第217页。
②③ 《邓小平文选》第二卷,人民出版社1994年版,第367页、第106页。

把"依法治国"与"以德治国"紧密结合起来,充分表明了以江泽民同志为核心的党中央对思想道德建设的高度重视,对思想政治工作和精神文明建设的高度重视。而实践这一治国方略,首要的是"以德治党","以德治政"。加强党和政府机构及广大公职人员的行政伦理道德建设,带动整个社会道德风尚的根本好转,对于我们加快推进社会主义现代化的新的发展历程,具有重要的指导意义。

理论和实践都告诉我们:加强领导伦理道德建设是实施"以德治国"的关键环节,因为官德的清正在道德建设中起着表率作用。从某种含义上说,社会道德风尚的好坏,往往和各级官吏的道德水准有着直接的关系。官员如果能在道德上率先垂范,便可带动民德,促进社会道德风尚的发展。中国共产党80年的奋斗历程之所以取得令人瞩目的业绩,之所以得到广大人民群众的拥护,从道德的角度讲,是和中国共产党成为"三个代表"以及广大优秀党员干部高尚的道德情操分不开的。反之,在党和政府中的一些公职人员若缺德、无德,则会对社会的道德风尚产生不良影响。从陈希同到胡长清、成克杰,从厦门远华特大走私案所涉及的政府官员到沈阳的"慕马大案",对社会道德风尚影响之大,危害之深,是难以在短期内消除的。这些年来,各种规章制度的建立不能说不够、不严,但并没有从根本上遏制腐败的泛滥,其中一个重要的原因,就在于官德建设的滞后与缺乏力度。不仅权力腐败屡禁不止,愈演愈烈,而且一些党政官员在思想作风、学风、工作作风、领导作风和干部生活作风方面存在的官德问题,已经严重地损害了党和政府的形象和威信。违纪官员的道德失范,归根结底是由于这些官员的道德水平低下乃至道德堕落。可见,民德要淳化,首先要有官德的清正;提高公民的道德水准,首先要提高党和政府各级机关及广大公职人员的道德水平;加强道德建设,首先要加强行政伦理道德建设。中共十五届六中全会着重研究党的作风建设,并通过了《中共中央关于加强和改进党的作风建设的决定》,抓住了道德建设的要害,是适时的和必要的。

十六大以来,以胡锦涛同志为总书记的中央领导集体继续推进了领导伦理、领导道德思想和理论的创新。他所提出的关于"共产党员保持先进性的六大要求"、"领导干部加强五项执政能力建设"、"以科学发展观统领各项工作的六个必须"等等,都是既有理论高度,又有很强操作性的领导伦理道德新思想。2006年3月,他又首次提出了"树立社会主义荣辱观"的重大道德命题,并号召广大干部群众和青年学生要分清是非、明辨"八荣八耻",用"八荣八耻"规范行为,从而提高自身的道德水平。党和国家最高领导层提出如此具有鲜明时代特征的社会主义荣辱观体系,在新中国历史上还是第一次。其精神实质对领导干部伦理道德建设具有强烈的针对性,是领导伦理研究的直接指南。

三、西方的领导伦理理论

在西方思想史上,最早对领导伦理进行论述的是古希腊的柏拉图。柏拉图指出,人有三种本性:理性、意志和情欲。这三者各自发挥着独立的作用,同时又各自有着自己的品德:理性具有智慧,意志发展为勇敢,情欲则应以节制。三者的职能不同,其层次也有高低:理性最高,意志其次,而情欲则最低。随着这三种本性在人类中的活动使人类社会产生了三个层次分明的等级:单纯追求感官的满足和肉体的享乐者,追求荣誉和成就者,专心陶冶理性和追求真理者。这就是说,一国的三个阶级相应于人性的三个部分,分别体现三种天赋和职能:相应于理性的是国家的统治阶级,其天赋职能是以才智管理国家;相应于意志的是武士阶级,其天赋职能是勇敢、善战、保卫国家;相应于情欲的是劳动阶级,其天赋职能是安分守己地为自己为国家进行生产劳动。总之,柏拉图把国家中的个人依其天性分为三个不同的阶级,即统治者、军人、劳动者,每个阶级按照自己阶层的德行来做本阶级该做之事。

在柏拉图之后,以美德为本的领导伦理理论直到近代才又重新受到重视。并且在对领导道德伦理的论述中,在微观、中观和宏观各个不同层面上都有展开。

微观层面上的领导伦理思想更强调从上下级的关系中对领导的伦理道德进行思考。精神病学家罗纳德·海费茨(R. Heifetz)在对多位世界级领导人物的观察和分析中提出了他独特的领导伦理理论。他的独特之处就在于以精神治疗过程中普遍遵循的"以来访者为中心"的人本主义治疗理念来看待领导者与被领导者之间的互动。在罗纳德·海费茨看来,领导者的主要任务是帮助追随者面对冲突并发现建设性的方法去处理。在此过程中,领导者要用信任、培养和移情营造出对追随者的支持性氛围,只有这样,追随者在面对困难时才会有安全感。

罗伯特·格林利夫(R. Greenleaf)在1970年提出的"服务式领导"(也称为"仆人式"领导)理念也从上下级关系的角度对领导者的领导价值观和态度进行了约束。在罗伯特·格林利夫看来,领导者的主要责任和道德领导的本质就是服务于追随者,并且必须始终站在正确的立场上反对社会的不正义和不平等,即使是社会中的弱势群体和边缘成员也应得到应有的尊重和欣赏。

詹姆斯·麦格雷戈·伯恩斯(J. M. Burns)在其变革型领

导理论中对追随者的价值观和伦理观进行强调。主张领导者通过呼吁理想和诸如自由、正义、平等、和平及人道主义的道德价值,而不是给予诸如害怕、贪婪、嫉妒或憎恨的感情来唤起追随者的意识。在实现领导者和追随者相互影响的同时,推动追随者的道德责任的更高水平的发展①。

米歇尔·海克曼(M. Hackman)和克雷格·约翰逊(C. Johnson)走得更远,集中论述了追随者的道德问题,明确指出:"到目前为止,我们的注意力一直是放在领导者的道德责任上。然而,下属也要做出道德选择。"②比如在领导实践活动中是否勇于承担责任、勇于奉献、勇于转变,当领导者误入歧途、危及别人,不愿意改变时,是否勇于离开,在领导者发生严重的违反道德的事件时,能否通过有关部门或媒体让公众对领导者的错误行为予以注意。

中观和宏观层面上的领导伦理思想主要从组织的角度,从社会及制度层面上探讨在组织间的经济、商务往来,社会政策制定,世界政治秩序、经济秩序的发展,各国各民族文化交流,涉及全球性的生存、安全问题过程中存在的伦理责任和伦理问题。这些问题伴随着全球化速度的加快,伴随着伦理学研究中关于"普适道德"的讨论而在领导伦理的研究中也逐渐地被涉及。

这些丰富的理论成果,对于处于全球化背景下的、和谐社会创建过程中的中国来说,在思考和解决怎样提高各类组织的领导伦理水平,怎样在追求经济效益的同时重视社会效益,怎

---

① 冯秋婷主编:《西方领导理论研究》,人民出版社2008年版,第188~189页。

② [美]米歇尔·海克曼、克雷格·约翰逊著:《领导学——沟通的视角》,王瑞华译,上海人民出版社2004年版,第387页。

样在实现组织目标的同时勇于承担相应的社会责任等现实问题中都具有直接的借鉴意义。

四、领导伦理行为

领导伦理行为是领导伦理的观念、准则和规范的外现,是领导者在领导活动中基于一定的道德敏感性、道德判断和道德动力所表现出来的具体行为。在领导活动中,由于领导活动的复杂性,领导环境和社会环境的多样性及领导者个人需要、人格品质特征的影响,领导伦理行为的表现也并不那么简单和直观。领导者在工作实践过程中面对道德和伦理困境时的行为表现就是一个很好的说明。因此,在领导学对领导伦理的研究中,领导伦理行为也是一个不可避免的话题。

(一)领导伦理行为的相关理论

由于思想和行为之间的紧密联系,中西方领导伦理观或领导伦理理论的探讨中也都直接或间接地对领导伦理行为有所涉及,专门的领导伦理行为的理论相比于领导伦理观的探讨,从量上就显得要微弱些。这其中最有代表性的是理查德·哈格斯等人提出的关于群体和组织层面的道德推理和伦理行为的观点。

理查德·哈格斯等人提出的领导伦理行为的理论是建立在美国教育心理学家科尔伯格(Lawrence Kohlberg,1927~1987)的道德发展理论基础上的。科尔伯格通过"海因茨偷药"这一经典的道德两难故事来考察个体道德发展的轨迹,提出了三水平六阶段的道德发展理论。道德发展的第一个水平被称为前习俗水平(也称为道德成规前期),在此水平上,个体还未形成内在的道德标准,对道德行为的判断很直接:任何一行为,不管理由如何,只要受到惩罚就是错的,或按照社会交换的逻辑,依循诸如你帮我,你给我好处,那我就帮你,给你好处的模式来对对方行为的道德性进行功利性的判断。道德发展的第二个水平是习俗水平(也称为道德成规期),在此水平上,个体能按照家庭、集体或国家的期望和要求去行事,能够从社会成员的角度,认识、遵守并执行社会道德行为规范。第三个水平是后习俗水平(也称为道德自律期),此水平的道德行为特点是个体的道德判断超出世俗的法律与权威的标准,认识到了人类的正义和个人的尊严,从而把普遍的道德原则和良心作为自己行为的基本准则。

理查德·哈格斯等人认为,当我们把处于道德发展不同阶段的个体合并组成群体时,整个组织也会存在与个体道德发展阶段相类似的道德意识的阶段性发展水平和表现。在组织道德发展的道德成规前期,组织以组织成员普遍存在的恐惧和操控为特征,生存是唯一重要的事情,而不管这种生存是否是通过背信弃义、操控还是欺诈来实现的。当组织处于道德成规期时,使他人满意、服从适当的权威并遵从规范成为组织对好行为的定义。道德自律期是组织道德发展的最高阶段,它以高度原则性的、公开的决策规范为特征。①

在其理论中还以强调组织对个体道德行为负责任的思想出发,对如何将组织的道德水平向更高阶段推进提出了具体的操作性步骤:第一,改善领导者与追随者关系的质量;第二,提出明确的道德方针和体系;第三,设立一名组织巡查官来专门负责道德冲突方面的事务;第四,设立面向所有组织成员的正规伦理教育项目;第五,确保正式和非正式领导都能成为高标

---

① [美]理查德·哈格斯、罗伯特·吉纳特、戈登·柯菲著:《领导学》,清华大学出版社2004年版,第135~136页。

准的道德行为模范。

这一理论中所强调的组织对成员伦理行为的责任,及对领导伦理的现实操作性规划,对我国领导伦理的理论和实践的发展都具有重要的启发和借鉴意义。

(二) 领导伦理行为的评判

现实中对领导伦理行为的评判在很多时候也是一个很棘手的问题,总结相关的理论和实践,在对领导伦理行为进行判断时,我们应从动机、手段和结果等方面综合性地来进行①。

1. 对领导伦理行为的动机判断。对领导伦理行为的动机判断,是指通过对领导行为的动机的识别,进一步判断其行为的动机是否道德。动机是个体具有极大内隐性的内在心理活动,虽然会以个体的具体行为外显地表现出来,但在此过程中,领导者的价值观又起着重要的内在决定作用。所以,对领导伦理行为的判断离不开对领导者价值观的深入考察。

2. 对领导伦理行为的手段判断。手段和目的本应是统一的,但在具体的领导活动中,二者往往会发生分离,并经常表现为为达到崇高的目的而采取了不正当的手段。马基雅维利关于实现政治目的可以不必拘泥于道德完整性的论述就是典型的表现。在我们看来,领导活动不仅仅是结果,更是一个过程,领导者的行为应该保持合目的性与合手段性的高度统一。

3. 对领导伦理行为的结果判断。领导活动中经常进行的对领导绩效考核的相关工作和环节会涉及对领导伦理行为的结果判断。在现实领导实践中,经常会出现"达利法则"所描述的情形:这种用标准来控制的制度将使个体释放出大量的个人

---

① 冯秋婷主编:《西方领导理论研究》,人民出版社 2008 年版,第 200~202 页。

机巧,为了达到标准结果的最大化,会以标准设置者不愿见到的方式来实现。比如领导者或领导群体甚至是组织,出于对晋升或担心落后的考虑,主观地编造数据、编造业绩等。

由中西方关于领导文化和领导伦理的系统探讨中可以看出,我国在多年的领导活动历史中也积累了丰富的思想。这些思想在继续发挥作用的过程中,需要借鉴西方的先进性的成分。比如西方领导文化与领导伦理的思考中对领导活动系统性、整体性的突出,对领导活动中除领导者之外的生态化因素(如追随者、领导环境)的强调,都给我们提供了很好的思考和解决问题的思路。

同时我们也会发现,中西方领导文化和领导伦理的理论相对于领导科学领域的其他理论来说,还显得很稚嫩和不成熟,在很多问题上都存在进一步研究的巨大空间。这就需要我们在不断地开阔思路的过程中,在不断地总结提升的过程中继续努力,不断深入探索。

参 考 文 献

1. 王惠岩主编:《领导科学》,中国展望出版社1986年版。
2. 黄强主编:《领导科学》,高等教育出版社1992年版。
3. 万良春主编:《新编领导科学教程》,中共中央党校出版社1998年版。
4. 王玉新著:《给领导者的100个思路》,中国经济出版社1994年版。
5. 冯东升编著:《怎样当领导》,中央民族大学出版社1998年版。
6. 吴培良主编:《企业领导方法与艺术》,中国经济出版社1997年版。
7. 王元瑞著:《领导人才学概论》,中央民族大学出版社1999年版。
8. 王乐夫编著:《领导学:理论、实践与方法》,中山大学出版社1998年版。
9. 彭向刚编著:《领导科学》,吉林大学出版社1991年版。
10. 岳厚斌等主编:《领导决策学》,黑龙江人民出版社1992年版。
11. 夏禹龙等著:《领导科学基础》,广西人民出版社1985年版。
12. 李永林主编:《领导科学教程》,山西人民出版社1992

年版。

13. 孙钱章主编：《实用领导科学大辞典》，山东人民出版社1990年版。

14. 张云庭编著：《行政领导与决策》，中国人事出版社1992年版。

15. 李恩、李洋著：《实用领导谋略》，蓝天出版社1991年版。

16. 黑龙江省领导科学学会编：《领导科学新探》，黑龙江人民出版社1989年版。

17. 王健刚著：《行政领导学》，山东人民出版社1988年版。

18. 张春光等主编：《现代领导者能力通论》，学苑出版社1993年版。

19. 刘建军编著：《领导学原理——科学与艺术》，复旦大学出版社2001年版。

20. 李成言著：《现代行政领导学》，北京大学出版社2002年版。

21. 张晓峰著：《中西视域下的领导学要论》，黑龙江人民出版社2005年版。

22. ［美］华伦·本尼斯：《领导者：成功谋略》，九洲图书出版社1999年版。

23. ［美］华伦·本尼斯：《怎样成为领导》，九洲图书出版社1999年版。

24. ［美］华伦·本尼斯：《重塑领导者》，九洲图书出版社1999年版。

25. ［美］约翰·科特著：《变革的力量》，华夏出版社1997年版。

26. ［美］F·赫塞尔本等主编:《未来的领导》,四川人民出版社2000年版。

27. ［美］F·赫塞尔本等主编:《未来的组织——51位世界顶尖管理大师的世纪断言》,胡苏云、储开方译,四川人民出版社1998年版。

28. 朱立言主编:《行政领导学》,中国人民大学出版社2004年版。

29. ［法］卢梭:《社会契约论》,陕西人民出版社2004年版。

30. 《毛泽东选集》第三卷,人民出版社1991年版。

31. ［法］孟德斯鸠:《论法的精神》,商务印书馆1987年版。

32. 《马克思恩格斯全集》第2卷,人民出版社1972年版。

33. 全国干部培训教材编审指导委员会组织编写:《领导科学概论》,人民出版社、党建读物出版社2006年版。

34. 陈荣秋编著:《领导学理论与实践》,清华大学出版社2007年版。

35. 栾志刚、辛布克编著:《领导学全书》,海南国际新闻出版中心1997年版。

36. ［美］安弗莎妮·纳哈雯蒂著:《领导学》,机械工业出版社2008年版。

37. ［美］沃伦·本尼斯等著:《超越领导:经济学、伦理学和生态学的平衡》,刘芸等译,格致出版社、上海人民出版社2008年版。

38. 陈福今、唐铁汉:《领导科学概论》,党建读物出版社,2006年版。

39. 赵国祥著:《领导者个性论纲》,中国社会科学出版社

2004年版。

40. 刘耀中编著:《人员测评》,中国纺织出版社2003年版。

41. 崔华芳编著:《魅力型领导》,中国时代经济出版社2003年版。

42. 刘敬华编著:《领导者形象设计》,中共党史出版社2008年版。

43. [美]詹姆斯·库泽斯、巴里·波斯纳著:《领导力》,李丽林、杨振东译,电子工业出版社2004年版。

44. [美]詹姆斯·麦格雷戈·伯恩斯著:《领导论》,常健、孙海云等译,中国人民大学出版社2006年版。

45. 贺善侃著:《领导科学和现代行政》,上海大学出版社2001年版。

46. 陆德山著:《认识权力》,中国经济出版社2000年版。

47. [英]约翰·阿代尔著:《领导艺术》,东方出版社1988年版。

48. 王寿林著:《社会主义国家权力制约论》,东北财经大学出版社1993年版。

49. [美]威廉·科恩著:《领导者的艺术》,陆丽云译,光明日报出版社2001年版。

50. 张稼人著:《领导者的魅力》,中共中央党校出版社1997年版。

51. 兰炜班编著:《超级领导》,中国计量出版社1997年版。

52. 孙钱章、吴江、马抗美主编:《新领导力全书》,中共中央党校出版社、九洲图书出版社1998年版。

后 记

讲授领导学10多年来,一直想寻找机会捋一捋自己的教学思路,谈谈自己的教学体会。2008年9月,与同事郭婕、白雪苹谈及此事,得到二位的认同与支持。几经讨论,将书名定为《中西方视域下的领导理论》,试图从中西方对比的视角对领导本质与领导理论进行分析,从而揭示领导活动的规律、探讨领导活动的有效性。

本书大纲由汪来杰拟定,按照分工完成初稿:第一章汪来杰;第三章、第七章段廷良;第二章、第四章、第八章郭婕;第五章、第六章、第九章白雪苹。最后由汪来杰统稿并审定稿。

本书在完成过程中,吸收了领导学界一些专家学者的相关研究成果,有些观点可能直接选自相关的出版物,并参考、引用了部分著作、论文及网络资料。

本书的出版,得到了河南大学副校长、博士生导师赵国祥教授与河南省委党校副校长韩斌教授的亲切关怀和鼎力推荐,得到了河南大学出版社的资助,责任编辑李云为本书出版付出了心血。在此,我们一并表示感谢!

由于时间仓促,加上我们对领导理论认知的限制,书中还存在许多不足之处,敬请专家、学者以及广大读者给予批评指正。

作者

2009年5月